부동산, 동산(채권), 그리고 토지수용금 배당 관련

# 배당이의 소송 사례

저자 **권 형 필** 변호사

지혜와지식

# 부동산 경매 절차에서의 배당이의

## I. 서설(배당이의 소송 요건 등)

### 1. 당사자 적격과 관련된 문제

원고적격/ 배당기일 출석하여 배당이의를 한 채권자(대법원 1981. 1. 27. 선고 79다1846 판결)

제3자 물건이 경매절차 진행 후 매각시 제3자의 배당이의의 소 가능성 (대법원 2002. 9. 4. 선고 2001다63155 판결)

담보권 실행을 위한 경매에서 경매목적물의 진정한 소유자와 경매개시결정 기입등기 당시 소유자로 등기된 사람이 다른 경우, 배당이의의 소를 제기할 원고적격(대법원 2015. 4. 23. 선고 2014다53790 판결)

지급명령 채권자의 적법한 배당이의 요건/ 배당요구종기까지 지급명령확정정본 제출 (대법원 2014. 4. 30. 선고 2012다96045 판결)

채무자의 경우 집행권원을 가진 채권자에 대한 배당이의의 소 가능성(법 151조)(대법원 2015. 4. 23. 선고 2013다86403 판결)

근저당권의 피담보채권을 양도된 경우 배당이의의 소의 원고적격 요건 (대법원 2003. 10. 10. 선고 2001다77888 판결)

배당요구할 수 있는 가압류 채권자 요건/ 배당요구종기까지 가압류 결정 및 집행완료(대법원 2003. 8. 22. 선고 2003다27696 판결)

임의경매 절차에서 소유자의 배당이의 소송 가능성 (대법원 2006. 9. 22. 선고 2004다51627 판결)

## 2. 소의 선택의 문제

집행력 있는 정본을 가진 채권자가 우선변제권을 주장하며 경매신청한 경우 채무자의 소의 선택(대법원 2011. 7. 28. 선고 2010다70018 판결)

집행력이 있는 집행권원의 정본을 가진 채권자에 대하여 청구이의의 소가 아닌 배당이의의 소를 제기하는 경우의 문제(대법원 2005. 4. 14. 선고 2004다72464 판결)

형식적 경매에서 일반 채권자의 배당이의가 허용되는지 여부(대법원 2013. 9. 12. 선고 2012다33709 판결)

## 3. 제소기간

배당기일로부터 1주일 내에 소를 제기하여야 한다는 의미(대법원 2011. 5. 26. 선고 2011다16592 판결)

## 4. 소의 이익

배당이의 채권자 자신의 배당액이 증가되는 경우이어야 함(대법원 2010. 10. 14. 선고 2010다39215 판결)

## 5. 배당이의의 소 첫 변론기일에 원고 불출석 시 소취하 간주의 특칙

배당이의 소송 첫 변론기일의 의미(대법원 2007. 10. 25. 선고 2007다34876 판결)

## 6. 증명 책임과 관련된 문제

원칙적으로 배당이의 소를 제기한 원고가 증명책임을 부담한다(대법원 1997. 11. 14. 선고 97다32178 판결)

근저당권 등 해당 담보물권의 피담보채권의 존재사실에 관하여는 담보물권의 유효성을 주장하는 측이 증명책임을 부담한다 (대법원 2009. 12. 24. 선고 2009다72070 판결)

## 7. 청구원인

배당이의 소송에서의 주장사유는 배당기일 이후에 발생한 사유로도 가능 (대법원 2007. 8. 23. 선고 2007다27427 판결)

배당이의 소송에서 다른 채권자의 채권을 참작할 필요가 있는지 여부(대법원 2001. 2. 9. 선고 2000다41844 판결)

배당이의 소송의 피고가 자신의 또 다른 채권이 배당표 누락으로 받지 못하였다는 주장을 할 수 있는지 여부 (대법원 2008. 9. 11. 선고 2008다29697 판결)

## 8. 기판력 등

배당이의의 소와 사해행위 취소소송의 병합 가능성 (대법원 2001. 5. 8. 선고 2000다9611 판결)

## 9. 보전처분의 문제

아직 배당받지 못한 자에 대한 배당이의 소송을 위한 보전처분 방법 (대법원 2013. 4. 26. 자 2009마1932 결정)

## Ⅱ. 배당표 확정 및 부당이득반환청구

배당표가 확정된 경우 부당이득반환청구권 행사 및 귀속 주체(대법원 2000. 10. 10. 선고 99다53230 판결)

배당요구가 필요한 채권자의 부당이득반환청구 가능성 (대법원 2002. 1. 22. 선고 2001다70702 판결)

배당이의의 소 판결 이후 판결 승소한 자에 대한 부당이득청구 가능성(대법원 2007. 3. 29. 선고 2006다49130 판결)

배당요구 채권자가 배당요구 종기 이후에 채권을 추가·확장할 수 있는지 여부(대법원 2008. 12. 24. 선고 2008다65242 판결)

부당이득 객체가 채권일 경우 부당이득청구의 반환 방법(대법원 2001. 3. 13. 선고 99다26948 판결)

임의경매 신청 채권자가 피담보채권의 일부만을 청구금액으로 기재한 경우(=부당이득청구 불가) (대법원 1997. 2. 28. 선고 96다495 판결)

채권 일부만을 기재한 채권계산서 제출과 부당이득반환 문제(대법원 2002. 10. 11. 선고 2001다3054 판결)

## III. 근저당권자와 관련된 쟁점

근저당권자는 원칙적으로 등기부에 기재된 자신의 채권최고액 범위 내에서 배당을 받을 수 있다(대법원 2000. 9. 8. 선고 99다24911 판결)

피담보채권액의 확정시기 1 / 직접 경매를 신청한 담보권자일 경우 (대법원 1998. 10. 27. 선고 97다26104 판결)

피담보채권액 확정시기 2 / 담보 신청 채권자 이외의 담보권자인 경우(대법원 1999. 9. 21. 선고 99다26085 판결)

근저당권자의 피담보채권 금액이 채권최고액을 초과하는 경우/ 근저당권설정자와 채무자가 동일한 경우/ 근저당권의 효력이 사실상 미치는 범위 (대법원 2001. 10. 12. 선고 2000다59081 판결)

근저당권자의 피담보채권 금액이 채권최고액을 초과하는 경우/ 물상 보증인의 부동산에 경매가 진행된 경우 채권최고액 이상의 채권액이 존재하고 잉여금이 존재하는 경우 (대법원 1974. 12. 10. 선고 74다998 판결)

저당권이 양도된 경우의 문제/ 채권양도 대항요건을 갖추지 못한 양수인의 배당가능여부 등 (대법원 2005. 6. 23. 선고 2004다29279 판결)

근저당권설정등기가 위법하게 말소되었을 경우(대법원 2002. 10. 22. 선고 2000다59678 판결)

토지와 건물이 공동저당권이 설정된 이후 건물 철거되고 새로이 건물이 신축된 경우 배당의 문제(대법원 2012. 3. 15. 선고 2011다54587 판결)

## IV. 가압류 채권자와 관련된 쟁점

가압류 채권자의 배당액 결정(대법원 2013. 6. 13. 선고 2011다75478 판결)

가압류 채권자의 채권이 소멸하는 시기 / 판결 확정시(대법원 2014. 9. 4. 선고 2012다65874 판결)

가압류 채권 양수인의 지위 및 부당이득반환 청구 요건 (대법원 2012. 4. 26. 선고 2010다94090 판결)

가압류 된 부동산이 매도된 이후 매수인의 채권자의 배당이의 적격 문제 (대법원 2005. 7. 29. 선고 2003다40637판결)

가압류 취소 사유가 배당이의 사유인지 여부(대법원 2015. 6. 11. 선고 2015다10523 판결)

## V. 전세권자와 관련된 배당의 문제

전세권자에 대한 임대차 보호법의 중첩적 적용 가능성(대법원 2010. 6. 24. 선고 2009다40790 판결)

전세금 반환청구권이 분리 양도된 경우 전세금 반환채권 양수인에 대한 배당가부(대법원 1999. 2. 5. 선고 97다33997 판결)

전세권의 기간만료의 경우 전세권을 목적으로 한 저당권의 소멸여부(대법원 2008. 4. 10. 선고 2005다47663 판결)

전세권을 목적으로 한 저당권이 설정된 경우 배당받을 자(대법원 2008. 12. 24. 선고 2008다65396 판결)

## VI. 조세채권자의 배당이의

다른 조세보다 우선 배당되는 담보있는 당해세의 의미(대법원 2015. 4. 23. 선고 2013다204959 판결)

압류선착주의의 취지 및 강제집행절차에도 적용되는지 여부(대법원 2003. 7. 11. 선고 2001다83777 판결)

법정기일 판단 기준 / 종합부동산세와 농어촌특별세/ 가산금의 법정기일(대법원 2010. 12. 9. 선고 2010다70605 판결)

양도소득세 세액에 관한 법정기준일(납부고지서 발송일)(대법원 2012. 8. 30. 선고 2010다88415 판결)

국세·지방세 채권의 배당요건 (대법원 2012. 5. 10. 선고 2011다44160 판결)

## VII. 임차인과 관련된 배당이의

주택임차인이 배당받기 위한 기본적인 요건 및 우선변제권 발생시기(대법원 1999. 3. 23. 선고 98다46938 판결)

적법한 임대권한이 없는 자에 의하여 임차되었을 경우 주임법상 보호대상인지 여부(대법원 2014. 2. 27. 선고 2012다93794 판결)

첫 경매개시결정 등기 전에 등기된 임차권자의 지위 / 배당요구 필요 없는 채권자(대법원 2005. 9. 15. 선고 2005다33039 판결)

임차인이 집행권원을 얻었을 경우 배당요구까지 필요한지 여부(대법원 2013. 11. 14. 선고 2013다27831 판결)

임차인의 대항요건을 유지해야 하는 종기(=최종 경락기일)(대법원 2002. 8. 13. 선고 2000다61466 판결)

임차인의 대항력 및 우선변제권 산정과 관련된 쟁점 (대법원 2013. 12. 12. 선고 2013다211919 판결)

주임법상 보호받은 임차인이 임차보증금 반환채권을 양도한 경우 우선변제권의 향방(대법원 2010. 5. 27. 선고 2010다10276 판결)

대지와 건물이 일괄경매가 진행되는 경우 소액임차인의 권리행사 범위 (대법원 2010. 6. 10. 선고 2009다101275 판결)

주임법상의 임차인이 소액임차인의 지위도 겸하는 경우 배당방법(대법원 2007. 11. 15. 선고 2007다45562 판결)

악의의 소액임차인 배당 가능성 (대법원 2013. 12. 12. 선고 2013다62223 판결)

## Ⅷ. 근로자의 우선변제권

우선변제권이 인정되는 근로기준법 제37조 제2항 제1호 소정의 '최종 3월분의 임금'의 의미(대법원 2002. 3. 29. 선고 2001다83838 판결)

최종 3개월분 임금에 그에 대한 지연손해금 채권에도 인정되는지 여부 (대법원 2000. 1. 28. 자 99마5143 결정)

근로관계 채권을 가지고 가압류한 경우 그 소명 기한(=배당표 확정 전까지) (대법원 2004. 7. 22. 선고 2002다52312 판결)

근로관계 채권이 발생하기 전에 이미 담보권이 설정된 경우 우선순위(대법원 2011. 12. 8. 선고 2011다68777 판결)

## IX. 기타 쟁점과 관련된 판례

이중경매개시결정 이후 선행 경매신청이 취하등 되었을 경우 선행 경매절차에서 신청한 처분 금지효가 그대로 유지되는지 여부(소극) (대법원 2014. 1. 16. 선고 2013다62315 판결)

배당을 받을 수 있는 이중 압류 신청 기한 / 민사집행법 제215조 제1항에 정한 '매각기일에 이르기 전'의 의미(=실제로 매각이 된 매각기일에 이르기 전) (대법원 2011. 1. 27. 선고 2010다83939 판결)

최선순위 배당/ 민사집행법 제53조 제1항에서 정한 '강제집행에 필요한 비용'의 범위(대법원 2011. 2. 10. 선고 2010다79565 판결)

# 동산(채권) 관련 배당이의

## I. 금전채권 압류 일반

압류명령의 대상이 되는 채권의 구체적인 범위를 결정하는 기준 및 압류명령에 기재된 문언의 해석 방법(대법원 2016. 6. 23. 선고 2013다58613 판결)

피압류채권/ 조합원 중 1인에 대한 채권으로써 그 조합원 개인을 집행채무자로 하여 조합의 채권에 대하여 강제집행을 할 수 있는지 여부(소극) (대법원 2001. 2. 23. 선고 2000다68924 판결)

### 배당이의 소송 사례

　　피압류채권/ 상계가 금지되는 채권이라도 압류금지채권에 해당하지 않는 한 강제집행에 의한 전부명령의 대상이 될 수 있는지 여부(적극) (대법원 2017. 8. 21.자 2017마499 결정)

　　피압류채권 종류 / 금전 급부를 구할 수 있는 채권에 한함 / 전세권에 저당권을 설정한 이후 전세기간 만료 시의 효과 (대법원 1995. 9. 18.자 95마684 결정)

　　전세권 소멸 시 전세권에 설정된 저당권자의 지위 (대법원 2008. 12. 24. 선고 2008다65396 판결)

　　금전채권 압류절차 / 압류 및 전부 명령을 동시 신청한 경우 판단 방법/ 적법여부 별개 판단 (대법원 2000. 10. 2.자 2000마5221 결정)

　　압류 및 전부명령의 피압류채권 표시의 중요성 (대법원 1995. 9. 15. 선고 93다48458 판결)

　　채무자나 제3채무자가 수인인 경우 신청방법/ 각 채무자 또는 제3채무자별 범위 특정 필요 (대법원 2014. 5. 16. 선고 2013다52547 판결)

　　집행증서에 하자가 있는 경우의 문제/ 결정에 대한 항고사유로 다툴 수 없고 별도의 청구이의의 소로만 가능(대법원 1998. 8. 31.자 98마1535,1536 결정)

　　무효인 공정증서/ 집행 종료 시 다툼의 방법 (대법원 1997. 4. 25. 선고 96다52489 판결)

채권압류의 처분 금지적 효력/ 상대적 효력 (대법원 2003. 5. 30. 선고 2001다10748 판결)

채권압류의 효력이 미치는 범위 1 / 원칙적 채권 전액 (대법원 1973. 1. 24.자 72마1548 결정)

채권압류명령의 효력이 미치는 범위 2 / 압류 송달 시까지 발생한 채권 (대법원 2001다62640 )

제3채무자의 이중지급 위험성 (대법원 2012. 2. 9. 선고 2009다88129 판결)

추심 종료 후에 제3채무자에게 결정문이 송달된 경우/ 압류 결정의 경정 결정이 있는 경우의 해석 (대법원 2005. 1. 13. 선고 2003다29937 판결)

피압류채권의 기초되는 계약과의 관계 1 / 수급인의 보수채권에 대하여 압류 명령이 있었다고 하더라도 당사자 사이의 도급계약의 해제 여부에는 영향을 미치지 않는다(대법원 2006. 1. 26. 선고 2003다29456 판결 [배당이의] )

피압류채권의 기초되는 계약과의 관계 2 / 가압류, 압류 및 추심명령의 대상인 임차보증금 잔금채권이 그 채권을 발생시킨 기본적 계약관계인 임대차계약이 해지되어 소멸한 경우, 그 압류 및 추심명령의 효력(실효) (대법원 1997. 4. 25. 선고 96다10867 판결)

피압류채권의 기초되는 계약과의 관계 3 / 주임법이 적용되는 임대차 관계에서 임대인이 당해 주택을 매도한 경우, 임대인이 전부금 지급의무를 면하는지 여부(적극)(대법원 2005. 9. 9. 선고 2005다23773 판결)

채무자의 제3채무자에 대한 시효 중단을 위한 최고 효력 인정 여부 (대법원 2003. 5. 13. 선고 2003다16238 판결)

채권가압류 후에 채무자가 제3채무자를 상대로 그 이행의 소를 제기할 수 있는지 여부(적극) (대법원 2002. 4. 26. 선고 2001다59033 판결)

## II. 추심명령 관련 사례

추심명령의 효력/ 추심권능에 대한 압류가능성(대법원 1988. 12. 13. 선고 88다카3465 판결)

추심권능에 대한 가압류 결정의 효력(무효) (대법원 1997. 3. 14. 선고 96다54300 판결)

추심명령 효력 발생/ 제3채무자에 대하여 피압류채권에 대한 이행의 소를 제기할 당사자적격이 있는 자(=추심채권자) (대법원 2008. 9. 25. 선고 2007다60417 판결)

추심권능 상실 / 채무자의 당사자 적격 회복 여부 1 (대법원 2010. 11. 25. 선고 2010다64877 판결)

압류 해제의 경우 채무자의 당사자 적격 및 추심권능 회복 2 (대법원 2009. 11. 12. 선고 2009다48879 판결 [양수금])

추심채권자의 권한 / 추심을 위한 보험계약 해지 가능 (대법원 2009. 6. 23. 선고 2007다26165 판결)

추심명령의 효력/ 이중지급 위험 (대법원 2012. 2. 9. 선고 2009다88129 판결)

공탁사유신고/ 추심신고의 중요성 (대법원 2005. 7. 28. 선고 2004다8753 판결)

추심신고/ 사유 신고 중 일부 누락된 부분의 효력 (대법원 2015. 4. 23. 선고 2013다207774 판결)

추심신고/ 채권집행 종료 절차(대법원 2004. 12. 10. 선고 2004다54725 판결)

가압류 후 본집행/ 본집행 취하/ 가압류 주장가능성 (대법원 2000. 6. 9. 선고 97다34594 판결)

제3채무자의 피압류채권에 대한 항변 가능성(대법원 2001. 3. 9. 선고 2000다73490 판결)

제3채무자의 피압류채권에 대한 상계가능성 및 요건(대법원 2001. 3. 27. 선고 2000다43819 판결)

제3채무자의 집행채권의 하자에 대한 항변가능성 (대법원 1996. 9. 24. 선고 96다13781 판결)

## III. 전부명령 관련 사례

### 1. 전부명령 일반 요건

피전부채권의 문제/ 양도금지특약이 존재하는 채권(가능) (대법원 1976. 10. 29. 선고 76다1623 판결)

피전부채권의 문제 / 장래 채권이 피전부채권으로서 유효하기 위한 요건 (대법원 2002. 11. 8. 선고 2002다7527 판결 [배당이의] )

압류금지채권에 대한 전부명령 결정/ 불복방법 (대법원 1987. 3. 24. 선고 86다카1588 판결)

압류채권 부존재 사유로 인한 전부명령에 대한 제3채무자 항변 가능성 (대법원 2004. 1. 5.자 2003마1667 결정)

전부명령 결정 후 가집행 취소시 항고법원의 판단 방법 (대법원 2004. 7. 9.자 2003마1806 결정)

수인의 채무자에 대한 채권 불특정/ 압류미경합일 경우 효력 여부 (대법원 2014. 5. 16. 선고 2013다52547 판결 [추심금])

가압류 존재하는 채권에 대한 전부명령/ 가압류 집행 해제된 경우 전부명령 효력(대법원 2001. 10. 12. 선고 2000다19373 판결)

채무자의 청산절차 또는 파산신청 (대법원 1999. 8. 13.자 99마2198,2199 결정)

압류의 경합/ 채권의 준점유자에 대한 변제 1 (대법원 1995. 4. 7. 선고 94다59868 판결)

압류의 경합 / 채권의 준점유자에 대한 변제 2 (대법원 2000. 10. 27. 선고 2000다23006 판결)

집행채권 소멸 / 제3채무자의 지위 (대법원 2004. 5. 28. 선고 2004다6542 판결)

집행권원의 하자/ 절차 종료/ 전부채권자의 부당이득반환가능성 및 방법 (대법원 2005. 4. 15. 선고 2004다70024 판결)

압류 및 전부명령 확정/ 피전부채권 부존재(적극) (대법원 1996. 11. 22. 선고 96다37176 판결)

상속포기자/ 집행 채무자 적격 (대법원 2002. 11. 13., 선고, 2002다41602, 판결)

## 2. 전부명령 효력

소급효, 변제효 발생 요건/ 전부명령이 확정되지 않을 경우의 문제(대법원 1992. 4. 15.자 92마213 결정)

전부명령 경정결정 허용범위 및 효력발생 시기(대법원 1998. 2. 13., 선고, 95다15667, 판결)

압류 및 전부명령 결정/ 압류 및 전부명령 결정 불복 사건의 판단범위(대법원 1976. 5. 25. 선고 76다626 판결)

제3채무자의 항변 사유 / 기존 채권에 대하여 가지고 있는 항변 사유 가능 (대법원 1984. 8. 14., 선고, 84다카545, 판결)

제3채무자의 상계가능성/ 압류효력 이후 발생한 채권으로 가능한지 여부(대법원 2010. 3. 25., 선고, 2007다35152, 판결)

제3채무자의 항변 사유/ 가압류 명령 결정 이후에 자동채권 취득시 요건 (대법원 1987. 7. 7. 선고 86다카2762 판결)

압류 경합 / 장래 발생하는 조건부 채권을 피압류채권으로 할 경우 압류 경합 판단 기준시점/ 제3채무자 송달 시 (대법원 2000. 10. 6. 선고 2000다31526 판결)

압류의 경합/ 장래 불확정 채권의 효력발생시기 2 (대법원 1995. 9. 26. 선고 95다4681 판결)

압류 경합/ 중복된 장래 불확실한 채권 확정시기 (대법원 2004. 9. 23. 선고 2004다29354 판결)

압류의 경합 / 장래 불확정 채권에 대한 압류 경합/ 압류 경합의 판단 기준이 되는 금액의 기준/ 계약상의 피압류채권액(대법원 2010. 5. 13. 선고 2009다98980 판결)

장래 불확정 채권의 경합/ 장래 불확정 채권액이 이후 확정된 경우 압류 경합 발생시 처리(대법원 1998. 8. 21. 선고 98다15439 판결 [전부금])

압류의 경합 / 다른 채권자로부터 채권자 대위 소송이 진행되어 대위권 행사사실이 통지된 경우 전부명령의 효력 여부 (대법원 2016. 8. 29. 선고 2015다236547 판결)

## 토지수용금에 대한 배당이의

### I. 수용 토지상의 근저당권자의 지위

저당권자의 물상대위권의 행사방법 및 시기(대법원 2000. 5. 12. 선고 2000다4272 판결)

물상대위 채권자의 권한 행사 기한 / 배당요구 종기(공탁사유신고) 전(대법원 2003. 3. 28. 선고 2002다13539 판결)

근저당권자의 물상대위를 요구하는 규정의 취지(대법원 1996. 7. 12. 선고 96다21058 판결)

물상대위권에 기한 압류 및 전부채권자와 토지수용금에 대한 압류 및 전부채권자의 우열관계(대법원 1998. 9. 22. 선고 98다12812 판결)

토지소유자가 이미 금전을 수령 한 경우 근저당권자의 물상대위권 행사 가능성(대법원 2015. 9. 10. 선고 2013다216273 판결)

토지 위의 근저당권자/ 물상대위권 불행사/ 집행권원에 의한 압류 및 전부명령 신청 및 효력 (대법원 1990. 12. 26. 선고 90다카24816 판결)

토지 위의 근저당권자/ 물상대위권 불행사/ 토지 위 다른 채권자에 대한 부당이득반환청구 가능성 (대법원 2010. 10. 28. 선고 2010다46756 판결)

저당권자 물상대위권 불행사/ 소유자가 보상금 취득/ 부당이득반환청구 가능 (대법원 2009. 5. 14. 선고 2008다17656 판결)

근저당권자 물상대위권 불행사/ 소유자 또는 제3취득자에 대한 부당이득반환청구권 행사 (대법원 2017. 7. 18. 선고 2017다218796 판결)

## II. 수용된 토지에 대하여 점유취득시효한 자의 권리주장 관계

수용된 토지 위의 점유취득시효 완성자/ 대상청구권 행사 요건 (대법원 1996. 12. 10. 선고 94다43825 판결 [소유권이전등기등])

점유취득시효 완성자의 권리/ 보상금 수령권자 확인의 소 불가능(대법원 1995. 12. 5. 선고 95다4209 판결)

점유시효 취득자/ 토지수용보상금 수령권자 확인의 소 불가능 (대법원 1995. 7. 28. 선고 95다2074 판결)

점유취득 시효 완성자/ 토지소유자에 대하여 보상금 반환청구 가능성 (대법원 1994. 12. 9. 선고 94다25025 판결)

## Ⅲ. 수용되는 토지 위의 가압류권자의 지위

수용되는 토지 위의 가압류권자의 지위 (대법원 2004. 4. 16. 선고 2003다64206 판결)

수용된 토지 위의 가압류권자의 지위/ 수용금이 토지 소유자에게 귀속된 경우 부당이득반환청구 가능성(대법원 2009. 9. 10. 선고 2006다61536,61543 판결)

## Ⅳ. 기타 사례

토지수용 / 등기 권리자의 대상청구권의 내용 및 행사 방법(대법원 1996. 10. 29. 선고 95다56910 판결)

## Ⅴ. 공탁 관련 쟁점

공탁의 일반적인 분류/ 변제공탁, 집행공탁 그리고 혼합공탁 (대법원 2008. 5. 15. 선고 2006다74693 판결)

변제공탁과 집행공탁 사유가 함께 발생한 경우, 이른바 혼합공탁을 할 수 있는지 여부(적극) (대법원 1996. 4. 26. 선고 96다2583 판결)

혼합공탁/ 변제공탁의 남은 부분에 배당이의 가능성(대법원 2008. 5. 15. 선고 2006다74693 판결)

공탁자의 공탁종류 선택 여부/ 제3채무자의 공탁의 종류에 관하여 판단방법 (대법원 2010. 6. 24. 선고 2007다63997 판결)

채무자의 혼합공탁의 효력/ 공탁 사유 선택 가능성(대법원 2005. 5. 26. 선고 2003다12311 판결)

변제공탁, 집행공탁, 혼합공탁 관련 판단 방법/ 혼합공탁의 경우 집행채권자의 구비서류 요건 (대법원 2012. 1. 12. 선고 2011다84076 판결 [공탁금출급청구권확인])

집행공탁과 변제공탁이 혼합된 혼합공탁에서의 채권자의 우열관계 및 권리행사 방법 (대법원 2020. 10. 15. 선고 2019다235702 판결)

기업자의 토지수용 재결 이후 공탁금 회수 가능성/ 공탁이 수리된 후 공탁물수령자를 추가하는 공탁서 정정이 가능한지 여부(소극) (대법원 1998. 9. 22. 선고 98다12812 판결)

해방 공탁 후 집행공탁으로 변경 가능성(대법원 2019. 1. 31 선고 2015다26009 판결)

혼합공탁금에 대한 배당/ 다른 채권자에 대한 배당이의 가능성 1 (대법원 2006. 2. 9. 선고 2005다28747 판결)

혼합공탁금에 대한 배당/ 다른 채권자에 대한 배당이의 가능성 2 (대법원 2006. 1. 26. 선고 2003다29456 판결)

토지수용금의 원칙적인 공탁방법/ 보상금지급청구권이 중복압류된 경우의 공탁방법(대법원 1998. 9. 22. 선고 98다12812 판결 [손해배상(기)] )

토지수용법상의 보상금청구권에 대한 압류의 경합 존재/ 수용보상금 공탁의 성격/ 집행공탁 (대법원 1999. 5. 14. 선고 98다62688 판결)

중복된 압류 및 전부명령/ 공탁금을 위한 전부금 부존재확인의소 가능성 (대법원 2004. 3. 12. 선고 2003다49092 판결)

중복된 채권자/ 주장하는 채권자에 대한 채권 존재 확인의 소 (대법원 1988. 9. 27. 선고 87다카2269 판결)

# CONTENTS

## 부동산 경매 절차에서의 배당이의

Ⅰ. 서설(배당이의 소송 요건 등) · · · · · · · · · · · · · · · · · · · · · · · · · · · · · · · · 30
Ⅱ. 배당표 확정 및 부당이득반환청구 · · · · · · · · · · · · · · · · · · · · · · · · · · 73
Ⅲ. 근저당권자와 관련된 쟁점 · · · · · · · · · · · · · · · · · · · · · · · · · · · · · · · · · 88
Ⅳ. 가압류 채권자와 관련된 쟁점 · · · · · · · · · · · · · · · · · · · · · · · · · · · · · 105
Ⅴ. 전세권자와 관련된 배당의 문제 · · · · · · · · · · · · · · · · · · · · · · · · · · · 115
Ⅵ. 조세채권자의 배당이의 · · · · · · · · · · · · · · · · · · · · · · · · · · · · · · · · · · 122
Ⅶ. 임차인과 관련된 배당이의 · · · · · · · · · · · · · · · · · · · · · · · · · · · · · · · 132
Ⅷ. 근로자의 우선변제권 · · · · · · · · · · · · · · · · · · · · · · · · · · · · · · · · · · · · 154
Ⅸ. 기타 쟁점과 관련된 판례 · · · · · · · · · · · · · · · · · · · · · · · · · · · · · · · · · 163

## 동산(채권) 관련 배당이의

Ⅰ. 금전채권 압류 일반 · · · · · · · · · · · · · · · · · · · · · · · · · · · · · · · · · · · · · 172
Ⅱ. 추심명령 관련 사례 · · · · · · · · · · · · · · · · · · · · · · · · · · · · · · · · · · · · · 210
Ⅲ. 전부명령 관련 사례 · · · · · · · · · · · · · · · · · · · · · · · · · · · · · · · · · · · · · 241

## 토지수용금에 대한 배당이의

Ⅰ. 수용 토지상의 근저당권자의 지위 · · · · · · · · · · · · · · · · · · · · · · · · · 306
Ⅱ. 수용된 토지에 대하여 점유취득시효한 자의 권리주장 관계 · · · · · · · 330
Ⅲ. 수용된 토지 위의 가압류권자의 지위 · · · · · · · · · · · · · · · · · · · · · · 337
Ⅳ. 기타 사례 · · · · · · · · · · · · · · · · · · · · · · · · · · · · · · · · · · · · · · · · · · · · 342
Ⅴ. 공탁 관련 쟁점 · · · · · · · · · · · · · · · · · · · · · · · · · · · · · · · · · · · · · · · · 344

# 부동산 경매 절차에서의 배당이의

# 부동산 경매 절차에서의 배당이의

## I. 서설(배당이의 소송 요건 등)

### 1. 당사자 적격과 관련된 문제

원고적격/ 배당기일 출석하여 배당이의를 한 채권자(대법원 1981. 1. 27. 선고 79다1846 판결)

> **판례해설**
>
> 민사소송법상 당사자는 변론 기일에 직접 출석을 하지 않더라도 기일 이전에 이미 준비서면을 제출하고 본 서면이 상대방에게 송달되면 출석 여부와 무관하게 진술한 것으로 간주 된다(민사소송법 제148조).
>
> 그러나 배당이의절차에서는 이와 달리 채무자를 제외하고는 민사집행법 제151조 제1항에 따라 배당기일에 직접 출석하여 배당이의를 구두로 하여야 하고 그렇지 않고 통상의 소송에서와 같이 기일 이전에 이의신청을 하는 취지의 서면을 제출하기만 하고 별도로 배당기일에 출석을 하지 않았을 경우 진술간주가 되지 않으므로 특히 주의를 요한다.

> 다만 채무자일 경우에는 예외적으로 민사집행법 제151조 제2항에서 배당기일 끝날 때까지 서면으로 이의할 수 있도록 규정되어 있다.

### 법원판단

살피건대, **민사소송법 제591조 제1항**에 배당기일에 출석하지 아니한 채권자는 배당표의 실시에 동의한 것으로 간주한다고 규정하고 있는데 이 조문을 풀이해 보면 <u>채권자가 배당표에 대한 이의를 신청하려면 배당기일에 출석하여야 하는 것이고 배당기일에 출석하지 아니한 채권자는 서면으로서도 다른 채권자의 채권에 대하여 이의를 신청할 수 없는 것</u>으로 보아야 할 것이다. 즉 배당표에 대하여는 구술에 의한 이의의 신청만이 허용되고 서면에 의한 이의신청은 허용되지 않는 것으로 보아야 할 것이니 채권자가 미리 이의신청서를 집행법원에 제출하였다고 하여도 그 채권자가 배당기일에 출석하지 않았거나 출석하였어도 이미 제출한 이의신청서를 진술하지 않았다면 그 채권자는 이의신청을 하지 않은 것으로 보아야 하고 이와 같이 배당기일에 출석하여 이의신청을 하지 않은 사람은 배당표의 실시에 동의한 것으로 간주되는 자로서 배당표에 대한 이의의 소를 제기할 적격을 갖지 못하는 것이라고 할 것이다.

제3자 물건이 경매절차 진행 후 매각시 제3자의 배당이의의 소 가능성 (대법원 2002. 9. 4. 선고 2001다63155 판결)

> 판례해설
>
> <u>배당이의를 할 수 있는 자</u>는 배당기일에 출석하여 배당이의를 한 자에 한하므로 배당기일에 출석하지 않았거나 출석하였더라도 구두로 이의를 하지 않은 경우 배당이의의 소를 제기할 수 없다.
>
> 즉 경매 배당절차의 기본적인 이념은 절차의 안정인바, **민사집행법 제151조**에 의하여 배당기일에 출석한 자에 한하여 1주일 이내에 배당이의를 하여야 하고, 그렇지 않은 경우 예외 없이 배당이의 소를 제기할 권한 조차 인정되지 않는다.
>
> 물론 대상판결의 사안처럼 자신이 소유자임에도 불구하고 자신도 모르는 사이에 경락으로 낙찰되어 소유권을 상실할 위험에 처해있다고 한다면 추후 경매절차가 무효임을 전제로 소유권이전등기말소청구 등을 통하여 충분히 구제받을 수 있는 것이다.

### 법원판단

원고는 강제경매목적물인 제1심판결 별지 제1목록 1 토지에 관한 근저당권자로서 배당기일에 출석하여 같은 목록 3 건물에 설치된 제1심판결 별지 제2목록 물건(이하 '이 사건 물건'이라고 한다)은 **채무자 소유**

가 아닌 원고의 소유이었으므로 경락대금 중 이 사건 물건에 대한 매득금 상당의 금원은 원고가 우선 배당받아야 한다는 실체상의 이유로 배당표에 대한 이의신청을 하고 이 사건 배당이의 소를 제기한 사실을 알 수 있으나, 이러한 실체상의 이유는 위 1 토지에 관한 근저당권자의 지위와는 아무 관계가 없고 이 사건 물건에 대한 원소유자의 지위에서 나온 것이므로, 원고의 이의신청은 이 사건 경매절차에 있어 이해관계인이 아닌 자가 한 것이어서 적법한 이의신청이라고 할 수 없고, 이 사건 배당이의 소는 원고적격이 없는 자가 제기한 것으로서 부적법하다.

담보권 실행을 위한 경매에서 경매목적물의 진정한 소유자와 경매개시결정 기입등기 당시 소유자로 등기된 사람이 다른 경우, 배당이의의 소를 제기할 원고적격(대법원 2015. 4. 23. 선고 2014다53790 판결)

> 법률신문 2015. 6. 22. 자 판례 평석 기고
>
> 들어가며
>
> 현 우리나라 등기법제는 등기의 공신력을 인정하지 않기 때문에 물권(이하, "소유권"이라고 한다)에 관하여 해당 등기가 되어 있다고 하더라도 그 등기로 인하여 소유권이 바로 인정되는 것은 아니라 단지 소유권이 있다고 추정될 뿐이다. 이는 불완전한 공시 방법인 등기를 사용함에 따른 부득이한 선택 및 하나의 정책적인 의미로 보여 진다. 그러나 최근 대법원은 민사집행법 제90조 제2호의 소유자의 개념과 관련하여, 실질적 소유권

여부와 무관하게 등기된 소유자만을 "소유자"라고 판단함으로써 전통적인 소유권 개념에 다소 비껴간 해석을 하였다.

### 사실관계(간략히 정리하였다)

가. 피고는 소외1, 2에게서 A부동산을 매수하되 소유권이전등기는 소외3 명의로 경료하기로 하는 매매계약을 체결하고, 소외3과는 명의신탁약정을 체결하였다.

나. 위 계약에 따라 소외3은 자신의 명의로 A부동산에 관하여 소유권이전등기를 마치고 피고 명의로 채권최고액 2억 원의 근저당권설정등기를 마쳤다.

다. 이후 소외3은 원고들과 A부동산에 관하여 매매계약을 체결하고 원고들에게 각 지분이전등기를 마쳤으나, 원고들은 위 매매계약이 기망에 의한 것이라는 이유로 취소하고 매매대금 상당액의 부당이득을 구하는 소를 제기하여 승소판결을 받고 확정되었다.

라. 미처 원고들 명의의 지분이전등기가 말소되지 않은 상태에서, 피고는 위 근저당권을 기초로 원고들을 소유자로 하여 A부동산에 관하여 경매절차 신청을 하였고 법원으로부터 경매개시결정을 받았다.

마. 집행법원은 A부동산의 매각대금 138,158,813원 중 1억 2,700만 원을 근저당권자로 되어 있는 피고에게, 잉여금 10,550,283원을 소유자로 되어 있는 원고들에게 각 배당하는 내용의 배당표를 작성하였다. 이에 원고들은 피고에 대한 배당액 전액에 대하여 이의를 제기한 후 이 사건 배당이의 소를 제기하였다.

바. 이에 피고는 원고들이 A부동산의 소유자가 아니므로 배당이의의 소를 제기할 수 없다고 항변하였다.

**원심 판단(서울고등법원 2014. 7. 11. 선고 2013나54644 판결)**

　원심은 다음과 같은 이유로 등기부상 소유자로 등재되어 있다면 실제로 소유권이 없다고 하더라도 민사집행법상 소유자로 인정되어, 배당이의 진술 및 배당이의의 소를 제기할 수 있거나 잉여금을 받을 수 있다고 판시하였다.

　즉 원심은 ① '배당이의의 소'의 본질이 '소유권의 귀속'을 다투는 것이 아니라는 점, ② 기존 판례는 배당이의의 진술 또는 배당이의의 소를 제기할 수 있는 권리자에 등기 없는 '진정한 소유자'가 포함되지 않다고 보아왔는바 '소유권 없는 등기명의인'도 포함되지 않는다고 보는 것은 부당한 결과가 발생할 수 있다는 점, ③ 배당단계에서 경매대상 부동산의 소유자를 변경할 수 있다고 한다면 이는 '절차의 안정성'과 '채권자 보호'라는 민사집행법의 이념에 반한다는 점, ④ 이 사건 피고가 원고들이 이 사건 부동산의 소유사임을 선제로 이 사건 경매절차를 신청하였음에도 원고들이 배당이의의 소를 제기하자 비로소 이 사건 부동산에 관한 원고들의 소유권 유무를 다투는 것은 신의칙에 반한다는 점 등의 이유로 원고들에게 배당이의의 소를 제기할 적격이 있다고 판단하였다.

**대법원 판단(2015. 4. 23. 선고 2014다53790 판결)**

　(그러나 대법원에서는 원심과 같은 구구절절한 근거 없이 당연한 귀결로 민사집행법 제90조 제2호의 "소유자"에는 경매개시결정기입등기 당시 소유자로 등기되어 있는 자만 포함되고 오히려 실질적 소유자는 포함되지 않는다고 판시하였으며 구체적인 이유는 다음과 같다.)

　가. 배당이의 소의 원고적격이 있는 사람은 배당기일에 출석하여 배당표에 대하여 이의를 진술한 채권자 또는 채무자에 한하고, 다만 담보권 실행을 위한 경매에서 경매목적물의 소유자는 여기의 채무자에 포함된

다. 그런데 진정한 소유자이더라도 경매개시결정기입등기 당시 소유자로 등기되어 있지 아니하였다면 민사집행법 제90조 제2호의 소유자가 아니고, 그 후 등기를 갖추고 집행법원에 권리신고를 하지 아니하였다면 같은 조 제4호의 부동산 위의 권리자로서 그 권리를 증명한 사람도 아니므로, 경매절차의 이해관계인에 해당하지 아니한다. 따라서 이러한 사람에게는 배당표에 대하여 이의를 진술할 권한이 없고, 그 이의를 진술하였더라도 이는 부적법한 것에 불과하여 배당이의의 소를 제기할 원고적격이 없다.

나. 반면에, 경매개시결정기입등기 당시 소유자로 등기되어 있는 사람은 설령 진정한 소유자가 따로 있는 경우일지라도 그 명의의 등기가 말소되거나 이전되지 아니한 이상 경매절차의 이해관계인에 해당하므로, 배당표에 대하여 이의를 진술할 권한이 있고, 나아가 그 후 배당이의의 소를 제기할 원고적격도 있다.

### 판례평석

우리나라 현행 등기제도 하에서는 원칙적으로 등기의 공신력이 인정되지 않으므로 등기기재에 부합하는 실체상의 권리관계가 존재함을 전제로 그 등기의 유효성이 인정될 뿐이며, 다만 예외적으로 관련 법에서 제3자 보호 규정이 있는 경우 공신력을 인정하고 있으나 그마저도 등기부 자체의 공신력을 인정하는 것과는 다소 차이가 있다.

즉 우리 법제는 기본적으로 성립요건주의(형식주의)를 취하고 있으나, 그렇다고 등기부 자체에 공신력을 인정하지는 않기 때문에 채권행위가 무효로 된 경우에는 이에 기한 물권행위 역시 무효로 되는바 소유권이 원상회복 되는 경우 "실질적 소유자"라는 개념이 등장하는 것이다.

문제는 민사집행법 제90조 제2호가 경매절차의 이해관계인으로 "채무자 및 소유자"라고 규정하고 있는바, 여기에서 "소유자"의 개념이 지금까지의 일반적인 법리와 동일하게 "등기 무효여부와 무관한 실질적인 소유자"를 의미하는 것인지 아니면 "등기의 원인이 무효임으로 인하여 실질적으로 소유권을 가지고 있지 않으나 어찌되었든 경매기입등기 당시 등기를 가지고 있는 자"를 의미하는 것인지 여부이다.

  이에 대하여 법원은 위 조항에 규정된 "소유자"라는 개념이 실질적인 소유자를 의미하는 것이 아니라 원인행위가 무효임으로 인하여 등기라 무효라고 하더라도 경매기입등기 당시 등기부상 소유자로 기재되어 있기만 하면 소유자에 해당한다고 함으로써 등기부의 효력과 관련하여 이제까지와는 다른 법리를 적용하였는바, 흡사 등기의 공신력을 인정하는 듯한 판결을 선고한 것이다.

  즉, 대법원은 민사집행법 제90조 제2호의 규정된 "소유자"란 단호하게 "진정한 소유자이더라도 경매개시결정기입등기 당시 소유자로 등기되어 있지 아니하였다면 민사집행법 제90조 제2호의 소유자가 아니다"라고 확정 짓고 오히려 "경매개시결정기입등기 당시 소유자로 등기되어 있는 사람은 설령 진정한 소유자가 따로 있는 경우일지라도 그 명의의 등기가 말소되거나 이전되지 아니한 이상 경매절차의 이해관계인으로서 배당표에 대하여 이의를 진술할 권한이 있고, 나아가 그 후 배당이의의 소를 제기할 원고적격도 있다"고 판시한 것이다.

  (원심에서는 실질적 소유자 이외 형식상 소유자라고 하더라도 배당이의를 할 수 있고 배당이의의 소를 제기할 수 있다고 판시하여 마치 실질적 소유자 및 형식상 소유자 모두가 배당이의를 할 수 있는 것처럼 설시하였으나 대법원은 명확히 실질적 소유자가 아닌 경매개시 결정 당시 등기된 소유자만이 경매절차의 당사자라고 판시하고 있다).

  사견으로는 법원이 위와 같이 민사집행법 제90조 제2호의 소유자를 경매개시결정 당시 등기된 소유자로 한정한 이유를 민사집행법의 대원칙인 '채권자 보호' 그리고 '집행 절차의 안정성'에서 찾고 싶다. 대법원에서는 아무런 논거 없이 곧바로 위 조항의 소유자 개념을 경매개시결정기입등기 당시 등기된 자로 한정하였으나 그 이면에는 집행 절차의 안정성에 대한 고려가 있었을 것이라고 판단되기 때문이다.

원심에서도 설시된 것과 같이, 국가 특히 법원이 진행하는 경매절차에는 첨예한 이해당사자간의 대립이 존재하기 때문에 경매절차의 안정성이라는 민사집행법의 대원칙이 엄격하게 이어져 왔다. 이와 같은 태도를 근거로 대법원은, 배당요구를 할 수 있는 가압류 채권자의 범위에 "가압류 결정을 받았으나 배당요구 종기까지 등기가 되지 않은 가압류권자"는 포함되지 않는다는 판결(대법원 2003. 8. 22. 선고 2003다27696 판결)을 하거나, "지급명령이 확정되었더라도 배당요구 종기까지 지급명령정본을 제출하여야만 배당요구가 적법"하다고 판결(대법원 2014. 4. 30. 선고 2012다96045 판결)을 선고하여 그 절차와 형식을 엄격하게 해석하였던 것이다.

이는 압류 이후의 발생한 유치권에 관하여 이를 채권자의 처분행위로 보아 유치권의 대항력을 인정하지 않았지만, 체납처분 이후 발생한 유치권은 그 대항력을 인정(대법원 2014. 3. 20. 선고 2009다60336 전원합의체 판결)하였던 대법원 전원합의체 판결의 다수 의견(일명 절차 안정성설)과 그 궤를 같이한다고 볼 것이다(필자의 법률신문 2014. 7. 10.자 체납처분 이후 발생한 유치권의 효력 참조).

대상판결의 원심도 위 판결들과 같은 맥락에서, "절차의 안정성 및 채권자 보호"를 고려하여 다음과 같은 이유를 든 판시를 하였다.
"집행법원은 등기명의인 등 '경매대상 부동산의 소유자로 취급되었던 자'의 채권자에게 배당받을 기회를 준 다음 배당을 실시하게 된다. 그런데

> 배당단계에서 경매대상 부동산의 소유자를 변경할 수 있다고 한다면, '소유권 없는 등기명의인'의 채권자가 한 배당요구 등은 아무런 효력이 없게 된다. 또한 '새롭게 소유자로 취급되는 진정한 소유자'의 채권자는 본래 부여받았을 배당요구 등의 기회를 갖지 못한 채 배당절차에 참여할 수 없게 된다. 이는 '절차의 안정성'과 '채권자 보호'라는 민사집행법의 이념에 반하는 것이다."

지급명령 채권자의 적법한 배당이의 요건/ 배당요구종기까지 지급명령 확정정본 제출 (대법원 2014. 4. 30. 선고 2012다96045 판결)

> 판례해설
>
> 배당 절차는 집행권원이 있는 자만 참여할 수 있고 경매개시 전에 등기된 자가 아닌 이상은 배당요구 종기까지 배당요구를 하여야만 비로소 배당 절차에 참여할 수 있다. 그리고 **지급명령 채권자는 지급명령이 확정되어 지급명령 정본을 제출하여야 비로소 배당요구 채권자로 인정받을** 수 있다.
>
> 대상판결은 지급명령 신청 이후 확정시까지 어느 정도의 시차가 존재하고 그 기간 동안에 배당요구 종기가 도과될 경우 배당요구 종기까지 일단 지급명령을 신청하였다는 신청서와 송달 증명원만 제출하고 배당 종기 이후 보완하였을 경우 그 하자가 치유되는지 여부가 문제가 된 사안으로, 이에 대하여 대법원은 배당요구 종기까지 배당요구 채권자로서의 요건을 갖추지 않는다면 차후 보완하여도 적법한 배당요구 채권

자로 인정받을 수 없다고 판단하였다.

대법원이 이와 같이 엄격하게 해석하는 이유는 민사집행의 원칙인 절차의 안정에 귀착한 태도로 보인다.

### 법원판단

민사집행법 제58조 제1항 본문, 제88조 제1항, 민사집행규칙 제48조 제2항에 따르면, 확정된 지급명령의 채권자가 집행력 있는 정본을 가진 채권자로서 배당요구를 하기 위해서는 배당요구서에 지급명령 정본(다만 민사집행법 제58조 제1항 단서 각 호의 사유가 있는 경우에는 집행문을 부여받아야 한다) 등을 첨부하여 제출하여야 한다.

그러므로 지급명령이 확정되어 지급명령 정본 등을 가지기 전에 지급명령 신청 접수증명원만을 제출하여 미리 배당요구를 하였다면 그 배당요구는 부적법하고, 다만 그 후에 지급명령 정본 등을 제출하면 하자가 치유된다. 그런데 이 경우에도 다른 특별한 사정이 없는 한 배당요구의 종기까지는 지급명령 정본 등이 제출되어야 한다.

채무자의 경우 집행권원을 가진 채권자에 대한 배당이의의 소 가능성(법 151조)(대법원 2015. 4. 23. 선고 2013다86403 판결)

판례해설

채무자 역시 배당표에 이의가 있을 경우에는 배당이의 소를 제기할 수 있다. 그러나 배당표의 문제가 아닌 강제집행신청의 전제가 된 집행권원의 문제일 경우에는 소의 형태가 배당이의의 소가 아닌, 민사집행법 제44조에서 규정하고 있는 청구이의의 소를 통해서만 가능하다.

이는 채무자가 강제집행 신청의 전제가 된 집행권원의 문제는 결국 배당의 문제가 아니라 집행권원의 적법 문제이기 때문에 원칙적 절차인 청구이의의 소를 통해서만 가능하도록 하고 거기에 더하여 배당금 절차 진행 역시 다른 배당이의와 다르게 집행정지신청 및 결정문이 배당이의를 한지 일주일 내에 제출되어야 한다고 규정하고 있다.

### 법원판단

[1] 배당절차에서 작성된 배당표에 대하여 채무자가 이의하는 경우, 집행력 있는 집행권원의 정본을 가진 채권자의 채권 자체, 즉 채권의 존재 여부나 범위에 관하여 이의한 채무자는 그 집행권원의 집행력을 배제시켜야 하므로, 청구이의의 소를 제기해야 하고 배당이의의 소를 제기할 수 없다(민사집행법 제154조 제2항). 가집행선고 있는 판결에 대하여는 그 판결이 확정된 후가 아니면 청구이의의 소를 제기할 수 없으나(민사집행법 제44조 제1항), 채무자는 상소로써 채권의 존재 여부나 범위를 다투어 판결의 집행력을 배제시킬 수 있고 집행정지결정을 받을 수도 있으므로, 확정되지 아니한 가집행선고 있는 판결에 대하여 청

구이의의 소를 제기할 수 없다고 하여 채무자가 이러한 판결의 정본을 가진 채권자에 대하여 채권의 존재 여부나 범위를 다투기 위하여 배당이의의 소를 제기할 수 있는 것이 아니다.

[2] 채무자가 채권자의 채권 자체가 아니라 채권의 순위, 즉 그 채권에 대하여 다른 채권자의 채권보다 우선하여 배당하는 것 등에 관하여 이의하는 경우, 채무자의 이러한 이의는 위 다른 채권자가 민사집행법의 규정에 따라 배당받을 채권자에 해당함을 전제로 하는 것인데, **민사집행법 제148조 각 호에 해당하지 아니하여 배당에 참가하지 못하는 채권자는 배당표에 대하여 이의할 수 없으므로, 채무자 역시 배당에 참가하지 못하는 위와 같은 채권자의 채권에 배당해야 한다는 이유로 배당이의의 소를 제기할 수는 없다.**

근저당권의 피담보채권을 양도된 경우 배당이의의 소의 원고적격 요건 (대법원 2003. 10. 10. 선고 2001다77888 판결)

> **판례해설**
>
> 근저당권자가 그 효력을 인정받기 위한 요건은 <u>피담보채권과 더불어 등기</u>이다. 만약 이 두 개 중 하나라도 존재하지 않는다면 그 근저당권자로서 권리를 주장할 수 없는 것은 당연하다.

이 사건 원심에서는 근저당권자가 피담보채권의 양도를 배제하는 특약이 존재하지 않은 이상 자유롭게 양도할 수 있고 피담보채권이 양도되었다고 하더라도 해당 근저당권이 무효라고 볼 수 없다고 판시하였으나, 근저당권의 기본적인 요건 자체가 등기와 피담보채권인 점을 고려한다면 원심 판결은 다소 이해할 수가 없다.

이에 대상판결에서는 피담보채권의 양도로 인하여 근저당권 등기와 일시적인 불일치가 존재한다고 하더라도 그 시기만큼은 무효라고 볼 수 없으나 그렇다고 하여 해당 근저당권이 유효로 될 수 없다고 판시함으로써 해당 근저당권자가 제기한 배당이의 소송을 기각시켰던 것이다.

더 나아가 피담보채권을 양수받은 양수채권자 역시 자신에게 등기가 경료된 것은 아니므로 자신이 양수받은 피담보채권만으로는 배당이의를 할 수 없고 결국 채권양도만 되고 부기등기가 되지 않은 경우에는 등기권자나 채권양수인 모두 적법한 권리를 주장할 수 없고 차후 완전한 요건(피담보채권과 등기)을 갖추었을 때 비로소 부당이득반환청구 소송을 제기할 수 있을 뿐이다.

### 법원판단

피담보채권과 근저당권을 함께 양도하는 경우에 채권양도는 당사자 사이의 의사표시만으로 양도의 효력이 발생하지만 **근저당권 이전은 이전등기를 하여야 하므로 채권양도와 근저당권이전등기 사이에 어느 정도 시차가 불가피한 이상 피담보채권이 먼저 양도되어 일시적으로 피담보채권과 근저당권의 귀속이 달라진다고 하여 근저당권이 무효**

로 된다고 볼 수는 없으나, 위 근저당권은 그 피담보채권의 양수인에게 이전되어야 할 것에 불과하고, 근저당권의 명의인은 피담보채권을 양도하여 결국 피담보채권을 상실한 셈이므로 집행채무자로부터 변제를 받기 위하여 배당표에 자신에게 배당하는 것으로 배당표의 경정을 구할 수 있는 지위에 있다고 볼 수 없다.

원심이 이 사건 근저당권의 피담보채권이 확정되어 보통의 저당권으로 되었다고 판단한 것은 옳고, 또한 원고와 원고보조참가인 사이에 이 사건 근저당권의 양도를 배제하는 특약이 있었다고 인정할 증거가 없는 이 사건에서는 피담보채권과 저당권을 함께 양도하기로 하였다고 봄이 상당한데, 이처럼 **피담보채권과 저당권을 함께 양도하는 경우에 채권양도는 당사자 사이의 의사표시만으로 양도의 효력이 발생하지만 저당권이전은 이전등기를 하여야 하므로 채권양도와 저당권이전등기 사이에 어느 정도 시차가 불가피한 이상 피담보채권이 먼저 양도되어 일시적으로 피담보채권과 저당권의 귀속이 달라진다고 하여 저당권이 무효로 된다고 볼 수는 없**으므로 이 점에서 원심이 **피담보채권의 양도로 인하여 이 사건 근저당권이 소멸한다고 볼 수 없다고 판단**한 것은 수긍할 수 있으나, 그렇다고 하더라도 근저당권이 소멸하지 아니하였다는 이유만으로 원고가 그 피담보채권의 변제를 수령할 수 있음을 전제로 원고의 이 사건 청구를 인용한 원심의 판단은 수긍할 수 없다.

즉, 원고 명의의 이 사건 근저당권은 그 피담보채권의 양수인인 참가인에게 이전되어야 할 것에 불과하고, 원고는 피담보채권을 양도하여 결국 피담보채권을 상실한 셈이므로, 집행채무자로부터 변제를 받기 위하여 배당표에 자신에게 배당하는 것으로 배당표의 경정을 구할 수 있는 지위에 있다고 볼 수 없고, 또한 참가인이 이 사건 저당권을 이전받지 못할 아무런 장애도 없는데도 피담보채권을 양수하고도 단지 등록세 등의 비용을 절약하기 위하여 장기간 저당권의 이전등기를 해태한 끝에 결국 저당권이 말소된 이 사건에서 양도인인 원고가 양수인인 참가인을 대신하여 변제를 수령할 수 있다고 볼 아무런 근거도 없다고 할 것이다.

배당요구할 수 있는 가압류 채권자 요건/ 배당요구종기까지 가압류 결정 및 집행완료(대법원 2003. 8. 22. 선고 2003다27696 판결)

### 판례해설

경매개시결정 등기 전에 등기된 가압류권자는 배당요구가 필요 없고 배당기일에 배당이의를 하지 않더라도 부당이득반환소송까지 할 수 있다. 그러나 **경매개시 이후에 가압류 등기된 자는 다른 배당요구채권자와 동일하게 배당요구기한까지 배당요구를 하여야 하고 배당이의를 하여야만 배당이의소송을 제기할 수 있다.**

문제는 경매개시 이후에 가압류 결정 및 등기가 된 자가 배당요구를 할 수 있는 요건이 무엇인지이다. 일단 가압류라고 함은 가압류 신청, 가압류

결정, 그 이후 등기가 되는데 배당요구시한까지 가압류 결정만 받고도 배당요구를 할 수 있느냐, 아니면 가압류 등기가 배당요구 종기까지 되어야 하느냐이다.

대상판결은 이에 가압류 결정 뿐만 아니라 집행 즉 등기까지 되어야만 비로소 배당요구를 할 수 있고 더불어 배당요구 종기 이전에 결정이 되고 이후 등기가 된다고 하더라도 추인조차 되지 않는다고 판단한 것이다.

생각건대 민사집행법의 대원칙인 절차의 안정성 측면에서 본다면 **가압류 결정 뿐만 아니라 집행까지 되어야 비로소 가압류권자로서 배당요구를 할 수 있다**고 보이고, 이는 지급명령 채권자의 배당요구가 적법하기 위해서는 배당요구 종기까지 지급명령 정본이 제출되어야 하고 그 이후 제출될 경우 추인이 되지 않는다는 대법원 2014. 4. 30. 선고 2012다96045 판결과 일맥상통한다.

### 법원판단

원심이 적법하게 인정한 사실과 기록에 의하면, 원고는 강제경매목적물인 판시 부동산에 대한 근저당권자로서, **그 근저당권의 채권최고액을 넘는 대여금채권을 청구금액으로 하여 위 부동산경매절차상의 배당요구 종기 전에 이 사건 가압류결정을 받고 그 가압류결정을 첨부하여 위 부동산에 대한 경매절차에서 배당요구를 하였으나 배당요구의 종기까지 경매대상 부동산에 대하여 가압류 집행을 마치지는 못한 사실,** 집행법원이 작성한 배당표에는 원고에 대하여 위 근저당권의 채권최고액에 대하여는 전액 배당을 하지만 위 가압류청구금액에 대하여는 피고의 채권과 동순위인데도 전혀 배당을 하지 않는 것으로 배당표가 작성되자, 원고가 가압류의 청구금액에 대하여도 피고와 안분하여 배당을 받아야 한다는 실체상의 이유로 배당표에 대한 이의신청을 하고 이 사건 배당이의 소를 제기한 사실을 알 수 있는바, 원고는 근저당권의 채권최고액 전액을 배당받았으므로 원고가 주장하는 실체상의 이유는 판시 부동산에 관한 근저당권자의 지위와는 아무런 관계가 없고, 단지 자신이 위 경매대상부동산에 대하여 가압류를 한 채권자로서 자신의 배당요구가 적법하다는 것을 전제로 한 것인데, 위의 법리에 비추어 볼 때 원고의 배당요구는 부적법한 것이고 원고의 배당요구가 부적법한 이상 그 실체상의 이의신청 또한 부적법하다고 할 것이며, 이 사건 배당이의 소도 원고적격이 없는 자가 제기한 것으로서 부적법하다고 할 것이다.

임의경매 절차에서 소유자의 배당이의 소송 가능성 (대법원 2006. 9. 22. 선고 2004다51627 판결)

판례해설

부동산 소유자이자 채무자가 임의경매 절차 진행 중에 배당이의 소를 제기할 수 있을까. 대법원의 2001다63155 판결에 의하면 배당기일에 배당이의를 하지 않은 자는 배당이의 소송을 제기할 수 없다고 판시한 바 있으나 이 사건에서는 채무자는 배당기일에 배당이의를 하고 더불어 그 절차에 맞추어 배당이의 소를 제기하였었다.

생각건대 구 민사소송법(2002. 1. 26. 법률 제6626호로 전문 개정되기 전의 것) 제659조 제1항과 민사집행법 제151조에서는 채무자 및 채권자는 배당표에 이의를 할 수 있고, **민사집행법 제154조 제1항에서는 이와 같이 이의한 채무자(집행권원을 가지지 아니한 채권자가 신청한 강제집행) 및 채권자는 배당이의 소를 제기할 수 있다고 규정되어 있는 점을 본다면** 채무자의 배당이의 소송은 가능한 것으로 보이고 대상판결도 본 조문들의 해석에 충실히 따라갔다.

즉 채무자의 입장에서는 무효인 근저당권에 기한 경매절차가 무효임을 이유로 낙찰자에 대하여 대항할 수 있지만 위 조문들을 충실히 해석하여 낙찰자에 대한 경매무효를 주장하든지 아니면 채권자를 상대로 배당이의를 하여 배당금을 부당이득임을 이유로 반환받든지 채무자가 자유롭게 선택할 수 있다.

## 법원판단

구 민사소송법 및 구 민사소송규칙 등 관련 규정을 종합하면, **의사무능력자가 채권자와 사이에 금전소비대차계약을 체결하고 그 대여금채권을 담보하기 위하여 자신의 소유의 부동산에 근저당권을 설정하여 준 후 위 근저당권에 기한 임의경매절차가 진행되어 최고가매수인에 대한 매각허가결정이 확정되고 그 매각대금에 대한 배당절차가 진행된 경우에,** 의사무능력자의 법정대리인 등은 위 근저당권설정계약의 무효를 주장하여 경락인을 상대로 소유권의 취득을 다툴 수 있지만, 이와 별도로 배당금을 수령할 권리가 없는 근저당권자에게 배당이 이루어지는 것을 저지하기 위하여 배당절차에서 위 근저당권 및 피담보채권의 부존재를 주장하여 채권자의 배당액에 대하여 이의하고 나아가 채권자를 상대로 배당이의 소송을 제기하는 것도 가능하다.

## 2. 소의 선택의 문제

집행력 있는 정본을 가진 채권자가 우선변제권을 주장하며 경매신청한 경우 채무자의 소의 선택(대법원 2011. 7. 28. 선고 2010다70018 판결)

판례해설

대법원 2015. 4. 23. 선고 2013다86403 판결의 판례해석에서도 본 것과 같이 집행단계에서는 소송을 제기할 경우에도 민사집행법의 각 소에 부합하는 요건을 갖춘 경우에만 가능하고 그렇지 않을 경우 실체상의 이유 즉 이의에 타당한 이유가 존재하더라도 기각 또는 각하를 면할 수 없다.

대상판결에서는 **집행력이 있는 판결정본을 가진 채권자가 강제집행을 신청한 것이 아니라 우선변제권을 주장하는 담보권 실행을 위한 경매를 신청하였을 경우 채무자가 청구이의의 소가 아니라 배당이의의 소를 제기한 것이 타당하다**고 본 것이다.

즉 채권자가 강제집행 권원을 가지고 있다고 하더라도 이에 근거하여 경매신청을 한 것이 아니라면 민사집행법 제44조가 적용될 여지는 없고 결국 채권자에 대한 이의는 통상의 배당이의로 가능하다고 판단한 것이다.

결론적으로 해당 경매신청이 집행권원에 기하여 신청되었는지 아니면 담보권에 기하여 신청되었는지 여부에 따라 채무자의 소의 형태 및 절차가 달라진다는 것이다.

### 법원판단

집행력 있는 판결 정본을 가진 채권자에 대한 배당에 관하여 이의한 채무자는 배당이의의 소가 아닌 청구이의의 소를 제기하여야 하지만, 집행력 있는 판결 정본을 가진 채권자가 우선변제권을 주장하며 담보권에 기하여 배당요구를 한 경우에는 배당의 기초가 되는 것은 담보권이지 집행력 있는 판결 정본이 아니므로, **채무자가 담보권에 대한 배당에 관하여 우선변제권이 미치는 피담보채권의 존부 및 범위 등을 다투고자 하는 때에는 배당이의의 소로 다투면 되고, 집행력 있는 판결 정본의 집행력을 배제하기 위하여 필요한 청구이의의 소를 제기할 필요는 없다.** 이러한 경우 배당이의 소송에서는 채권자의 담보권에 의하여 담보되는 채권의 존부 및 범위뿐만 아니라 우선변제권의 순위 등에 대한 판단이 함께 이루어지고 이에 따라 판결 주문에서 배당표의 경정이 이루어지는 것이므로, 배당이의의 소가 제기되기 전 또는 후에 채무자에게 채권자에 대한 피담보채무의 이행을 명하는 판결이 확정되었다 하더라도 이행의 소의 소송물과 배당이의의 소의 소송물이 서로 동일하다고 볼 수 없다.

집행력이 있는 집행권원의 정본을 가진 채권자에 대하여 청구이의의 소가 아닌 배당이의의 소를 제기하는 경우의 문제(대법원 2005. 4. 14. 선고 2004다72464 판결)

### 법원 판단

배당절차에서 작성된 배당표에 대하여 채무자가 이의를 하는 경우, 집행력 있는 집행권원의 정본을 가지지 아니한 채권자에 대하여 이의한 채무자는 배당이의의 소를 제기하여야 하고, 집행력 있는 집행권원의 정본을 가진 채권자에 대하여 이의한 채무자는 청구이의의 소를 제기하여야 한다(민사집행법 제256조, 제154조 제1항, 제2항).

다만 원심은 원고의 피고들에 대한 이 사건 배당이의의 소가 부적법하다고 판단하면서도, 원고가 소송요건을 갖추어 피고들을 상대로 청구이의의 소를 제기하거나 이 사건 배당이의의 소를 청구이의의 소로 적법하게 변경하는 것이 불가능하고, 가사 그것이 가능하다고 하더라도 원고의 피고들에 대한 청구가 이유 없어 기각될 것이 명백하다는 이유로 원고의 청구를 기각한 제1심판결을 유지하여 원고의 항소를 기각하였는바, 이 사건 배당이의의 소가 소송요건을 갖추지 못하여 부적법하다고 판단한 이상 이 사건 소를 각하하였어야 함에도, 본안판단에 들어가 원고의 청구를 기각한 제1심판결을 유지한 원심의 조치는 위법하여 파기를 면할 수 없다고 할 것이다.

형식적 경매에서 일반 채권자의 배당이의가 허용되는지 여부(대법원 2013. 9. 12. 선고 2012다33709 판결)

판례해설

형식적 경매라고 함은 **민법, 상법, 기타 법률의 규정에 의하여 재산의 보관, 정리, 가격 보존 등의 목적으로 행해지는 경매로서 청구액이 0원 또는 1원인 것이 특징**이다. 그 종류로는 공유물 분할, 변제자의 변제공탁, 한정승인, 재산분할 그리고 유치권에 의한 경매 등이 있다.

형식적 경매와 관련하여 각 개별법이 정하고 있고 특별히 그 절차에 관하여 민사집행법 제274조에 규정하고 있기는 하나 담보권 실행을 위한 경매의 예에 따라 실시한다고만 규정되어 있고 그 외에는 모두 해석 및 대법원 판례에 의하여 정립되어 있을 뿐이다.

대상판결에서는 상속재산 분할을 위한 경매절차인바 본 절차는 상속채권자 또는 유증받은 자에 대하여 일괄적으로 변제하기 위한 청산을 목적으로 진행하는 절차일 뿐 채권 만족을 위한 절차가 아니기 때문에 배당이의를 할 수 없다고 판시한 것이다.

형식적 경매가 대체로 통상의 경매와 다른 점은 배당요구나 배당이의를 할 수 없다는 점 외에 인수주의를 채택하고 있다는 점을 참조하여 낙찰자로서는 주의를 요하는 대목이다.

### 법원판단

민법 제1037조에 근거하여 민사집행법 제274조에 따라 행하여지는 상속재산에 대한 형식적 경매는 한정승인자가 상속재산을 한도로 상속채권자나 유증받은 자에 대하여 일괄하여 변제하기 위하여 청산을 목적으로 당해 재산을 현금화하는 절차이므로, 제두의 취지와 목적, 관련 민법 규정의 내용, 한정승인자와 상속채권자 등 관련자들의 이해관계 등을 고려할 때 일반채권자인 상속채권자로서는 민사집행법이 아닌 민법 제1034조, 제1035조, 제1036조 등의 규정에 따라 변제받아야 한다고 볼 것이고, 따라서 그 경매에서는 일반채권자의 배당요구가 허용되지 아니한다.

## 3. 제소기간

배당기일로부터 1주일 내에 소를 제기하여야 한다는 의미(대법원 2011. 5. 26. 선고 2011다16592 판결)

판례해설

배당이의의 소는 배당기일에 이의를 한 이후 배당일로부터 1주일 이내에 제기되어야 하고 **이는 소제기만으로는 부족하고 더불어 소제기 증명원까지 제출되어야 비로소 효력**이 있고 이와 같은 배당이의를 하고 소제기가 되면 배당 절차는 중지되고 배당금은 공탁된다.

문제는 집행권원을 가진 채권자에 대하여 채무자의 입장에서 배당이의를 한 경우는 어떻게 될까.

원칙적으로 **채무자가 청구이의의 소를 제기하더라도 해당 집행절차는 정지되지 않고 정지시키기 위해서는 강제집행정지신청 및 결정문을 받아 제출**해야만 비로소 가능하다.

대상판결에서는 청구이의의 소를 제기하여야 하는 채무자의 입장에서도 배당절차에서 이의하고 1주일 이내에 청구이의의 소를 제기하였을 경우 앞에서 본 바와 같이 집행절차가 정지되고 배당금이 공탁될 수 있느냐의 문제였다.

이에 대법원에서는 통상 채무자가 청구이의의 소를 제기한 이후 강제집행 절차를 정지시키기 위해서는 별도의 강제집행정지신청을 하고 결정문을 받아야 하는 것처럼 **채무자가 배당 절차에서 배당이의를 하고 배당이의의 소가 아닌 청구이의의 소를 제기하는 경우라면 통상의 경우를 고려하여 강제집행정지결정문까지 배당이의 기일 1주일 이내에 제출하여야 한다**고 하여 그 균형을 맞추었던 것이다.

그렇지 않다면 똑같은 **청구이의의 소를 제기하는데 그 소제기 시기에 따라 강제집행정지신청이 불필요해지는 경우가 발생하기 때문**이다.

법원판단

**집행력 있는 집행권원을 가진 채권자에 대하여 의의한 채무자는 배당기일부터 1주 이내에 청구이의의 소 제기 사실 증명서류와 아울러 그 소에 기한 집행정지재판의 정본을 집행법원에 제출**하여야 하고, 채무자가 그 중 어느 하나라도 제출하지 않으면, 집행법원으로서는 채무자가 실제로 위 기간 내에 청구이의의 소를 제기하고 그에 따른 집행정지재판을 받았는지 여부와 관계없이 채권자에게 당초 배당표대로 배당을 실시하여야 하고, 배당을 실시하지 않고 있는 동안에 청구이의의 소에서 채권자가 패소한 판결이 확정되었다고 하여 달리 볼 것이 아니다. 그러한 경우 채무자는 채권자를 상대로 부당이득반환 등을 구하는 방법으로 구제받을 수 있을 뿐이다.

## 4. 소의 이익

배당이의 채권자 자신의 배당액이 증가되는 경우이어야 함(대법원 2010. 10. 14. 선고 2010다39215 판결)

판례해설

배당이의의 소의 특징은 자신이 배당받아야 할 금액을 받지 못한 경우 배당절차에서 배당이 잘못된 자들을 상대로 제기하는 소송이라는 것이다. 당연히 <u>자신의 배당액에 영향이 없다고 한다면 소를 유지할 필요는 없다</u>. 물론 배당이의의 소의 상대적 효력에 따라 배당이의 소송을 제기하지 않은 3자를 고려할 필요는 없으나 그와 같은 고려를 하지 않더라도 자신에게 배당할 금액이 없다고 한다면 소가 유지될 필요가 없는 것이다.

이 사건에서도 원고가 배당이의 소송에서 승소한다고 하더라도 원고의 배당액이 늘어나는 것은 아니기 때문에 해당 배당이의 소송은 더 이상 살펴볼 필요없이 부적법하다고 판시한 것이다.

### 법원판단

<u>피고에 대한 배당이 위법하다 할지라도 그로 인하여 원고에게 배당할 금액이 증가하는 것이 아니라면 이러한 사유는 배당액의 증가를 구하는 배당이의 소의 사유로는 삼을 수 없다</u>(대법원 1994. 1. 25. 선고 92다50270 판결 참조).

이러한 법리에 비추어 앞서 본 사실관계를 살펴보면, 이 사건 전부명령 자체가 무효이므로 이 사건 전부금 채권에 대한 피고들의 압류 및 추심명령이 무효이고 따라서 피고들에 대한 배당이 위법하다는 **원고의 주장은, 이를 받아들인다고 하더라도 이 사건 전부금채권에 대한 원고의 가압류 또는 원고에 대한 배당 역시 무효이거나 위법하게 될 뿐 원고에게 배당할 금액이 증가하는 것은 아니므로, 결국 배당이의 소의 적법한 사유에 대한 주장이라고 할 수 없다.** 따라서 원심판결이 이 사

건 전부명령의 무효 여부를 심리하여 판단하지 않은 것에 상고이유의 주장과 같은 법리오해, 심리미진 등의 위법이 있다고 할 수 없다.

## 5. 배당이의의 소 첫 변론기일에 원고 불출석 시 소취하 간주의 특칙

배당이의 소송 첫 변론기일의 의미(대법원 2007. 10. 25. 선고 2007다34876 판결)

> **판례해설**
>
> 민사집행법 제158조에서는 배당이의 소송에서 원고가 첫 기일에 불출석한 경우에 배당이의 소가 취하된 것으로 간주한다고 규정하고 있다. 이는 일반 민사소송에서 원고의 2회 기일불출석 그리고 한 달 이내 기일지정신청이 없는 경우 소취하 간주한다는 규정보다 훨씬 엄격한 규정으로서 이와 같은 배당이의 소송만을 엄격하게 규정하고 있는 이유는 배당이의 소송을 조기 확정하려는 입법자의 의지로 보인다.
>
> 한편 대상판결은 민사집행법 제158조를 해석하면서 변론 기일의 의미에 대하여 입법자의 입법 취지를 충분히 반영하여 변론 준비기일을 포함하지 않은 것으로 보았다.

### 법원판단

민사집행법 제158조의 문언이 '첫 변론기일'이라고 명시하고 있을 뿐만 아니라, 변론준비절차는 변론이 효율적이고 집중적으로 실시될 수 있도록 당사자의 주장과 증거를 정리하여 소송관계를 뚜렷이 하기 위하여( 민사소송법 제279조 제1항 ) 마련된 제도로서 당사자는 변론준비기일을 마친 뒤의 변론기일에서 변론준비기일의 결과를 진술하여야 하는 등( 민사소송법 제287조 제2항 ) 변론준비기일의 제도적 취지, 그 진행 방법과 효과, 규정의 형식 등에 비추어 볼 때, **민사집행법 제158조 에서 말하는 '첫 변론기일'에 '첫 변론준비기일'은 포함되지 않는다.** 따라서 배당이의의 소송에서 첫 변론준비기일에 출석한 원고라고 하더라도 첫 변론기일에 불출석하면 민사집행법 제158조에 따라서 소를 취하한 것으로 볼 수밖에 없다.

## 6. 증명 책임과 관련된 문제

원칙적으로 배당이의 소를 제기한 원고가 증명책임을 부담한다(대법원 1997. 11. 14. 선고 97다32178 판결)

> **판례해설**
>
> 증명책임의 분배와 관련하여 배당이의 소송이든 아니든 민사소송에서는 기본적으로 주장자가 입증책임을 부담하는데, 더 구체적으로 보면 발생 사실에 관하여는 발생사실을 주장하는 당사자가, 발생사실에 대한 장애, 멸각 사유와 관련해서는 이를 주장하는 상대방이 각 증명책임을 부담한다.
>
> 대상판결은 위와 같은 민사소송의 기본 원칙을 확인한 판결에 불과하다.

### 법원판단

제1점에 대하여 배당이의 소송에 있어서 원고는 배당이의 사유를 구성하는 사실에 대하여 주장·입증하지 아니하면 아니되므로 상대방의 채권이 가장된 것임을 주장하여 배당이의를 신청한 채권자는 이에 대하여 입증책임을 부담한다고 할 것이고, 따라서 원심이 피고(선정당사자) 및 선정자들(이하 피고 등이라 한다)이 배당요구한 이 사건 임금채권이 가장채권이라는 원고의 주장에 대하여 이 점에 대한 입증책임이 원고에게 있음을 전제로 하여 판단한 제1심판결을 그대로 인용하였음은 위에서 본 법리에 따른 것으로 옳다고 여겨지고, 거기에 배당이의 소송에 있어 입증책임에 대한 법리오해의 위법이 있다고 할 수 없다.

근저당권 등 해당 담보물권의 피담보채권의 존재사실에 관하여는 담보물권의 유효성을 주장하는 측이 증명책임을 부담한다 (대법원 2009. 12. 24. 선고 2009다72070 판결).

### 법원판단

근저당권은 그 담보할 채무의 최고액만을 정하고, 채무의 확정을 장래에 보류하여 설정하는 저당권으로서(민법 제357조 제1항), **계속적인 거래관계로부터 발생하는 다수의 불특정채권을 장래의 결산기에서 일정한 한도까지 담보하기 위한 목적으로 설정되는 담보권이므로, 근저당권설정행위와는 별도로 근저당권의 피담보채권을 성립시키는 법률행위가 있어야** 하고, 근저당권의 성립 당시 근저당권의 피담보채권을 성립시키는 법률행위가 있었는지 여부에 대한 입증책임은 그 존재를 주장하는 측에 있다.

그렇다면, 원고가 이 사건 근저당권등기 당시 피담보채권을 성립시키는 법률행위가 없었다고 다투는 이 사건에 있어서 원고가 근저당권자인 소외인으로부터 금전을 차용하였는지 여부에 대한 입증책임은 위 차용행위의 존재를 주장하는 피고들에게 있다고 할 것이고, 그에 관한 피고들의 입증이 부족하다면 이 사건 근저당권과 압류는 무효로 되어, 압류권자인 피고들은 이 사건 근저당권의 말소에 대한 승낙의 의사표시를 할 의무를 부담하는 것이라 할 것이므로, 그와 달리 원고가 주장하는 차용행위의 부존재를 인정할 만한 입증이 부족하다는 이유로 원고의 청구를 기각한 원심판결에는 **근저당권의 피담보채권을 성립시키는 법률행위의 존재에 대한 입증책임의 법리와 근저당권이 있는 채권의 압류에 관한 법리**를 오해하여 판결에 영향을 미친 위법이 있다 할 것이고, 이를 지적하는 **상고이유 주장**은 이유 있다.

그러므로 나머지 상고이유에 대한 판단을 생략한 채 원심판결을 파기하고, 사건을 다시 심리·판단하게 하기 위하여 원심법원으로 환송하기로 하여 관여 대법관의 일치된 의견으로 주문과 같이 판결한다.

## 7. 청구원인

배당이의 소송에서의 주장사유는 배당기일 이후에 발생한 사유로도 가능 (대법원 2007. 8. 23. 선고 2007다27427 판결)

---

판례해설

배당이의 소송이라고 함은 배당받을 채권자들 사이에서의 채권의 존부 및 범위 그리고 배당순위의문제에 관한 것일 뿐이다.

대상판결에서 문제가 되는 것은 배당이의 상대방의 지위에 관하여 상대방 역시 자신의 채권액에 미치지 않은 금액을 배당받았을 경우 배당이의 상대방이 될 수 있는지 여부에 관한 것이었다. 앞에서 언급한 바와 같이 배당이의 자체가 배당받을 수 있는 자가 상대방으로 인하여 받지 못하였거나 적은 금액을 배당받았을 때 청구할 수 있는 소송이므로 이에 대하여 상대방의 배당액이 존부나 범위 자체가 문제가 되지 않는다.

더 나아가 이 사건 대법원에서 원심 판시가 깨어졌는바 그 이유는 배당이의 사유를 어느 시기까지 볼 것인가에 관하여 원심은 "배당기일"까지 발생한 사유를 고려한 반면, **대법원은 "배당기일이 아니라 배당이의 소송 사실심 변론 종결시"까지 발생한 사유도 고려하여야 한다고 보았기 때문이다.**

생각건대 배당이의 소송의 취지 자체가 정당한 배당액의 분배라는 점을 고려할 때 배당이의 소송에서 채권자가 다른 절차에서 배당을 받을 수 있다는 점과 가압류권자의 채권액은 차후에 비로소 결정된다는 점에서 배당이의 변론 종결시까지 발생한 사유를 가지고 크와 같은 배당금을 산정하는 것은 부득이하다고 할 것이다.

### 법원 판단

그러나 원심의 위 판단은 다음과 같은 점에서 납득하기 어렵다.

민사집행법 제151조 제3항은 '**기일에 출석한 채권자는 자기의 이해에 관계되는 범위 안에서는 다른 채권자들을 상대로 그의 채권 또는 그 채권의 순위에 대하여 이의할 수 있다.**'고 규정하고 있으므로, 배당이의는 배당받은 각 채권자의 채권의 존부 및 범위, 배당순위에 대한 것이지 배당액에 대한 것이 아니다. 따라서 배당이의의 소에 있어서 피고의 채권액이 그 받은 배당액보다 많다고 하더라도 배당의 기초가 된 채권액(배당요구액)에 대하여 다툼이 있고, 그 채권액이 줄어들 경우 민사집행법상의 배당법리에 따라 배당하면 결과적으로 배당액이 줄어들 경우에는 배당이의를 할 수 있고, 한편 **배당이의의 소에 있어서 원고는 배당기일 후 그 사실심 변론종결시까지 발생한 사유를 이의사유로 주장**할 수 있으므로, 배당기일 후 배당이의 소송중에 가압류채권자의 채권액이 변제 등의 사유로 일부 소멸하여 그 잔존 채권액이 그 가압류 청구금액에 미달하게 된 경우에도 이를 이의사유로 주장할 수 있다.

위 법리에 비추어 보면, **이 사건 임의경매절차에서 가압류채권자인 피고에 대하여 그 가압류 청구금액인 2억 원을 기준으로 안분한 금액을 배당하는 것으로 배당표가 작성되었으나, 그 후 피고가 이 사건 배당이의의 소의 진행중 다른 부동산의 경매절차에서 배당받음으로써 그 잔존 채권액이 위 가압류 청구금액인 2억 원에 미달하게 된 이상, 원고는 이를 이의사유로 주장할 수 있고, 법원으로서는 피고의 잔존 채권액을 기준으로 하여 배당표를 경정함이 상당**하다.

그런데도 원심은 판시와 같은 이유로 원고 주장의 위 사유가 배당표 경정사유에 해당하지 않는다고 속단하여 원고의 이 사건 청구를 기각하였으니, 원심판결에는 배당이의의 소에 있어서 이의의 대상 또는 배당표경정사유에 관한 법리를 오해하여 판결 결과에 영향을 미친 위법이 있고, 이를 지적하는 상고이유의 주장은 이유 있다.

배당이의 소송에서 다른 채권자의 채권을 참작할 필요가 있는지 여부(대법원 2001. 2. 9. 선고 2000다41844 판결)

> **판례해설**
>
> 대상판결은 배당이의 소송에서 다른 채권자들 특히 원고보다 선순위 배당권자의 채권을 고려함 없이 판단되어야 한다고 판시하였다.
>
> 대상판결의 쟁점은 채권자가 다른 채권자에 대하여 배당이의 소송을 제기한 경우에, 채권자가 당해 소송에서 승소하더라도 그 금액이 채권의 우선순위로 인하여 소외 다른 채권자에게 먼저 배당이 되어야 할 금액이라면, 이를 고려하여 패소를 선고하여야 함이 타당한지 여부이다.
>
> 실제 원심에서는 배당이 잘못되었다고 하더라도 원고는 선순위 채권자로 인하여 배당을 받을 수 없는 지위에 있다면, 당사자적격이 부정된다고 판단하였는바, **이에 대하여 대법원은 배당이의 소송의 결과 전면적으로 재배당이 되는 것이 아니라 배당이의 소송의 당사자 사이에서만 비로소 배당금이 조정되는 것이므로, 재배당을 전제로 한 원심의 판단은 잘못된 것**이라고 하였다.
>
> 다만 그 이후 선순위 채권자가 배당이의 소송에서 승소한 후순위 채권자를 상대로 부당이득 반환청구를 하는 것은 별개의 문제다.

### 원심판단

원심은 배당기일에 이의를 할 수 있는 채권자는 그 이의의 결과 자신이 더 많은 배당을 받을 수 있는 자이어야 하고, 다른 채권자의 배당액에 관하여서만 영향을 미칠 뿐 자기의 배당액에 관하여는 아무런 영향이 없는 채권자는 이의를 할 수 없다고 전제한 다음, 이 사건 부동산임의경매절차에서 원고보다 선순위 근저당권자인 주식회사 제일상호신용금고(이하 '제일상호신용금고'라고만 한다)가 신고 채권액 56,647,271원 가운데 31,891,926원밖에 배당받지 못하였으므로, 가사 피고들이 가장 임차인이라고 하더라도 피고들이 배당받는 것으로 되어 있는 합계 16,000,000원은 원고보다 선순위 근저당권자인 제일상호신용금고에게 모두 배당되고 여전히 원고에게는 배당될 금액이 전혀 없게 되므로, 원고는 이 사건 소를 제기할 당사자적격이 없는 자로 봄이 상당하고, 따라서 이 사건 소는 부적법하다고 판단하였다.

### 대법원 판단

그러나 이러한 원심의 판단은 수긍하기 어렵다.

민사소송법 제728조, 제658조의 규정에 의하여 담보권실행을 위한 부동산경매에 준용되는 민사소송법 제590조, 제591조, 제595조의 규정 등을 모아보면, <u>채권자가 제기하는 배당이의의 소는 대립하는 당사</u>

자인 채권자들 사이의 배당액을 둘러싼 분쟁을 해결하는 것이므로, 그 소송의 판결은 원·피고로 되어 있는 채권자들 사이에서 상대적으로 계쟁 배당부분의 귀속을 변경하는 것이어야 하고, 따라서 피고의 채권이 존재하지 않는 것으로 인정되는 경우 계쟁 배당부분 가운데 원고에게 귀속시키는 배당액을 계산함에 있어서 이의신청을 하지 아니한 다른 채권자의 채권을 참작할 필요가 없는바( 대법원 1998. 5. 22. 선고 98다3818 판결 참조), 이와 같은 이치는 이의신청을 하지 아니한 다른 채권자 가운데 원고보다 선순위의 채권자가 있다고 하여 달라지는 것은 아니다.

그럼에도 불구하고, 원심은 배당이의를 신청하지 않은 채권자 가운데 배당이의의 소를 제기한 원고보다 선순위의 채권자가 있고 그가 채권 전액의 만족을 얻지 못한 경우에는, 피고의 채권이 존재하지 않는 것으로 인정되더라도 계쟁 배당부분이 그 선순위 채권자에게 먼저 배당되어야 한다는 전제에서, 설령 피고들이 가장 임차인이라고 하더라도 피고들에 대한 배당액 전액이 원고보다 선순위 채권자인 제일상호신용금고에게 배당될 것이라는 이유로, 원고에게 이 사건 소를 제기할 당사자적격이 없다고 판단하였으니, 결국 원심판결에는 배당이의의 소에 관한 법리를 오해한 위법이 있고, 이를 지적하는 상고이유의 주장은 이유 있다.

배당이의 소송의 피고가 자신의 또다른 채권이 배당표 누락으로 받지 못하였다는 주장을 할 수 있는지 여부 (대법원 2008. 9. 11. 선고 2008다29697 판결)

> **판례해설**
>
> 본 대상판결은 대법원 2001. 2. 9. 선고 2000다41844과 비교해서 보아야 하는 판례이다. 즉 2000다41844 판결에서는 채권자가 배당이의 소송을 제기하는 데에 있어 다른 채권자의 배당금액을 고려할 필요 없이 각 당사자 즉 배당이의 채권자와 채무자 사이에서만 그 이해관계가 조정되는 것으로 배당이의 소송의 피고는 이를 이유로 다툴 수 없다고 판시하였다.
>
> 그러나 위 판결과 다르게 대상판결은 배당절차의 잘못으로 인하여 피고가 받은 금액 이외에도 피고 자신이 더 받을 금액이 있었던 경우이다. 피고는 자신이 다툴 수 있는 모든 사유를 주장할 수 있는 것인바, 본 사안에서 피고 자신이 배당받지 못하였던 금액까지 포함하여 계산한 금액이 피고의 배당금액을 초과하지 않다는 점이 인정되어 원고의 청구를 기각하였다. 본 판결은 오해하기 쉬운 판례이므로 주의를 필요로 한다.

## 법원판단

배당이의의 소에 있어서 피고는 원고의 청구를 배척할 수 있는 모든 주장을 방어방법으로 내세울 수 있으므로(대법원 2004. 6. 12. 선고 2004다9398 판결 참조), 피고는 원고의 청구를 배척할 수 있는 사유로서 원고가 배당이의한 금원이 피고의 다른 채권에 배당되어야 할 것이라고 주장할 수 있고, 이는 피고가 그 다른 채권에 기하여 배당이의를 하지 않았더라도 마찬가지이다. 한편, 과세관청이 경매절차에서 체납세액의 교부청구를 함에 있어 그 법정기일을 잘못 기재하였다 하더라도 그 교부청구가 적법한 이상 실제 법정기일에 따른 실체법상 우선권은 소멸하지 않는다.

이러한 법리에 비추어 원심이 인정한 사실들을 살펴보면, **집행법원이 원고가 배당이의 한 58,624,729원을 피고의 위 근로소득세에 배당한 조치가 잘못이더라도, 위 금원은 원고의 위 근저당권에 우선하는 피고의 위 부가가치세에 배당되어야 할 것이어서 집행법원이 위 금원을 피고에게 배당한 것은 결과적으로 정당**하므로, 원심이 이러한 취지의 피고의 주장을 받아들여 원고 및 승계참가인의 이 사건 청구를 기각한 조치는 정당하고, 상고이유의 주장과 같은 심리미진, 채증법칙 위반, 조세채권의 충당 내지 법정기일에 관한 법리를 오해한 위법 등이 없다.

## 8. 기판력 등

배당이의의 소와 사해행위 취소소송의 병합 가능성 (대법원 2001. 5. 8. 선고 2000다9611 판결)

### 판례해설

대상판결은 실질적으로 사해행위 취소 소송이 배당이의 소송으로 옮겨가게 된 계기가 된 판결이다.

즉 사해행위 취소 소송의 효력은 채권자와 수익자 간의 상대적 효력만 발생하고 그마저도 취소소송이 마무리되어야 비로소 가능하다. 피고는 이점을 고려하여 사해행위 취소 소송이 제기되지도 않았고 결국 취소되지도 않은 법률행위를 취소의 효과가 발생하였음을 전제로 배당이의를 구하는 것은 잘못되었다고 주장하였지만, **대상판결은 사해행위 취소의 소와 배당이의의 소가 채무의 존부, 범위 등에서 서로 다르기 때문에 무효를 주장하며 다툴 수 있다고 판시하였다.**

생각건대, 사해행위 취소는 재판상으로만 가능하고 더불어 사해행위 취소가 되지 않은 이상 무효를 주장할 수 없는바, **사해행위 취소가 아닌 배당이의 소 자체에서 사해행위 주장을 할 수 있는 근거가 해당 채무자의 법률행위가 무효라는 이유를 들어 인정한 점에 관하여는 다소 의문이 아니라고 할 수 없으나 <u>사해행위로 인하여 취소될 사안에 관하여 굳이 사해행위 취소의 소를 제기한 이후 또다시 배당이의의 소를 제기하여야 한다면 이는 무용한 절차의 반복에 불과하기 때문에 부득이 이와 같은 법리에 의하여 인정</u>한 것으로 보인다.**

### 법원판단

통정한 허위의 의사표시는 당사자 사이에서는 물론 제3자에 대하여도 무효이고 다만, 선의의 제3자에 대하여만 이를 대항하지 못한다고 할 것이므로(민법 제108조), 채권자취소의 소로써 취소되지 않았다 하더라도 그 무효를 주장하여 그에 기한 채권의 존부, 범위, 순위에 관한 배당이의의 소를 제기할 수 있다고 할 것이다.

원심판결 이유에 의하면 원심은, 피고가 이 사건 근저당권을 양수한 것이 가사 사해행위가 된다고 하더라도 그것이 사해행위로 취소되지 않는 한 배당이의의 소에 의하여 그 시정을 구할 수 없다는 피고의 주장에 대하여 배당이의의 소와 사해행위 취소의 소는 그 성질, 요건, 효과 등을 달리하므로, 제3자가 허위의 근저당권에 기하여 배당을 받은 경우에 배당채권자는 채권자취소의 소에 의하지 아니하고 당연히 배당이의의 소로써 그 시정을 구할 수 있다고 판단하고 있다.

앞서 본 법리에 비추어 살펴보면, 원심의 위와 같은 판단은 정당하고, 거기에 채권자취소의 소 및 배당이의의 소에 관한 법리오해의 위법이 있다고 할 수 없다. 이 부분 상고이유도 받아들일 수 없다.

## 9. 보전처분의 문제

아직 배당받지 못한 자에 대한 배당이의 소송을 위한 보전처분 방법 (대법원 2013. 4. 26. 자 2009마1932 결정)

판례해설

상대방의 재산에 보전처분은 보통 금액 채권일 경우에는 가압류를 통하여, 특정물 채권일 경우에는 가처분이라는 수단을 통한다.

대상판결에서는 본안 소송의 채권이 부당이득반환청구이기 때문에 간혹 금액 채권이라고 오해하여 가압류를 하는 경우가 종종 있다. 그러나 본안 소송에서의 청구 취지는 금액 채권이 아니라 배당금 청구권의 양도를 요청하는 것(대법원 2001. 3. 13. 선고 99다26948 판결)이므로 엄밀히 판단한다면 **금액 채권이 아닌 특정 채권을 양도받는 것에 관하여 보전처분을 하는 것이기 때문에 특정 채권을 보전하기 위한 보전처분 수단**으로서 처분금지 가처분을 하여야 한다. 즉 채권을 처분하지 못하도록 하는 방편으로서 채권 처분금지 가처분을 신청하여야 하고 금액 채권이라고 하여 가압류를 신청한다면 법원으로서는 받아들여지지도 않을 뿐 아니라 가사 가압류 결정을 받더라도 무효일 뿐이므로 신중을 기하여야 할 것이다.

## 법원판단

[1] 가압류의 피보전채권과 본안의 소송물인 권리는 엄격하게 일치될 필요는 없고 청구의 기초의 동일성이 인정되면 가압류의 효력은 본안소송의 권리에 미친다고 할 것이지만, **가압류는 금전채권이나 금전으로 환산할 수 있는 채권에 의한 강제집행을 보전**하기 위한 것이므로(민사집행법 제276조 제1항), 가압류의 피보전채권과 본안소송의 권리 사이에 청구의 기초의 동일성이 인정된다 하더라도 본안소송의 권리가 금전

채권이 아닌 경우에는 가압류의 효력이 그 본안소송의 권리에 미친다고 할 수 없다.

[2] 부당이득의 반환은 법률상 원인 없이 취득한 이익을 반환하여 원상으로 회복하는 것을 말하므로, 배당절차에서 작성된 배당표가 잘못되어 배당을 받아야 할 채권자가 배당을 받지 못하고 배당을 받을 수 없는 사람이 배당받는 것으로 되어 있을 경우, <u>**배당금의 실제 지급되었다면 배당금 상당의 금전지급을 구하는 부당이득반환청구를 할 수 있지만 아직 배당금이 지급되지 아니한 때에는 배당금지급청구권의 양도에 의한 부당이득의 반환을 구하여야지 그 채권 가액에 해당하는 금전의 지급을 구할 수는 없고, 그 경우 집행의 보전은 가압류에 의할 것이 아니라 배당금지급금지가처분**</u>의 방법으로 하여야 한다.

## Ⅱ. 배당표 확정 및 부당이득반환청구

배당표가 확정된 경우 부당이득반환청구권 행사 및 귀속 주체(대법원 2000. 10. 10. 선고 99다53230 판결)

> **판례해설**
>
> 배당절차에서 배당을 받을 수 있음에도 불구하고 배당받지 못한 채권자는 일정한 요건 하에 부당이득반환청구권을 행사할 수 있다. 대상판결은 그 기준에 관하여 설시한 것이다.
>
> 대상판결에서는 부당이득반환청구권의 발생요건으로서 "**배당절차에서 권리 없는 자가 배낭을 받아갔다면 이는 법률상 원인 없이 부당 이득한 것이라고 할 것**"이고, 나아가 이로 인하여 손해를 입은 사람은 단순히 채무자가 아니라 배당을 받을 수 있었던 **채권자**라고 설시한 것이다.
>
> 이는 배당이의 소송의 상대적 효력 즉 배당이의 소송은 이의 소송을 제기한 당사자 사이에서만 효력이 발생하는 효력과 배치될 수 있는 것으로 부당이득반환청구는 배당이의 소송과 상관없이 배당이의 소송에 참가하지 않은 채권자라고 하더라도 배당이의 소송에서 승소한 채권자를 상대로 또다시 부당이득반환청구를 할 수 있는 상황이 만들어질 수 있고 실제로 그와 같은 소송이 지속적으로 발생하고 있는 실정이다.
>
> 결국, 배당이의 소송에서 승소한 채권자는 추후 자신보다 선순위 채권자로부터 배당이의 소송이 끝난 이후 승소 부분에 관하여 또다시 부당이득반환청구를 당할 수도 있다는 것이다.

### 법원판단

　배당액의 귀속 및 부당이득반환청구권에 대한 법리오해의 점에 대하여 **확정된 배당표에 의하여 배당을 실시하는 것은 실체법상의 권리를 확정하는 것이 아니므로 배당을 받아야 할 자가 배당을 받지 못하고 배당을 받지 못할 자가 배당을 받은 경우에는 배당에 관하여 이의를 한 여부 또는 형식상 배당절차가 확정되었는가의 여부에 관계없이 배당을 받지 못한 우선채권자에게 부당이득반환청구권이 있다** 할 것이고(대법원 1988.11.8. 선고 86다카2949 판결 참조), 배당절차에서 권리 없는 자가 배당을 받아갔다면 이는 법률상 원인 없이 부당이득을 한 것이라고 할 것이나 이로 인하여 손해를 입은 사람은 그 배당이 잘못되지 않았더라면 배당을 받을 수 있었던 사람이지 이것이 다음 순위의 배당을 받을 수 있는 사람이 있는 경우에도 채무자에게 귀속된다고 할 수 없다 할 것이다(대법원 1990.11.27. 선고 90다카28412 판결 등 참조).

　사실관계가 위와 같다면 위 배당표에서 피고에게 배당된 체납 국세채권 상당액을 피고가 소외 서일전력으로부터 모두 변제받아 결과적으로 피고가 위 금 62,545,790원의 공탁금출급청구권을 부당이득하였다 할 것이지만, 피고의 위 부당이득으로 인하여 손해를 입은 사람은 채무자인 소외 서일전력이 아니라 위 배당절차에서 피고에게 위 돈이 배당됨으로 인하여 피고의 다음 순위이면서 배당요구액 전액을 배당받지 못한 위 주식회사 대한엔지니어링 등 5인이라고 할 것이므로, 소외 서일

전력은 피고를 상대로 위 부당이득의 반환을 청구할 수는 없다 할 것인바, 원심이 같은 취지로 판단한 것은 정당하고, 거기에 상고이유로 내세우는 배당액의 귀속 및 부당이득반환청구권에 대한 법리오해의 위법이 없다.

배당요구가 필요한 채권자의 부당이득반환청구 가능성 (대법원 2002. 1. 22. 선고 2001다70702 판결)

> **판례해설**
>
> 배당요구가 필요한 채권자와 배당요구가 필요치 않은 채권자는 그 지위가 천지 차이이다. 즉 <u>배당요구가 필요한 채권자는 배당요구 기한까지 배당요구를 해야만 배당을 받을 수 있고 더불어 부당이득반환 청구를 할 수 있다. 그러나 배당요구가 필요 없는 채권자는 배당요구 종기까지 배당요구를 하지 않더라도 배당을 받을 수 있고 차후 부당이득반환청구 역시 가능</u>하다.
>
> 이처럼 민사집행법이나 판례에서 양자를 분명하게 구분하고 있는 이유는 집행 절차의 안정으로 인한 것으로서 배당요구가 필요 없는 채권자 전부는 경매개시결정 이전에 이미 등기부에 기재되어 있어 어느 정도 명확하게 예측이 가능하기 때문이다. 그렇지 않다면 관련 법령에서 (최)우선 변제권을 가지고 있는 채권자라고 하더라도 등기부에 기재되어 있지 않은 이상 배당요구를 하여야 하고, 배당요구를 하지 않으면 그가 최우선순위 채권자라는 사실이 무색하게 배당을 받거나 부당이득반환을 청구할

> 수도 없다.
>
> 대상판결은 그와 같은 차이점을 단적으로 보여주는 판례에 해당한다.

### 법원판단

　민사소송법 제605조 제1항에서 규정하는 배당요구가 필요한 배당요구채권자는, 압류의 효력발생 전에 등기한 가압류채권자, 경락으로 인하여 소멸하는 저당권자 및 전세권자로서 압류의 효력발생 전에 등기한 자 등 당연히 배당을 받을 수 있는 채권자의 경우와는 달리, <u>경락기일까지 배당요구를 한 경우에 한하여 비로소 배당을 받을 수 있고, 적법한 배당요구를 하지 아니한 경우에는 비록 실체법상 우선변제청구권이 있다 하더라도 경락대금으로부터 배당을 받을 수는 없을 것이므로, 이러한 배당요구채권자가 적법한 배당요구를 하지 아니하여 그를 배당에서 제외하는 것으로 배당표가 작성·확정되고 그 확정된 배당표에 따라 배당이 실시되었다면 그가 적법한 배당요구를 한 경우에 배당받을 수 있었던 금액 상당의 금원이 후순위채권자에게 배당되었다고 하여 이를 법률상 원인이 없는 것이라고 할 수 없다</u>(대법원 1998. 10. 13. 선고 98다12379 판결 참조).

배당이의의 소 판결 이후 판결 승소한 자에 대한 부당이득청구 가능성(대법원 2007. 3. 29. 선고 2006다49130 판결)

판례해설

배당절차에서 부당이득반환청구권은 배당이의 소송의 상대적 효력과 전혀 다른 측면으로서 배당이의의 소송의 승자를 허탈하게 만들 수 있다.

배당절차에서 부당이득반환청구권의 기본적인 요건은 배당표가 적법하게 작성되었다면 배당을 받을 수 있었던 자가, 배당표가 잘못 작성됨으로 인하여 배당을 받지 못한 경우 적법한 상태에서 자신이 배당받지 못한 금액을 청구하는 것인바, **아무리 배당이의 소송에서 승소하여 상대적 효력이 있다고 하더라도 승소자가 받을 수 있는 금액 역시 적법하게 생성되었을 때의 배당표와 다르다면 부당이득반환 청구의 대상이 된다.** 결국 배당이의의 소송에서 승소한 자라고 하더라도 적법한 배당절차라면 받을 수 있는 금액의 한도 내에서 자신보다 후순위 또는 동순위의 채권자에게 적법한 비율로 분할 된 금액을 초과하여 배당되었음을 이유로 부당이득을 반환해야 할 수도 있다.

그러므로 대상판결과 같이 **일반 채권자라고 하더라도 배당요구 종기까지 배당요구를 하였다면** 추후 배당이의 소송의 승소자에 대하여 부당이득반환청구권을 통하여 배당을 받을 수 있는 것이다.

법원판단

확정된 배당표에 의하여 배당을 실시하는 것은 실체법상의 권리를 확정하는 것이 아니므로, 배당을 받아야 할 채권자가 배당을 받지 못하고 배당을 받지 못할 자가 배당을 받은 경우에는 배당을 받지 못한 채권자로서는 배당에 관하여 이의를 한 여부에 관계없이 배당을 받지 못할 자이면서도 배당을 받았던 자를 상대로 부당이득반환청구권을 갖는다 할 것이고(대법원 1988. 11. 8. 선고 86다카2949 판결 , 2000. 10. 10. 선고 99다53230 판결 등 참조), 배당을 받지 못한 그 채권자가 일반채권자라고 하여 달리 볼 것은 아니다(대법원 2001. 3. 13. 선고 99다26948 판결 참조).

한편, **배당이의 소송은 대립하는 당사자인 채권자들 사이의 배당액을 둘러싼 분쟁을 상대적으로 해결하는 것에 지나지 아니하고, 그 판결의 효력은 오직 소송당사자인 채권자들 사이에만 미칠 뿐**이므로(대법원 1998. 5. 22. 선고 98다3818 판결 참조), 위와 같은 판례의 법리는 배당이의의 소의 당사자가 아닌 배당요구채권자가 배당이의의 소의 판결에 기하여 경정된 배당표에 의하여 배당을 받은 다른 채권자를 상대로 하여 배당이 잘못되었다는 이유로 부당이득반환청구를 하는 경우에도 그대로 적용되는 것으로 보아야 한다.

그럼에도 불구하고, 원심은 이와 달리 배당이의의 소의 판결에 기한 경정배당표에 의하여 배당을 받은 피고를 상대로 부당이득의 반환을 구하는 이 사건에는 위와 같은 판례의 법리가 적용될 수 없다고 판단하여 원고의 이 사건 부당이득반환청구를 배척하였으니, 이러한 원심판결에는 부당이득반환청구에 적용되는 민법 제741조에 관하여 대법원의 판례와 상반되는 해석을 한 위법이 있고, 위와 같은 위법은 판결에 영향을 미쳤음이 분명하다. 이 점을 지적하는 상고이유의 주장은 이유 있다.

배당요구 채권자가 배당요구 종기 이후에 채권을 추가·확장할 수 있는지 여부(대법원 2008. 12. 24. 선고 2008다65242 판결)

### 판례해설

배당요구가 필요한 채권자는 그 한계로서 **배당요구를 해야만 배당을 받을 수 있고 차후 배당이의 그리고 부당이득반환청구를 할 수 있다.** 그러나 배당요구가 필요 없는 채권자는 배당요구를 하지 않더라도 배당을 받을 수 있을 뿐 아니라 부당이득반환청구도 할 수 있다.

대상판결은 여기에 더하여 **배당요구가 필요한 채권자는 배당요구 이후 배당금을 확장할 수 없지만, 배당요구가 필요 없는 채권자는 배당요구 없이도 이후 채권계산서 제출 시에 자신의 배당 채권을 확장 시킬 수 있다(다만 경매 신청 채권자는 제외)**고 판시하였다(대법원 1999. 1. 26. 선고 98다21946 판결).

> 배당요구 채권자와 배당요구가 필요 없는 채권자에 관하여 이렇게 차등을 두는 이유에 관하여 충분히 설시하였으므로 여기에서는 생략하겠다.

### 법원판단

**집행력 있는 정본을 가진 채권자, 경매개시결정이 등기된 뒤에 가압류를 한 채권자, 민법·상법, 그 밖의 법률에 의하여 우선변제청구권이 있는 채권자는 배당요구의 종기까지 배당요구를 한 경우에 한하여 비로소 배당을 받을 수 있고, 적법한 배당요구를 하지 아니한 경우에는 실체법상 우선변제청구권이 있는 채권자라 하더라도 그 매각대금으로부터 배당을 받을 수 없으며, 배당요구의 종기까지 배당요구한 채권자라 할지라도 채권의 일부 금액만을 배당요구한 경우 배당요구의 종기 이후에는 배당요구하지 아니한 채권을 추가하거나 확장할 수 없다**(대법원 2001. 3. 23. 선고 99다11526 판결, 대법원 2002. 1. 25. 선고 2001다11055 판결, 대법원 2005. 8. 25. 선고 2005다14595 판결 참조). 그리고 배당요구를 할 경우 배당요구서에는 집행력 있는 정본 또는 그 사본, 그 밖에 배당요구의 자격을 소명하는 서면을 첨부하고 채권의 원인과 액수를 기재하여야 하며(민사집행규칙 제48조), 이 경우 채권의 원인은 채무자에 대하여 배당요구채권자가 가지는 원인채권을 특정할 수 있을 정도로 기재하면 충분한데, 다만 집행력 있는 정본에 의하지 아니한 배당요구인 경우에는 채무자로 하여금 채권이 어느 것인가를 식별할 수 있을 정도로 그 채권의 원인에 관한 구체적인 표시가 필요하다. 다만, 퇴직금은 본질적으로는 후불적 임금의 성질을 지닌 것이라는 점(대법원 2007. 3. 30. 선고 2004다8333 판결 등 참조)을 고려할 때, **배당요구서에 채권의 원인을 '임금'이라고만 기재하였다고 하더라도 그 임금에 '퇴직금'도 포함되어 있을 수 있으므로 이를 신중하게 판단할 필요가 있다고 할 것이나, 배당요구서의 기재 내용 및 첨부서면에 의하면 배당요구한 임금채권에 퇴직금채권이 포함되어 있지 아니한 것이 분명하다면 그 배당요구에 퇴직금채권에 대한 배당요구가 포함되어 있다고 볼 수 없는 것은 당연하고, 배당요구의 종기 이후에 제출한 채권계산서에 퇴직금채권을 추가하여 기재하였다거나 당초 배당요구한 임금채권의 액수가 근로기준법 제38조 제2항에 따라 최우선변제되는 최종 3개월분의 임금을 초과하는 것이어서 최우선변제되지 아니하고 남아 있는 부분이 있다고 하여 달리 볼 것은 아니다.**

부당이득 객체가 채권일 경우 부당이득청구의 반환 방법(대법원 2001. 3. 13. 선고 99다26948 판결)

> **판례해설**
>
> 부당이득반환의 대상이 채권일 경우 채권양도의 수단으로 반환을 받아야 할 뿐 금액 자체의 반환을 청구할 수는 없다. 즉 부적법한 채권자가 배당금을 아직 수령하지 못하고 있다면 결국 해당 채권자가 청구할 수 있는 채권에 대한 양도를 구할 수 있을 뿐 이미 지급받았음을 전제로 그 채권액에 해당하는 금액을 부당이득으로 청구할 수 없다. 만일 이를

> 간과한 채 그 금액에 대하여 부당이득반환청구권을 행사한다면 청구권자는 기각을 면하지 못할 것이다.
>
> 이와 같은 법리의 연장 선상에서 법원은 청구 채권자의 보전처분 형식은 금액을 전제로 한 가압류가 아니라 부당이득반환채권을 전제로 한 처분금지가처분의 형식으로 진행해야 한다고 판시하고 있다.

### 법원판단

**확정된 배당표에 의하여 배당을 실시하는 것은 실체법상의 권리를 확정하는 것이 아니므로, 배당을 받아야 할 채권자가 배당을 받지 못하고 배당을 받지 못할 자가 배당을 받은 경우에는 배당을 받지 못한 채권자로서는 배당에 관하여 이의를 한 여부에 관계없이 배당을 받지 못할 자이면서도 배당을 받았던 자를 상대로 부당이득반환청구권을 갖는다 할 것**이고(대법원 1988. 11. 8. 선고 86다카2949 판결, 1994. 2. 22. 선고 93다55241 판결, 1997. 2. 14. 선고 96다51585 판결, 2000. 10. 10. 선고 99다53230 판결 참조), 배당을 받지 못한 그 채권자가 일반채권자라고 하여 달리 볼 것은 아니다.

그런데 원심은, 담보권자와 일반채권자를 구분하여 담보권자는 배당에 관하여 이의를 하지 않았다고 하더라도 배당절차 종료 후 부당이득반환청구권이 인정되는 반면 일반채권자는 배당에 관하여 이의를 하지 않은 경우 배당절차 종료 후 부당이득반환청구권이 인정되지 않는다고 전제한 다음, 이 사건에서 원고는 소외 회사에 대한 일반채권자에 불과하고 이 사건 배당기일에 배당표에 대한 이의를 진술하지 아니하였으므로, 원고에게 그 주장과 같은 부당이득반환청구권은 인정되지 아니한다고 판단하였는바, 이러한 원심판결에는 확정된 배당표와 부당이득에 관한 앞서 본 법리를 오해한 잘못이 있다 할 것이다.

그러나 부당이득이 성립되는 경우 그 부당이득의 반환은 법률상 원인 없이 취득한 이익을 반환하여 원상으로 회복하는 것을 말하므로, 법률상 원인 없이 제3자에 대한 채권을 취득한 경우, 만약 채권의 이득자가 이미 그 채권을 변제받은 때에는 그 변제받은 금액이 이득이 되어 이를 반환하여야 할 것이나, **아직 그 채권을 현실적으로 추심하지 못한 경우에는 손실자는 채권의 이득자에 대하여 그 채권의 반환을 구하여야 하고 그 채권 가액에 해당하는 금전의 반환을 구할 수는 없다고 할 것이므로**(대법원 1995. 12. 5. 선고 95다22061 판결, 1996. 11. 22. 선고 96다34009 판결 참조), 원심이 부가적 판단으로서 피고가 아직 배당금을 출급하지 아니하였으므로 청구취지 기재 금원 상당을 부당이득한 것은 아니라는 이유로 원고의 청구를 기각한 것은 결론에 있어서 정당하다 할 것이다. 결국 이 상고이유의 주장도 받아들일 수 없다.

임의경매 신청 채권자가 피담보채권의 일부만을 청구금액으로 기재한 경우(=부당이득청구 불가) (대법원 1997. 2. 28. 선고 96다495 판결)

**판례해설**

경매 신청할 당시에는 경매 신청액을 기준으로 경매 신청 비용이 결정되기 때문에 당사자의 입장에서는 자신들이 확실히 배당받을 것이 아니라면 굳이 다액의 경배비용을 들이면서까지 자신의 채권액을 전부 주장하지는 않는다.

문제는 이와 같은 편법을 법원 역시 알기 때문에 아무리 근저당권자라고 하더라도 일부 청구액만을 작성한다면 일정 수준의 불이익을 주고 있는데, 그중의 하나가 부당이득반환청구권의 제한이다.

경매개시 전에 등기가 경료된 근저당권자로서는 배당요구가 필요하지 않은 채권자이므로 배당기일에 출석하여 배당이의를 하지 않더라도 당연히 적법한 배당절차가 진행되었더라면 받을 수 있었던 금액 전부를 다른 채권자들을 상대로 부당이득반환청구권을 행사할 수 있다.

그러나 대상판결과 같이 <u>경매신청할 당시 일부 채권만을 주장하면서 경매를 신청한 근저당권자에 대하여는 경매신청한 일부 금액만으로 채권액이 확정되고 그에 따라 배당표가 작성되면 자신이 경매신청한 채권액 이상을 다른 채권자가 배당을 받았다고 하더라도 이를 부당이득이라고 볼 수 없다고 판시하였다.</u>

**법원판단**

[1] 근저당권자가 스스로 담보권의 실행을 위한 경매를 신청한 때에는 그 때까지 기본계약에 의하여 발생되어 있는 채권으로 피담보채권이

확정되는 것이고, 이때 **신청채권자가 경매신청서에 피담보채권 중 일부만을 청구금액으로 기재하여 경매를 신청하였을 경우에는 다른 특별한 사정이 없는 한 신청채권자가 당해 경매절차에서 배당을 받을 금액이 그 기재된 채권액을 한도로 확정되는 것**이며, 피담보채권이 경매신청서에 기재된 청구금액으로 확정되는 것은 아니다.

[2] 담보권의 실행을 위한 경매에서 신청채권자가 경매를 신청함에 있어서 경매신청서에 피담보채권 중 일부만을 청구금액으로 기재하였을 경우에는 다른 특별한 사정이 없는 한 신청채권자가 당해 경매절차에서 배당을 받을 금액이 그 기재된 채권액을 한도로 확정되고, **신청채권자가 채권계산서를 제출하는 방법에 의하여 청구금액을 확장할 수 없다고 할 것이므로, 설사 신청채권자가 경매신청서에 기재하지 아니한 다른 피담보채권을 가지고 있었다고 하더라도 청구금액을 확장한 채권계산서를 제출하는 방법으로는 피담보채권액 중 경매신청 당시의 청구금액을 초과하는 금액에 관하여는 배당에 참가할 수 없으며, 배당법원으로서는 경매신청 당시의 청구금액만을 신청채권자에게 배당하면 족하다.** 따라서 근저당권자가 경매신청서에 피담보채권 중 일부만을 청구금액으로 기재하여 담보권의 실행을 위한 경매를 신청한 후 청구금액을 확장한 채권계산서를 제출하였을 뿐 달리 경락기일까지 이중경매를 신청하는 등 필요한 조치를 취하지 아니한 채 그대로 경매절차를 진행시켜 경매신청서에 기재된 청구금액을 기초로 배당표가 작성·확정되고 그에 따라 배당이 실시되었다면, 신청채권자가 청구하지

아니한 부분의 해당 금원이 후순위 채권자들에게 배당되었다 하여 이를 법률상 원인이 없는 것이라고 볼 수는 없다.

채권 일부만을 기재한 채권계산서 제출과 부당이득반환 문제(대법원 2002. 10. 11. 선고 2001다3054 판결)

판례해설

대상판결의 내용은 한국생산성본부에서 민사집행법 강의를 할 때 강조하는 부분 중 하나이다. 즉 **배당요구가 필요 없는 채권자는 거의 무소불위의 권리를 휘두를 수 있지만 경매 신청 당시 축소한 금액을 신청한 경우와 대상판결의 경우에는 엄격한 제한**을 받는다.

경매절차에서 낙찰대금이 완납되고 더불어 배당기일이 예정되면 법원은 채권자들에게 채권계산서를 제출하라는 통보를 하게 되는데, 이때의 채권계산서는 배당요구 종기까지 제출하여야 하는 채권신고서와는 다르다.

근저당권자는 채권신고를 한 이후에도 자신의 최고액 범위 내에서 채권계산서 제출 시 채권 금액을 확장할 수 있지만, 대금 완납 이후 배당기일 이전에 제출하는 채권계산서에서는 해당 금액만큼만 배당을 받을 수 있고 그 외의 금액은 부당이득반환청구도 할 수 없다.

즉 <u>**근저당권자는 차라리 채권계산서를 제출하지 않았으면**</u> 자신의 채권 최고액 범위 내에서 소명된 금액만큼 전부 받을 수 있고 그 이후 다른 채권자들을 상대로 배당이의 및 부당이득반환청구를 할 수 있으나 <u>단 하나, 채권계산서 제출 시 잘못된 계산서를 제출하면 더 이상 구제받을 길이 없다는 것</u>이다.

### 법원판단

[1] 실체적 하자 있는 배당표에 기한 배당으로 인하여 배당받을 권리를 침해당한 자는 원칙적으로 배당기일에 출석하여 이의를 하고 배당이의의 소를 제기하여 구제받을 수 있고, 가사 배당기일에 출석하여 이의를 하지 않음으로써 배당표가 확정되었다고 하더라도, **확정된 배당표에 의하여 배당을 실시하는 것은 실체법상의 권리를 확정하는 것이 아니기 때문에 부당이득금반환청구의 소를 제기할 수 있지만, 배당표가 정당하게 작성되어 배당표 자체에 실체적 하자가 없는 경우에는 그 확정된 배당표에 따른 배당액의 지급을 들어 법률상 원인이 없는 것이라고 할 수 없다.**

[2] 담보권 실행을 위한 경매절차에서 경매신청채권자는 특별한 사정이 없는 한 경매신청서에 기재한 청구금액을 채권계산서의 제출에 의하여 확장할 수 없지만, 그 후 배당표가 작성될 때까지 청구금액을 감축한 채권계산서를 제출할 수 있으며, 이 경우 배당법원으로서는 채권계산서상의 감축된 채권액을 기준으로 하여 배당할 수밖에 없고, 그 채권액을 초과하여 배당할 수는 없는 만큼 그 계산서에 따른 배당표는 정당하게 작성된 것이라 할 것이다.

## III. 근저당권자와 관련된 쟁점

근저당권자는 원칙적으로 등기부에 기재된 자신의 채권최고액 범위 내에서 배당을 받을 수 있다(대법원 2000. 9. 8. 선고 99다24911 판결).

> **판례해설**
>
> 근저당권자는 원칙적으로 등기부상 기재된 자신의 채권 최고액을 기준으로 배당을 받을 수 있고, 이와 같은 근저당권자는 배당요구를 할 필요나 채권계산서를 제출할 필요가 없으며, 자신이 배당받지 못한 금액의 한도 내에서 부당이득반환청구도 가능하다.

**법원판단**

[1] 담보권의 실행을 위한 경매절차에서 경매신청채권자에 우선하는 근저당권자는 배당요구를 하지 아니하더라도 당연히 등기부상 채권최고액의 범위 내에서 그 순위에 따른 배당을 받을 수 있으므로, 그러한 근저당권자가 채권계산서를 제출하지 않았다고 하더라도 배당에서 제외할 수 없고, 또한 그 근저당권자가 경락기일 전에 피담보채권액에 관한 채권계산서를 제출한 경우에도 그 후 배당표가 작성될 때까지는 피담보채권액을 보정하는 채권계산서를 다시 제출할 수 있으며, 이 경우 배당법원으로서는 특별한 사정이 없는 한 배당표 작성 당시까지 제출된 채권계산서와 증빙 등에 의하여 그 근저당권자가 채권최고액의 범위 내에서 배당받을 채권액을 산정하여야 한다.

피담보채권액의 확정시기 1 / 직접 경매를 신청한 담보권자일 경우 (대법원 1998. 10. 27. 선고 97다26104 판결)

> **판례해설**
>
> 근저당권이라 함은 계속되는 거래 관계로부터 발생 및 소멸하는 불특정 다수의 장래 채권을 담보하는 것으로서 채권최고액 범위 내에서는 일시적으로 피담보채권이 존재하지 않게 되었다 하더라도 그것만으로 근저당권이 소멸하여 우선변제권을 상실당하는 것이 아니다. 다만 <u>일단 근저당권의 피담보채권이 확정된다면 그 이후에는 보통의 저당권으로 바뀌고 그 이후에 새로운 채무액이 발생하더라도 더 이상 해당 근저당권에 의하여 담보되지 않고 단시 일반채권이 될 뿐</u>이다.
>
> 이와 같은 이유로 근저당권의 확정시기가 중요한바 근저당권자가 자신이 직접 경매를 신청한다면 그 신청하는 순간 비로소 근저당은 확정되어 보통의 저당권으로 바뀌게 되고 나아가 채무자는 확정되는 그 시기에 담보되는 피담보채권액만을 변제한다면 근저당권 등기가 남아 있다고 하더라도 더 이상 유효한 등기가 되는 것은 아니다.
>
> 따라서 대상판결은 근저당권에 기하여 경매를 신청한 이후 경매절차 진행 중에 확정된 피담보채권액을 변제하였다면 근저당권은 소멸하는 것인바, 이후 형식상 근저당권 등기가 남아 있다고 하더라도 이를 가지고 경매를 신청할 수 없을 뿐만 아니라 말소기준권리조차 되지 못한다고 판시하였다.

### 법원판단

원심판결 이유에 의하면 원심은 소외 심명기의 소유로 등기되어 있던 이 사건 토지에 관하여 1988. 1. 27. 및 같은 해 2. 8. 설정된 소외 검단단위농업협동조합(이하 소외 조합이라고 한다) 명의의 각 근저당권설정등기는 소외 조합이 소외 정환일, 전상옥에게 각 금 25,000,000원을 대출하고 그 담보를 위하여 경료하였던 것인데, 위 소외인들이 1990. 5. 25. 소외 조합에게 위 각 대출금을 완제한 사실을 인정하고 있는바, 원심이 채택한 증거 등을 검토하여 보면 원심의 위 사실인정은 정당하고, 거기에 지적하는 바와 같은 채증법칙 위반으로 인한 사실오인의 위법이 없다.

근저당권은 계속되는 거래관계로부터 발생하고 소멸하는 불특정 다수의 장래 채권을 결산기에 계산하여 잔존하는 채무를 일정한 한도액의 범위 내에서 담보하는 저당권이어서 거래가 종료하기까지 채권은 계속적으로 증감, 변동하고 일시적으로 피담보채권이 존재하지 않게 되었다 하더라도 그것만으로 근저당권이 소멸하는 것이 아니라 함은 지적하는 바와 같다.

그러나 **근저당권자가 피담보채무의 불이행을 이유로 경매신청을 한 경우에는 경매신청시에 근저당권의 피담보채권액이 확정**되고(대법원 1989. 11. 28. 선고 89다카15601 판결, 1993. 3. 12. 선고 92다48567 판결 등 참조), 그 이후부터 근저당권은 부종성을 가지게 되어 보통의 저당권과 같은 취급을 받게 되는 것이다.

그런데 기록에 의하면 소외 조합이 이 사건 토지에 관하여 인천지방법원에 임의경매신청을 하여 1989. 10. 31. 그 경매개시결정을 얻어 임의경매절차가 진행되던 중 소외인들이 위에서 본 바와 같이 위 각 대출금을 전부 변제한 것임을 알 수 있는바, 사실관계가 위와 같다면 소외 조합 명의의 위 각 근저당권은 <u>소외 조합의 위 경매신청</u>으로 인하여 피담보채권액이 확정되고, 위 변제로 인하여 소멸하였다고 할 것이다.

피담보채권액 확정시기 2 / 담보 신청 채권자 이외의 담보권자인 경우(대법원 1999. 9. 21. 선고 99다26085 판결)

### 판례해설

근저당권자가 스스로 경매를 신청한 경우에는 장래 증감하는 채권액에 관하여 담보할 수 있다는 권리를 스스로 포기한 것이므로 경매 신청 당시 채권 금액이 확정되어 보통의 저당권으로 변경된다고 하여도 문제가 없지만, 자신이 직접 경매신청하지 아니한 근저당권자의 경우까지 제3자에 의한 경매 신청 시를 피담보채권의 확정시기로 본다면, 이는 우연한 기회에 자신이 누릴 수 있는 권리를 다른 사람에 의하여 박탈당할 수 있기 때문에 근저당권의 확정시기가 문제 될 수 있다.

이에 <u>대법원은 그 확정시기와 관련하여 해당 경매절차가 실질적으로 종료하고 그 이후 채권자들 간에 이해관계만 남은 낙찰자의 매각대금 완납 시에 비로소 경매를 신청하지 않은 근저당권자의 채권액이 확</u>

> 정된다고 판단함으로써 경매 신청 채권자가 아닌 다른 근저당권자의 이익을 보호하는 방향으로 판시하였다.

### 법원판단

당해 근저당권자는 저당부동산에 대하여 경매신청을 하지 아니하였는데 다른 채권자가 저당부동산에 대하여 경매신청을 한 경우 민사소송법 제608조 제2항, 제728조의 규정에 따라 경매신청을 하지 아니한 근저당권자의 근저당권도 경락으로 인하여 소멸한다. 그러므로 다른 채권자가 경매를 신청하여 경매절차가 개시된 때로부터 경락으로 인하여 당해 근저당권이 소멸하게 되기까지의 어느 시점에서인가는 당해 근저당권의 피담보채권도 확정된다고 하지 아니할 수 없다. 그런데 그 중 어느 시기에 당해 근저당권의 피담보채권이 확정되는가 하는 점에 관하여 우리 민법은 아무런 규정을 두고 있지 아니하다.

부동산 경매절차에서 경매신청기입등기 이전에 등기되어 있는 근저당권은 경락으로 인하여 소멸되는 대신에 그 근저당권자는 민사소송법 제605조가 정하는 배당요구를 하지 아니하더라도 당연히 그 순위에 따라 배당을 받을 수 있고(대법원 1998. 7. 28. 선고 98다7179 판결 참조), 이러한 까닭으로 선순위 근저당권이 설정되어 있는 부동산에 대하여 근저당권을 취득하는 거래를 하려는 사람들은 선순위 근저당권의 채권최고액 만큼의 담보가치는 이미 선순위 근저당권자에 의하여 파악되어 있는 것으로 인정하고 거래를 하는 것이 보통이므로 담보권 실행을 위한 경매절차가 개시되었음을 선순위 근저당권자가 안 때 이후의 어떤 시점에 선순위 근저당권의 피담보채무액이 증가하더라도 그와 같이 증가한 피담보채무액이 선순위 근저당권의 채권최고액 한도 안에 있다면 경매를 신청한 후순위 근저당권자가 예측하지 못한 손해를 입게 된다고 볼 수 없다. 반면 <u>선순위 근저당권자는 자신이 경매신청을 하지 아니하였으면서도 경락으로 인하여 근저당권을 상실하게 되는 처지에 있으므로 거래의 안전을 해치지 아니하는 한도 안에서 선순위 근저당권자가 파악한 담보가치를 최대한 활용할 수 있도록 함이 타당</u>하다.

이와 같은 관점에서 보면 <u>후순위 근저당권자가 경매를 신청한 경우 선순위 근저당권의 피담보채권은 그 근저당권이 소멸하는 시기, 즉 경락인이 경락대금을 완납한 때에 확정된다</u>고 보아야 할 것이다.

근저당권자의 피담보채권 금액이 채권최고액을 초과하는 경우/ 근저당권설정자와 채무자가 동일한 경우/ 근저당권의 효력이 사실상 미치는 범위 (대법원 2001. 10. 12. 선고 2000다59081 판결)

> 판례해설
>
> 근저당권자 겸 채권자는 등기부상 기재된 채권최고액을 한도로 배당을 받을 수 있는바 채권자의 채권액이 그 이상이 되었을 경우 문제가 된다.

이에 대하여 근저당권자는 자신의 채권최고액까지 담보권을 가질 뿐이고 그 외에는 담보가 되지 않기 때문에 다시 일반 채권자로 돌아가 집행권원이 존재하여야 배당을 받을 수 있고 배당 역시 평등배당이 될 수 있을 뿐이라는 해석이 오히려 당연하게 여겨질 수 있다.

그러나 **대법원에서는 채권최고액이 초과한다고 하더라도 채무자에 잉여된 금액(즉 채무자의 모든 채권자에 배당되고 남은 금액)에 관하여는 별도의 채무명의 없이 근저당권자에게 배당된다고 판시하였다.**

대법원의 위와 같은 견해는 다소 오해의 소지가 존재하나 일단 채무자의 소유라는 점, 채무자와 근저당권자 사이에서만 문제 될 뿐이고 다른 배당권자가 존재할 경우에는 당연히 다른 배당권자에게 우선 배당이 되고 잉여된 금원 만을 위와 같이 판단한다는 점을 고려한다면 크게 부당한 판결은 아닌 것으로 판단된다. 즉 **다른 채권자가 존재한다면 아무리 근저당권자라고 하더라도 채권최고액 이상의 채권액일 경우에는 채무명의가 없는 한 배당받을 권리 자체가 인정되지 않는다**(참조판례 대법원 2009. 2. 26. 선고 2008다4001 판결).

### 법원판단

원래 저당권은 원본, 이자, 위약금, 채무불이행으로 인한 손해배상 및 저당권의 실행비용을 담보하는 것이며, 채권최고액의 정함이 있는 근저당권에 있어서 이러한 채권의 총액이 그 채권최고액을 초과하는 경우, 적어도 **근저당권자와 채무자 겸 근저당권설정자와의 관계**에 있어서는 위 채권 전액의 변제가 있을 때까지 근저당권의 효력은 채권최고액과는 관계없이 잔존채무에 여전히 미친다.


근저당권자의 피담보채권 금액이 채권최고액을 초과하는 경우/ 물상 보증인의 부동산에 경매가 진행된 경우 채권최고액 이상의 채권액이 존재하고 잉여금이 존재하는 경우 (대법원 1974. 12. 10. 선고 74다998 판결)

판례해설

채무자 소유의 부동산에 근저당이 설정되었을 경우에는 채무자와 근저당권자와의 관계에서는 채권최고액을 넘는 금액까지도 변제되어야 비로소 근저당권을 말소를 청구할 수 있다.

그러나 <u>**대상판결은 채무자 소유가 아닌 물상보증인일 경우의 문제로서 물상보증인일 경우에는 채권최고액까지만 담보가 될 뿐 실재 채무액이 그 이상이 된다고 하더라도 최고액까지만을 변제하고 말소를 청구할 수 있다**</u>고 판시한 것이다.

생각건대 물상보증인이라고 함은 자신의 부동산에 채권최고액을 한도로 책임을 부담할 뿐 실제 채무를 부담하는 것은 아니기 때문에 자신의 책임한도내에서 변제하면 충분하고 그 이상의 부분은 채무자가 자신의 채무로서 책임을 져야하는 점을 고려하면 타당한 판결에 해당한다.

### 원심 사실인정 및 판단

원심판결은 그 이유에서 원고가 소외 이슈환의 피고에 대한 채무를 담보하기 위하여 1971.12.24. 원고 소유의 이 사건 임야에 피고를 근저당권자로 하는 최고액 금 1,000,000원의 근저당권설정등기를 한 사실과 그후 위 소외인이 그 채무를 변제하지 아니한 까닭에 피고는 위 근저당권을 실행하여 경매절차가 진행되던 중 1973.6.14. 원고는 위 채권최고액 금 1,000,000원과 그때까지의 경매비용 금 35,120원을 변제공탁한 사실 및 위 원금과 이에 대한 1972.2이후의 이자(피고의 주장에 따르면 1973.6.3.까지의 이자는 금 421,242원)가 변제되지 아니하였던 사실을 각 확정한 다음 원고가 소외 이슈환의 피고에 대한 위 약정이자를 포함한 채무 전액을 변제하지 아니한 이상 채권최고액과 경매비용만을 공탁하였다 하여 피고에게 이건 근저당권설정등기를 말소할 의무가 생긴다 할 수 없다 하여 그 말소등기를 구하는 원고의 청구를 기각하였다.

### 대법원 판단

그러나 근저당권에 의하여 담보되는 채권액의 범위는 청산기에 이르러 확정되는 채권 중 근저당권설정계약에 정하여진 채권최고액을 한도로 하는 것이고 이 최고액을 초과하는 부분의 채권액까지 담보하는 것이 아니며 민법 제357조에서 말하는 담보할 채무의 최고액이

란 뜻도 이와 같은 내용으로 해석하여야 할 것이다.(대법원 1971.4.6. 선고 71다26 판결, 1971.5.15. 71마251 결정 참조) 그러하거늘 원심은 채권최고액을 초과하는 이자까지 포함한다는 전제에서 위와 같이 판시하였음은 법률해석을 그릇하여 판단을 잘못한 위법이 있고 이는 판결 결과에 영향을 미쳤음이 뚜렷하므로 논지는 이유있다. (원심판결은 당원 1972.1.26. 71마1151 결정에 따른 것 같으나 이는 채무자 겸 저당권설정자에 관한 것으로 이 사건에선 선례가 될 수 없다). 그러므로 관여 법관의 일치된 의견으로 주문과 같이 판결한다.

저당권이 양도된 경우의 문제/ 채권양도 대항요건을 갖추지 못한 양수인의 배당가능여부 등 (대법원 2005. 6. 23. 선고 2004다29279 판결)

> 판례해설
>
> 배당사건이라기보다는 채권양도와 관련된 법리의 문제이다. 즉 채권양도는 양도인 양수인 간의 합의(민법 제449조)만으로 양도의 효력이 발생하고 다만 제3자에게 대항하기 위해선 대항요건을 갖추고 있어야 할 뿐이다(민법 제450조).
>
> 이 사건에서 원심은 대항요건을 갖추지 못한 채권양수인의 경매 신청 자체가 부적법하다고 판시하였으나 대법원은 대항요건을 갖추지 못하여 채무자 등이 그와 같은 채권양도의 효력을 다툴 수 있지만, 그 자체로 경매절차가 무효라고 판시하지는 않았다.

더 나아가 민법 제450조에서는 대항요건을 갖추지 못할 경우 채무자 기타 제3자에 대항하지 못한다고 규정되어 있기 때문에 채권양도의 통지와 관련하여 그 효력을 다툴 수 있는 자는 채무자 기타 제3자이어야 하고 대법원은 제3자의 범위에 관하여 양도된 채권에 관하여 채권양수인이 양립할 수 없는 자에 한하기 때문에 그마저도 아니라면 그 채권양도에 관하여 다툴 수 조차 없다.

이 사건에서는 **후순위 근저당권이 양도되었고 이에 대항요건을 갖추지 못하였다고 하더라도 선순위 근저당권자로서는 이와 같은 채권양도에 관하여 제3자에 해당하지 않기 때문에 해당 양도에 관하여 더 이상 다툴 수 없다**고 판시한 것이다.

### 법원판단

대법원의 판단 상고이유 중 채권양도 및 이중경매신청에 의한 배당요구에 관한 법리오해의 점에 대하여 보건대, 이에 관한 원심의 판단은 수긍할 수 없다.

**채권양도에 있어서 채권의 양도 자체는 양도인과 양수인 간의 의사표시만으로 이루어지고, 다만 대항요건을 갖추지 아니한 양수인은 채무자 또는 제3자에게 채권을 주장할 수 없을 뿐**이며(대법원 2000. 12. 12. 선고 2000다1006 판결 참조), 한편 구 민사소송법(2002. 1. 26. 법률 제6626호로 전문 개정되기 전의 것)은 부동산에 대한 담보권 실행을 위한 경매의 개시요건으로서 구 민사소송규칙(2002. 6. 28. 대법원규칙 제1761호로 전문 개정되기 전의 것) 제204조에 정해진 채권자·채무자 및 소유자(제1호), 담보권과 피담보채권의 표시(제2호), 담보권의 실행 대상이 될 재산의 표시(제3호), 피담보채권의 일부에 대하여 담보권을 실행하는 때에는 그 취지 및 범위(제4호)를 기재한 신청서와 민사소송법 제724조에 정해진 담보권의 존재를 증명하는 서류(제1항)와 담보권에 관하여 승계가 있는 경우에는 승계를 증명하는 서류(제2항)를 제출하면 되는 것이고, 집행법원은 담보권의 존재 및 승계에 관해서 위 서류의 한도에서 심사를 하지만, 그 밖의 실체법상 요건인 피담보채권의 존재 등에 관해서는 신청서에 기재하도록 하는 데 그치고, 담보권 실행을 위한 경매절차의 개시요건으로서 피담보채권의 존재를 증명하도록 요구하고 있는 것은 아니므로 경매개시결정을 함에 있어서 채권자에게 피담보채권의 존부를 입증하게 할 것은 아니므로, **피담보채권을 저당권과 함께 양수한 자는 저당권이전의 부기등기를 마치고 저당권 실행의 요건을 갖추고 있는 한 채권양도의 대항요건을 갖추고 있지 아니하더라도 경매 신청을 할 수 있으며**(대법원 2000. 10. 25.자 2000마5110 결정, 2004. 7. 28.자 2004마158 결정 참조), **채무자는 경매절차의 이해관계인으로서 채권양도의 대항요건을 갖추지 못하였다는 사유를 들어 경매개시결정에 대한 이의나 즉시항고절차에서 다툴 수 있고, 이 경우는 신청채권자가 대항요건을 갖추었다는 사실을 증명**하여야 할 것이나(대법원 2000. 10. 25.자 2000마5110 결정 참조), 이러한 절차를 통하여 채권 및 근저당권의 양수인의 신청에 의하여 개시된 경매절차가 실효되지 아니한 이상 그 경매절차는 적법한 것이고, 또한 그 경매신청인은 양수채권의 변제를 받을 수도 있다고 할 것이며, 이러한 법리는 양수인의 경매 신청이 이중경매로서 선행경매절차가 취소되지 아니하고 종료되어 실제로 매각절차에 나아가지 못한 채 종결되었다고 하더라도 달리 볼 것이 아니다.

또한, <u>채권양도의 대항요건의 흠결의 경우 채권을 주장할 수 없는 채무자 이외의 제3자는 양도된 채권 자체에 관하여 양수인의 지위와 양립할 수 없는 법률상 지위를 취득한 자에 한</u>하므로(대법원 1983. 2. 22. 선고 81다134, 135, 136 판결, 1989. 1. 17. 선고 87다카1814 판결 참조), <u>선순위의 근저당권부채권을 양수한 채권자보다 후순위의 근저당권자는 채권양도의 대항요건을 갖추지 아니한 경우 대항할 수 없는 제3자에 포함되지 않는다고 할 것이니, 원고가 피고보다 우선하여 양수채권의 변제를 받는 데 이 사건 채권양도의 대항요건을 갖추지 아니한 것이 장애가 된다고 할 수도 없다.</u>

근저당권설정등기가 위법하게 말소되었을 경우(대법원 2002. 10. 22. 선고 2000다59678 판결)

판례해설

부동산 물권에 있어 등기의 의미는 효력 발생요건일 뿐 존속요건은 아니므로, 등기가 부적법 하게 말소되면 등기명의자는 말소회복등기신청을 하여 구제받으면 충분하고 더불어 부적법 하게 말소되었다고 하더라도 그 권리를 상실하지는 않는다.

대상판결에서 경매절차에서 부적법 하게 말소당한 근저당권자가 과연 민사집행 절차에서 배당이의를 할 수 있는지가 문제 되었는바, 대법원은 당연히 배당기일에 출석하여 배당이의를 할 수 있고 그렇지 않더라도 부당이득반환청구를 하면 충분하다고 판시하였다.

그러나 집행 절차는 통상적인 물권에 대한 해석과는 다르게 절차의 안정성이 중요하다는 점에서 배당에 참가할 수 있는 자를 등기부상의 권리자 또는 배당요구를 한 채권자에 한하고, 등기부상 나타나 있지 않은 자는 배당절차에 참가할 수 없도록 하고 있는바(대법원 2014다53790 판결 및 법률신문 2015-07-03 자 권형필 평석 '민사집행법 제90조 제2호의 소유자의 의미' 참조), 이러한 의미에서 대상판결은 다소의 문제를 내포하고 있다.

## 법원판단

등기는 물권의 효력 발생요건이고 존속요건은 아니어서 등기가 원인 없이 말소된 경우에는 그 물권의 효력에 아무런 영향이 없고, 그 회복등기가 마쳐지기 전이라도 말소된 등기의 등기명의인은 적법한 권리자로 추정되므로, 근저당권설정등기가 위법하게 말소되어 아직 회복등기를 경료하지 못한 연유로 그 부동산에 대한 경매절차의 배당기일에서 피담보채권액에 해당하는 금액을 배당받지 못한 근저당권자는 배당기일에 출석하여 이의를 하고 배당이의의 소를 제기하여 구제를 받을 수 있고, 가사 배당기일에 출석하지 않음으로써 배당표가 확정되었다고 하더라도, 확정된 배당표에 의하여 배당을 실시하는 것은 실체법상의 권리를 확정하는 것이 아니기 때문에 위 경매절차에서 실제로 배당받은 자에 대하여 부당이득반환 청구로서 그 배당금의 한도 내에서 그 근저당권설정등기가 말소되지 아니하였더라면 배당받았을 금액의 지급을 구할 수 있다.

토지와 건물이 공동저당권이 설정된 이후 건물 철거되고 새로이 건물이 신축된 경우 배당의 문제(대법원 2012. 3. 15. 선고 2011다54587 판결)

**판례해설**

법원에서는 법정지상권이 성립되지 않은 건물에 관하여 일괄경매를 진행하는데, 그 이유는 객관적으로나 외관상으로나 오래되지 않은 건물은 법정지상권이 성립되지 않아 철거당할 가능성이 있고 이로 말미암아 수많은 분쟁 가능성이 있으므로 이와 같은 법적 분쟁 등의 상황을 미연에 방지하기 위함이다.

일괄경매로 진행되면 각각의 부동산 즉 토지와 건물의 채권자가 다르고 더욱이 각각의 부동산이 어떻게 평가되느냐에 따라 낙찰대금이 각 부동산의 채권자에게 얼마만큼 배당되는지가 달라진다.

대상판결은 해당 건물에 법정지상권이 성립되지 않아 일괄경매가 진행된 사안이었는데, 이처럼 일괄경매가 진행된다고 하더라도 이는 차후의 법적 절차의 편의에 따라 그 절차가 진행되는 것일 뿐이고 그 가치가 변동되는 것은 아니라고 판시하였다.

따라서 대법원은 경매절차를 진행한 법원이 법정지상권이 성립되지 않은 건물로 평가하여 그 가치를 산정하였어야 했음에도 불구하고 이를 오인하여 만연히 법정지상권이 성립될 것을 전제로 가치를 산정하였고, 결국 일괄매각대금에서 건물이 그 차액만큼 배당을 받아 건물의 채권자에게 더 많은 금액이 배당되었는바, 이에 토지의 채권자는 배당이 잘못됨으로 인하여 배당을 더 많이 가져간 건물 채권자에 대해 배당이의를 할 수 있다고 판결을 선고한 것이다.

## 법원판단

[1] 동일인의 소유에 속하는 토지 및 지상 건물에 관하여 공동저당권이 설정된 후 건물이 철거되고 새로 건물이 신축된 경우에는, 신축건물의 소유자가 토지의 소유자와 동일하고 토지의 저당권자에게 신축건물에 관하여 토지의 저당권과 동일한 순위의 공동저당권을 설정해 주었다는 등 특별한 사정이 없는 한 <u>저당물의 경매로 인하여 토지와 신축건물이 다른 소유자에 속하게 되더라도 신축건물을 위한 법정지상권이 성립하지 않으므로</u>, 위와 같은 경우 토지와 신축건물에 대하여 민법 제365조에 의하여 일괄매각이 이루어졌다면 일괄매각대금 중 토지에 안분할 매각대금은 법정지상권 등 이용 제한이 없는 상태의 토지로 평가하여 산정하여야 한다. 그리고 **집행법원이 위와 같은 일괄매각절차에**

서 각 부동산별 매각대금의 안분을 잘못하여 적법한 배당요구를 한 권리자가 정당한 배당액을 수령하지 못하게 되었다면 그러한 사유도 **배당이의**의 청구사유가 될 수 있다.

[2] 민법 제365조 본문이 토지를 목적으로 한 저당권을 설정한 후 저당권설정자가 그 토지에 건물을 축조한 때에는 저당권자가 토지와 건물에 대하여 일괄하여 경매를 청구할 수 있도록 규정한 취지는, **저당권 설정자로서는 저당권 설정 후에도 그 지상에 건물을 신축할 수 있는데 후에 저당권 실행으로 토지가 제3자에게 매각될 경우에 건물을 철거하여야 한다면 사회경제적으로 현저한 불이익이 생기게 되므로 이를 방지할 필요가 있고, 저당권자에게도 저당토지상 건물의 존재로 인하여 생기게 되는 경매의 어려움을 해소하여 저당권 실행을 쉽게 할 수 있도록 한 데 있으며, 같은 조 단서에 의하면 그때 저당권자에게는 건물의 매각대금에 대하여 우선변제를 받을 권리가 없도록 규정되어 있**는 점에 비추어 보면, 위와 같은 경우 토지의 저당권자가 건물의 매각대금에서 배당을 받으려면 민사집행법 제268조, 제88조의 규정에 의한 적법한 배당요구를 하였거나 그 밖에 달리 배당을 받을 수 있는 채권으로서 필요한 요건을 갖추고 있어야 한다.

## IV. 가압류 채권자와 관련된 쟁점

가압류 채권자의 배당액 결정(대법원 2013. 6. 13. 선고 2011다75478 판결)

> **판례해설**
>
> 가압류 채권자는 배당 당시까지 채권액이 확정되지 않기 때문에 배당기일에 가압류 채권자에게 바로 배당되지 않고 민사집행법 제160조에 따라 공탁된다. 문제는 가압류 채권자의 채권액이 추후 판결을 통하여 확정되었을 경우 확정된 금액이 가압류 채권액에 미치지 않을 때 ~~와 같은 경~~우 배당금 조정을 가압류권자가 이미 받았다고 가정하여 가압류권자에게 ~~부당이득반환청구~~를 할 수 있는 것인지 아니면 아직 공탁되어 있을 뿐 받은 것은 아니므로 공탁된 상태에서 재차 배당이 이루어지는지 문제이다.
>
> 대상판결에서는 가압류 채권자의 채권액이 공탁되었다고 하더라도 공탁만으로는 가압류권자가 실제로 배당금을 받았다고 볼 수도 없고 더불어 가압류 채권자의 채권액이 확정되고 가압류 채권액이 예측한 금액보다 적어 공탁금이 남는다면 그 상태에서 다시 재배당 절차를 진행한다고 판시하였다.
>
> 이와 같은 이유로 가압류 채권자는 공탁금액이 자신의 확정된 채권금액보다 더 많다고 하더라도 초과금액에 관하여 부당이득을 취득한 적이 없으므로 다른 배당채권자들이 가압류 채권자에 대하여 부당이득반환청구를 할 수 없는 것이다.

첨언하면, 가압류 채권자의 채권액이 배당된 금액보다 적어 가압류 채권자를 위하여 공탁된 금액이 다소 남았음을 이유로 재배당된다고 하더라도 다른 배당권자의 채권액은 기존 배당기일을 기준으로 재배당이 될 뿐이고 기존 배당기일 이후 이자를 또다시 청구할 수는 없다.

### 법원판단

[1] 가압류의 효력은 가압류를 청구한 피보전채권액에 한하여 미치므로, 가압류 결정에 피보전채권액으로서 기재된 액(이하 '가압류 청구금액'이라 한다)이 가압류채권자에 대한 배당액의 산정 기준이 되며, 배당법원이 배당을 실시할 때에 가압류채권자의 피보전채권은 공탁하여야 하고, 그 후 피보전채권의 존재가 본안의 확정판결 등에 의하여 확정된 때 가압류채권자가 확정판결 등을 제출하면 배당법원은 가압류채권자에게 배당액을 지급하게 된다( 민사집행법 제160조 제1항 제2호, 제161조 제1항). 이 경우 확정된 피보전채권액이 가압류 청구금액 이상인 경우에는 가압류채권자에 대한 배당액 전부를 가압류채권자에게 지급하지만, **반대로 확정된 피보전채권액이 가압류 청구금액에 미치지 못하는 경우에는 집행법원은 그 확정된 피보전채권액을 기준으로 하여 다른 동순위 배당채권자들과 사이에서의 배당비율을 다시 계산하여 배당액을 감액 조정한 후 공탁금 중에서 그 감액 조정된 금액만을 가압류채권자에게 지급하고 나머지는 다른 배당채권자들에게 추가로 배당하여야 한다.**

[2] 가압류에 대한 본안의 확정판결에서 그 피보전채권의 원금 중 일부만이 남아 있는 것으로 확정된 경우라도, **특별한 사정이 없는 한 가압류 청구금액 범위 내에서는 그 나머지 원금과 청구기초의 동일성이 인정되는 지연손해금도 피보전채권의 범위에 포함**되므로, 이를 가산한 금액이 가압류 청구금액을 넘는지 여부를 가리고 만약 가압류 청구금액에 미치지 못하는 경우에는 그 금액을 기초로 배당액을 조정하여야 한다.

그리고 위와 같이 배당채권자들과 사이에서 배당비율을 다시 계산하여 공탁되었던 배당액을 감액 조정하여 지급하는 것은 그 범위 내에서 잠정적으로 보류되었던 배당절차를 마무리 짓는 취지이고, 동순위 채권자들 사이에서는 배당채권으로 산입될 수 있는 채권원리금액 산정에 형평을 기하여야 할 터인데 가압류채권자에 대한 배당금 조정 시에 다른 배당채권자들의 잔존 채권원리금액을 모두 다시 확인하기 쉽지 아니함을 고려하면, **배당금 조정 시에 다른 배당채권자들의 채권액은 종전 배당기일의 채권원리금액을 기준으로 하고 가압류채권자의 경우에도 종전 배당기일까지의 지연손해금을 가산한 채권원리금액을 기준으로 하여 조정한 후 공탁금 중에서 그 감액 조정된 금액을 가압류채권자에게 지급**하며, 나머지 공탁금은 특별한 사정이 없는 한 종전 배당기일의 채권액을 기준으로 하여 다른 배당채권자들에게 추가로 **배당함이 타당**하다.

[3] 본안 소송 결과 배당액 전액을 지급받기에 부족한 피보전권리만이 확정되어 다른 배당채권자들에게 추가배당하여야 할 경우임이 밝혀진 때에는 당초의 배당액 중 다른 배당채권자들에게 추가배당하여야 할 부분에 관하여는 **가압류채권자가 처음부터 그 부분에 대한 배당금 지급청구권을 가지고 있지 않았다고 보아야 하므로, 가압류채권자가 그 부분 채권을 부당이득하였다고 할 수 없다.**

가압류 채권자의 채권이 소멸하는 시기 / 판결 확정시(대법원 2014. 9. 4. 선고 2012다65874 판결)

### 판례해설

가압류 채권자는 배당절차에서 바로 배당을 받을 수는 없고 가압류에 대한 본안판결 등에서 피보전채권액이 확정되어야 비로소 배당을 받을 수 있다.

문제는 가압류에 대한 본안판결의 확정시와 실제 배당시가 다른 경우 어느 시점이 변제의 효력이 발생하는 시점인지 여부이다. 가압류 채권자의 피보전채권액이 크지 않은 경우에는 별문제가 되지 않으나, 그 금액이 수억 원 또는 수십억 원에 이르는 경우에는 판결 확정시를 기준으로 무려 연 20%(현재는 12%)의 이율이 부가되므로 변제의 효력이 발생하는 시기는 매우 중요하다.

이에 관하여 원심에서는 가압류 채권자의 피보전채권액이 판결 확정시가 아니라 실제 배당금을 찾아갈 때 비로소 변제의 효력이 발생한다고 보았으나, 대법원에서는 판결 확정시, 당해 사건에서는 조정 성립일에 가압류채권자의 채권은 배당액으로 충당되는 범위에서 소멸한다고 보았다.

### 법원판단

배당법원이 배당을 실시할 때에 가압류채권자의 채권에 대하여는 그에 대한 배당액을 공탁하여야 하고, 그 후 그 채권에 관하여 본안판결이 확정되거나 소송상 화해·조정이 성립되거나 또는 화해권고결정·조정을 갈음하는 결정 등이 확정됨에 따라 공탁의 사유가 소멸한 때에는 배당법원은 가압류채권자에게 공탁금을 지급하여야 하므로(민사집행법 제160조 제1항 제2호, 제161조 제1항 참조), **특별한 사정이 없는 한 본안의 확정판결 등에서 지급을 명한 가압류채권자의 채권은 배당액으로 충당되는 범위에서 본안판결 등의 확정시에 소멸**한다.

가압류 채권 양수인의 지위 및 부당이득반환 청구 요건 (대법원 2012. 4. 26. 선고 2010다94090 판결)

### 판례해설

**대상판결은** 대법원 2007. 2. 9. 선고 2006다39546 판결의 연장 선상에 있는 판례이다.

대법원은 배당의 기본 취지에 관하여 배당이의 소송의 효력이 상대적 효력에 지나지 않기 때문에 배당이의 소송에 참가하지 않은 사람에게까지 그 효력이 미치지 않으나, 종국적으로는 채권자가 배당기일을 기준으로 적법한 배당액 이상을 배당받았다면 그만큼 배당받지 못한 채권자와의 관계에서는 부당이득반환 청구를 당할 수 있다는 것이다.

대상판결에서는 경매개시 결정등기 전 가압류 된 채권자가 채권양도를 통하여 이전하였을 경우 양도인가압류권자는 채권을 양도하였기 때문에 적법한 채권자가 아니므로 배당이의 소송에서 패소되었다고 하더라도 이미 일정 금액은 가압류 채권자의 배당액으로 지정되어 있기 때문에 추후 가압류채권 양수인은 자신이 적법하게 배당받은 금원에 대하여 배당기일에 자신이 배당받을 금원보다 더 많이 배당을 받은 채권자에 대하여 부당이득반환청구를 할 수 있다고 판시한 것이다.

### 법원판단

첫 경매개시결정등기 전에 등기된 가압류채권자로부터 피보전권리를 양수한 채권양수인이 경매법원에 채권신고를 하였으나 배당표가 확정되기 전까지 채권양수사실을 제대로 소명하지 못함에 따라 가압류채권자에게 배당된 경우에, **다른 배당참가 채권자가 가압류채권자의 피보전권리는 채권양수인에게 양도되어 이미 소멸하였다는 이유로 가압류채권자에게 배당된 금액에 대하여 배당이의를 제기하고 배당이의의 소를 통해 가압류채권자에게 배당된 금액을 배당받는다면 채권양수**

인은 그 채권자를 상대로 가압류채권자의 배당액에 관하여 부당이득 반환청구를 할 수 있다.


가압류 된 부동산이 매도된 이후 매수인의 채권자의 배당이의 적격 문제 (대법원 2005. 7. 29. 선고 2003다40637판결)

> 판례해설
>
> 가압류 된 부동산이 이전된 경우, 제3취득자의 채권자와 전 소유자의 채권자(정확히 언급한다면 가압류권자)가 충돌하는 상황이 발생하고 이 때 전소유자의 가압류 채권자는 가압류의 기본적인 특징에 의하여 일반 채권자로서 평등배당이 아니라 **자신의 채권 금액 전부에 관하여 배당을 받을 수 있다.**
>
> 이는 가압류 등기가 되어있는 이상 가압류 채권액과 관련된 금액의 한도 내에서는 제3취득자의 책임재산에 포함될 수 없기 때문인데, 결국 제3취득자로 이전된 이후의 채권자들은 자신들이 담보할 수 있는 책임재산으로서 가압류 채권액을 제외한 나머지 금액에 관하여서만 채권확보를 할 수 있는 것이다.
>
> 대상판결은 특히 <u>전 소유자의 가압류권자의 본압류 신청으로 인하여 매각</u>되었을 경우 남은 잉여금이 제3취득자에게 귀속되느냐 아니면 제3취득자의 채권자들에게 다시 배당되느냐가 문제 된 사안에서 **당연히 제3취득자에게 귀속되지 않고 제3취득자의 채권자들에게 각기 순위에 따라 배당된다**고 판시하였다.

### 법원판단

　가압류집행 후 가압류 목적물의 소유권이 제3자에게 이전된 경우 가압류채권자는 집행권원을 얻어 제3취득자가 아닌 가압류채무자를 집행채무자로 하여 그 가압류를 본압류로 이전하는 강제집행을 실행할 수 있으나, 이 경우 그 **강제집행은 가압류의 처분금지적 효력이 미치는 객관적 범위인 가압류결정 당시의 청구금액의 한도 안에서만 집행채무자인 가압류채무자의 책임재산에 대한 강제집행절차**라 할 것이고(대법원 1998. 11. 10. 선고 98다43441 판결 참조), **나머지 부분은 제3취득자의 재산에 대한 매각절차**라 할 것이므로, 제3취득자에 대한 채권자는 그 매각절차에서 제3취득자의 재산 매각대금 부분으로부터 배당을 받을 수 있으며, 한편 제3취득자에 대한 채권자로서 부동산집행절차에서 배당받은 피고들에 대한 배당액이 감소되면 그 감소 된 금액이 제3취득자에게 돌아갈 잔여매각대금채권을 압류·전부받은 원고들에게 지급되는 것으로 배당표가 작성될 것인데, 원고들에게 배당될 금액이 있는지 여부는 본 배당이의 소송을 통하여 비로소 확정되는 것이므로, 원고들은 부동산집행절차에서 배당받은 피고들의 채권 또는 그 채권의 순위에 대하여 이의를 신청할 수 있고, 이들에 대하여 배당이의의 소를 제기할 원고적격도 인정된다고 할 것이다.

## 가압류 취소 사유가 배당이의 사유인지 여부(대법원 2015. 6. 11. 선고 2015다10523 판결)

> **판례해설**
>
> 배당이의의 소를 제기한 자는 배당이의 소송에서 상대방에 대하여 배당이 잘못되었다는 모든 사유로 다툴 수 있는데 대부분은 배당순위가 잘못되었다거나 상대방의 채권이 허위채권이라는 사유이다.
>
> 그러나 대상판결은 이와 다소 다른 사유인, 피고의 가압류가 10년의 가압류 보전기간을 도과하여 취소되었음을 들어 원고의 청구를 인용하였다.
>
> 피고의 가압류가 인용될 당시에 시행되던 구 민사소송법 제706조 제2항에 의하면 가압류가 집행된 뒤 10년간 본안의 소를 제기하지 아니한 때에는 채무자 또는 이해관계인이 그 취소를 신청할 수 있다고 규정하고 있는바, 원고는 위 규정에 의하여 피고의 가압류에 대해 취소를 구하였던 것이다.
>
> 다만, 현행 민사집행법 제288조 제1항 제3호는 가압류 보전기간을 '3년'으로 규정하고 있으므로 대상판결 및 현행 민사집행법에 의하면, 배당 받을 채권자 중 가압류권자가 3년이 경과하도록 본안의 소를 제기하지 않은 경우 다른 채권자는 가압류 채권자에 대하여 배당이의 소를 제기할 수 있고 3년이 지난 가압류는 취소 사유에 해당하기 때문에 해당 가압류 채권자는 패소를 면하지 못할 것으로 보인다.

### 법원판단

　채권자가 받은 가압류결정이 취소되었다면 채권자는 가압류채권자로서의 배당받을 지위를 상실하므로 가압류 결정의 취소는 배당이의의 소에서 가압류채권자에 대한 배당이의의 사유가 될 수 있다. 나아가 배당이의의 소에서 원고는 배당기일 후 사실심 변론종결 시까지 발생한 사유도 이의사유로 주장할 수 있으므로, 배당기일 후 배당이의 소송 중에 가압류결정이 취소된 경우에도 이를 이의사유로 주장할 수 있다.

## V. 전세권자와 관련된 배당의 문제

전세권자에 대한 임대차 보호법의 중첩적 적용 가능성(대법원 2010. 6. 24. 선고 2009다40790 판결)

> **판례해설**
>
> 하나의 건물 사용수익권자가 두 개의 권리 즉 전세권과 임차권을 모두 가지고 있을 경우 당사자의 의사에 의하면 **하나의 사용수익권에 대한 소멸 통고는 실질적으로 전부에 대한 소멸 통고인바, 임차권에 기한 배당요구는 실질적으로 또 다른 권리인 전세권에 대한 소멸 통고로 보아야** 하나, <u>대법원은 당사자의 형식적 통고에 치중하여 임차권에 기한 배당요구는 선세권자의 배당요구로 인정하지 않아 전세권은 그대로 인수되는 것으로 판단하였다.</u>

**법원판단**

민사집행법 제91조 제3항은 "전세권은 저당권·압류채권·가압류채권에 대항할 수 없는 경우에는 매각으로 소멸된다"라고 규정하고, 같은 조 제4항은 "제3항의 경우 외의 전세권은 매수인이 인수한다. 다만, 전세권자가 배당요구를 하면 매각으로 소멸된다"라고 규정하고 있고, 이는 저당권 등에 대항할 수 없는 전세권과 달리 최선순위의 전세권은 오로지 전세권자의 배당요구에 의하여만 소멸되고, 전세권자가 배당요구를 하지 않는 한 매수인에게 인수되며, 반대로 배당요구를 하면 존속기간에 상관없이 소멸한다는 취지라고 할 것인 점, 주택임차인이 그 지위를 강화하고자 별도로 전세권 설정등기를 마치더라도 <u>주택임대차보호법상 임차인으로서 우선변제를 받을 수 있는 권리와 전세권자로서 우선변제를 받을 수 있는 권리는 근거규정 및 성립요건을 달리하는 별개의 권리라고 할 것인 점 등에 비추어 보면, 주택임대차보호법상 임차인으로서의 지위와 전세권자로서의 지위를 함께 가지고 있는 자가 그 중 임차인으로서의 지위에 기하여 경매법원에 배당요구를 하였다면 배당요구를 하지 아니한 전세권에 관하여는 배당요구가 있는 것으로 볼 수 없다.</u>

전세금 반환청구권이 분리 양도된 경우 전세금 반환채권 양수인에 대한 배당가부(대법원 1999. 2. 5. 선고 97다33997 판결)

### 판례해설

전세권의 효력이 발생하기 위해서는 전세권 등기와 더불어 피담보채권 즉 전세보증금반환채권이 존재하여야 한다. 문제는 이와 같이 성립된 전세권이 그 후 전세권 또는 전세금 반환채권을 양도할 경우 전세권의 효력이 지속되도록 하기 위한 요건이다.

대상판결에서는 <u>전세보증금반환채권이 분리·양도되는 순간 전세보증금반환채권은 더 이상 담보권을 가진 담보채권이 아닌 일반 채권에 불과하고 결국 일반채권자와 동일하게 배당절차에 참여하기 위해서는</u>

<u>집행권원을 가져야만 가능하다고 판단</u>하였다. 더 나아가 전세권 등기만으로는 이미 피담보채권이 이전되었으므로 더 이상 담보되는 채권이 존재하지 않아 담보물권으로서의 효력도 상실하고 피담보채권이 존재하지 않아 배당을 받을 수도 없다고 판단하였다.

생각건대, 이와 같은 상황은 전세권의 성립요건을 보면 쉽게 알 수 있다. 즉 <u>전세권의 효력발생 요건은 등기와 피담보채권의 존재</u>인바 만약 전세권을 양도한다면 전세권 부기등기를 하고 더불어 채권양도 절차를 동시에 갖추어야만 비로소 전세권 양도로서의 효력이 발생하는 것이므로 이 두 개의 양도 중 하나라도 놓친다면 대상판결과 같이 피담보채권은 채권대로 일반 채권자의 지위에 떨어지고 전세권은 피담보채권이 없는 껍질뿐인 담보물권이 될 수 있다는 점을 주의하여야 할 것이다.

### 법원판단

가. 전세권이 담보물권적 성격도 가지는 이상 부종성과 수반성이 있는 것이므로 전세권을 그 담보하는 전세금반환채권과 분리하여 양도하는 것은 허용되지 않는다고 할 것이나, 한편 **담보물권의 수반성이란 피담보채권의 처분이 있으면 언제나 담보물권도 함께 처분된다는 것이 아니라 채권담보라고 하는 담보물권 제도의 존재 목적에 비추어 볼 때 특별한 사정이 없는 한 피담보채권의 처분에는 담보물권의 처분도 당연히 포함된다고 보는 것이 합리적이라는 것일 뿐**이므로, 피담보채권의 처분이 있음에도 불구하고 담보물권의 처분이 따르지 않는 특별한 사정이 있는 경우에는 채권양수인은 담보물권이 없는 무담보의 채권을 양수한 것이 되고 채권의 처분에 따르지 않은 담보물권은 소멸한다.

나. 전세권설정계약의 당사자 사이에 그 계약이 합의해지된 경우 전세권설정등기는 전세금반환채권을 담보하는 효력은 있다고 할 것이나, 그 후 당사자 간의 약정에 의하여 전세권의 처분이 따르지 않는 전세금반환채권만의 분리양도가 이루어진 경우에는 양수인은 유효하게 전세금반환채권을 양수하였다고 할 것이고, 그로 인하여 전세금반환채권을 담보하는 물권으로서의 전세권마저 소멸된 이상 그 전세권에 관하여 가압류부기등기가 경료되었다고 하더라도 아무런 효력이 없다.

다. 전세권자가 전세권 설정자에 대하여 그 전세권설정등기의 말소의무를 부담하고 있는 경우라면, 그 전세권을 가압류하여 부기등기를 경료한 가압류권자는 등기상 이해관계 있는 제3자로서 등기권리자인 전세권설정자의 말소등기절차에 필요한 승낙을 할 실체법상의 의무가 있다.

전세권의 기간만료의 경우 전세권을 목적으로 한 저당권의 소멸여부(대법원 2008. 4. 10. 선고 2005다47663 판결)

**판례해설**

전세권도 하나의 재산이기 때문에 담보물권이 성립될 수 있고 이와 같은 이유로 전세권에 대하여 저당권을 설정할 수 있는 것이다. 문제는 **전세권 역시 기간이 정하여져 있고 전세권이 기간만료로 소멸하였을 경우**

> 전세권에 설정된 저당권의 효력이 문제 되는바, 대상판결에서는 전세권에 설정된 저당권은 소멸하고 단지 전세보증금반환채권에 대하여 물상대위를 하는 정도로 판단하고 있다.

### 법원판단

우리 민법상 저당권은 담보물권을 목적으로 할 수 없으므로, 전세권에 대하여 저당권이 설정된 경우 그 전세권이 기간만료로 종료되면 전세권을 목적으로 하는 저당권은 당연히 소멸된다(대법원 1999. 9. 17. 선고 98다31301 판결 참조).

원심이 적법하게 채택한 증거에 의하면, 원고가 2002. 4. 6. 소외인에게 이 사건 건물과 그 대지에 대하여 전세금 4,500만 원, 존속기간 2004. 3. 25.까지의 전세권설정등기를 경료해 주었고, 소외인은 같은 날 피고에게 위 전세권에 대하여 채권액 4,500만 원의 전세권저당권설정등기를 경료해 준 사실, 그런데 **원심 변론종결일인 2005. 5. 13. 이전에 이미 위 전세권의 존속기간이 경과한 사실** 등을 알 수 있는바, 사정이 이와 같다면, 이 사건 전세권은 존속기간 만료로 소멸되었고 이에 대한 피고의 저당권 역시 소멸되었다고 보아야 한다.

전세권을 목적으로 한 저당권이 설정된 경우 배당받을 자(대법원 2008. 12. 24. 선고 2008다65396 판결)

판례해설

전세권에 설정한 저당권과 관련된 대법원 2008. 4. 10. 선고 2005다47663 판결에서는 전세권이 존속기간 만료되었을 경우 저당권은 소멸한다는 판례이지만 결국 이와 같다면 최소한 담보물권자임에도 속수무책으로 그와 같은 권리를 상실하게 되는 문제가 발생한다.

대상판결은 전세권에 저당권을 설정한 당사자의 권리행사 방법과 우선권을 인정한 판례에 해당하다. 즉 **전세권에 저당권을 설정한 채권자는 전세권이 존속기간 만료로 소멸하였다고 하더라도 전세권의 피담보채권인 전세보증금반환채권에 압류추심 또는 전부명령을 신청할 수 있다고 판시**한 것이다.

더 나아가 전세권이 소멸하였을 경우 저당권자는 그 소멸로 인한 부산물인 전세보증금 반환채권에 대하여 물상대위권을 행사할 수 있고 이와 같은 권리는 다른 채권자가 전세보증금반환채권에 압류, 추심 또는 전부명령을 신청하였다고 하더라도 그 이후 저당권자가 신청한 전부명령이 무효로 되지 않는다는 것이다.

즉 전부명령의 기본적인 효력은 채무자의 제3채무자에 대한 채권에 대하여 다른 채권자들이 압류 추심 또는 전부 명령을 신청하였을 경우 피전부채권이 각 채권자들의 채권 금액을 초과하지 않은 이상 후에 신청한 전부명령은 무효이지만 대상판결과 같이 저당권자의 입장에서는 물상 대위로서 다른 채권자보다 우선권이 있기 때문에 타 채권자의 압류 전부명령이 있다고 하더라도 유효하다고 판단한 것이다.

### 법원판단

저당권이 설정된 전세권의 존속기간이 만료된 경우에 저당권자는 민법 제370조, 제342조 및 민사집행법 제273조에 의하여 저당권의 목적물인 전세권에 갈음하여 존속하는 것으로 볼 수 있는 전세금반환채권에 대하여 압류 및 추심명령 또는 전부명령을 받는 등의 방법으로 권리를 행사하여 전세권 설정자에 대해 전세금의 지급을 구할 수 있고(대법원 1999. 9. 17. 선고 98다31301 판결 등 참조), **저당목적물의 변형물인 금전 기타 물건에 대하여 일반 채권자가 물상대위권을 행사하려는 저당채권자보다 단순히 먼저 압류나 가압류의 집행을 함에 지나지 않은 경우에는 저당권자는 그 전은 물론 그 후에도 목적채권에 대하여 물상대위권을 행사하여 일반 채권자보다 우선변제를 받을 수가 있으며**(대법원 1994. 11. 22. 선고 94다25728 판결 등 참조), 위와 같이 전세권부근저당권자가 우선권 있는 채권에 기하여 전부명령을 받은 경우에는 형식상 압류가 경합되었다 하더라도 그 전부명령은 유효하다.

## VI. 조세채권자의 배당이의

다른 조세보다 우선 배당되는 담보있는 당해세의 의미(대법원 2015. 4. 23. 선고 2013다204959 판결)

> 판례해설
>
> 일반인에게 먼저 압류 처분한 공공기관이 우선권이 있다는 "압류선착주의"는 익숙하지만, 담보 있는 국세·지방세와 담보 없는 국세 지방세 사이의 효력은 생소하다. 그러나 **담보 있는 국세·지방세가 납세담보물의 범위 내에서 담보 없는 국세·지방세보다 우선한다는 원칙은 압류선착주의보다 우선하는 원칙으로서 아무리 압류가 먼저 되었다고 하더라도 담보 유무에 따라서 그 순위가 달라진다.**
>
> 대상판결은 담보 있는 국세·지방세를 우선하는 이유 및 이와 같은 원칙이 압류선착주의보다 우월한 사유에 관하여 세세히 설명하고 있다.
>
> "이들 규정의 문언 내용과 체계, 담보 있는 조세의 우선 원칙은 납세담보를 제공받고 징수유예, 체납처분에 의한 재산 압류나 압류재산 매각의 유예 등을 한 조세채권자로서는 징수 또는 체납처분 절차를 진행할 수 없을 뿐만 아니라 일정한 경우 이미 압류한 재산의 압류도 해제하여야 하는 사정 등을 고려하여, 납세담보물의 매각대금을 한도로 하여 담보 있는 조세를 다른 조세에 우선하여 징수하도록 함으로써 납세담보제도의 실효성을 확보하기 위한 것으로서, 압류에 의한 우선 원칙의 예외에 해당한다."

## 법원판단

1. 국세기본법 제36조, 지방세기본법 제101조는 국세와 국세 상호 간, 국세와 지방세 상호 간 및 지방세와 지방세 상호 간에 먼저 압류한 조세가 교부청구한 조세보다 우선한다는 압류에 의한 우선 원칙을 선언하고 있다. 한편 국세기본법 제37조는 납세담보물을 매각하였을 때에는 제36조에도 불구하고 그 국세·가산금 또는 체납처분비는 매각대금 중에서 다른 국세·가산금·체납처분비와 지방세에 우선하여 징수한다고 규정하고, 지방세기본법 제102조는 납세담보가 되어있는 재산을 매각하였을 때에는 제101조에도 불구하고 해당 지방자치단체에서 다른 지방자치단체의 징수금과 국세에 우선하여 징수한다고 규정하여, 담보 있는 국세·지방세와 담보 없는 국세·지방세 상호간에는 담보 있는 국세·지방세를 납세담보물의 매각대금 범위 내에서 우선하여 징수하도록 규정함과 아울러 이러한 담보 있는 조세의 우선 원칙을 "압류에 의한 우선 원칙"보다 우선하여 적용하도록 규정하고 있다.

이들 규정의 문언 내용과 체계, 담보 있는 조세의 우선 원칙은 납세담보를 제공받고 징수유예, 체납처분에 의한 재산 압류나 압류재산 매각의 유예 등을 한 조세채권자로서는 징수 또는 체납처분 절차를 진행할 수 없을 뿐만 아니라 일정한 경우 이미 압류한 재산의 압류도 해제하여야 하는 사정 등을 감안하여, 납세담보물의 매각대금을 한도로 하여 담보 있는 조세를 다른 조세에 우선하여 징수하도록 함으로써 납세담보제도의 실효성을 확보하기 위한 것으로서, 압류에 의한 우선 원칙의 예외에 해당하는 점, 국세기본법 제29조 는 토지와 보험에 든 등기된 건물 등을 비롯하여 납세보증보험증권이나 납세보증서도 납세담보의 하나로 규정하고 있을 뿐 납세담보를 납세의무자 소유의 재산으로 제한하고 있지 아니한 점 등을 종합하여 보면, **납세담보물에 대하여 다른 조세에 기한 선행압류가 있더라도 그 매각대금은 납세담보물에 의하여 담보된 조세에 우선적으로 충당하여야 하고, 그 납세담보물이 납세의무자의 소유가 아닌 경우라고 하여 달리 볼 것은 아니다.**

압류선착주의의 취지 및 강제집행절차에도 적용되는지 여부(대법원 2003. 7. 11. 선고 2001다83777 판결)

> **판례해설**
>
> 조세는 원칙적으로 **교부청구와** 선후에 관계 없이 동순위 사이에는 우선 관계가 없다고 할 것이지만, 1개의 부동산에 대하여 체납처분의 일환으로 압류가 행하여졌을 때 그 압류에 관계되는 조세는 국세나 지방세를 막론하고 교부청구한 조세보다 우선하고 이를 압류선착주의라고 한다. 대상판결에서는 이와 같은 <u>압류선착주의가 경매절차에도 그대로 적용된다는 점</u>을 확인하였다.
>
> 더 나아가 **압류선착주의는** 압류가 먼저 된 대로 우선하는 것이 아니라 압류와 교부청구 사이에는 압류가 우선한다는 의미일 뿐이고 이와

> 같은 이유로 1순위 압류가 된 이후 발생하는 2, 3순위 압류는 교부청구의 의미만 있을 뿐이므로 이들은 안분배당의 대상일 뿐이다. 즉 1, 2, 3순위 각자가 우선순위가 형성된다는 의미는 아니고 단지 1순위 압류권자가 2, 3순위보다 우선순위에 있을 뿐이라는 의미다.
>
> 그 외에도 **압류선착주의**는 "부동산 자체에 부과된 당해세와 그 가산금"에는 적용되지 않는다(대법원 2007. 5. 10. 선고 2007두2197 판결).

## 법원판단

강제집행절차에서의 압류선착주의의 적용에 관하여 국세기본법 제36조 제1항은 "국세의 체납처분에 의하여 납세자의 재산을 압류한 경우에 다른 국세, 가산금 체납처분비 또는 지방세의 교부청구가 있는 때에는 압류에 관계되는 국세, 가산금, 체납처분비는 교부청구한 다른 국세, 가산금, 체납처분비와 지방세에 우선하여 징수한다."라고 규정하고 있고, 지방세법 제34조 제1항은 "납세의무자 또는 특별징수의무자의 재산을 지방자치단체의 징수금의 체납처분에 의하여 압류하였을 경우에 다른 지방자치단체의 징수금 또는 국세의 교부청구가 있을 때에는 압류에 관계되는 지방자치단체의 징수금은 교부청구에 관계되는 다른 지방자치단체의 징수금 또는 국세에 우선하여 징수한다."라고 규정하여 조세의 징수에 있어서 이른바 압류선착주의(押留先着主義)를 채택하고 있는바, 그 취지는 다른 조세채권자보다 조세채무자의 자산 상태에 주의를 기울이고 조세 징수에 열의를 가지고 있는 징수권자에게 우선권을

**부여**하고자 하는 것이고, 이러한 압류선착주의의 입법 취지와, 이 사건과 같이 압류재산이 금전채권인 경우에 제3채무자가 그의 선택에 의하여 체납처분청에 지급하는지 집행법원에 집행공탁을 하는지에 따라 조세의 징수액이 달라지는 것은 부당하다는 점을 고려하여 보면, 압류선착주의는 조세가 체납처분절차를 통하여 징수되는 경우뿐만 아니라 구 민사소송법(2002. 1. 26. 법률 제6626호로 개정되기 전의 것)에 의한 강제집행절차를 통하여 징수되는 경우에도 적용되어야 할 것이다.

법정기일 판단 기준 / 종합부동산세와 농어촌특별세/ 가산금의 법정기일(대법원 2010. 12. 9. 선고 2010다70605 판결)

> **판례해설**
>
> 법정기일이 중요한 이유는 **조세와 저당권·전세권의 피담보채권(확정일자를 갖춘 임차인의 임차보증금 반환채권도 동일) 사이의 우선순위를 결정**하는 기준이기 때문이다. 즉 조세의 법정기일과 설정등기일 또는 확정일자를 기준으로 그 선후를 따져 배당이 이루어진다.
>
> 물론 조세는 다른 공과금 기타 채권에 우선하여 징수하기 때문에 법정기일보다 앞선 가압류가 있다고 하여도 조세채권이 일단 먼저 배당을 받는다.
>
> 대상판결은 이와 같은 기준 및 취지를 고려하여 각 세금의 법정기일을

다음과 같이 판시한 것이다.

① 종합부동산세와 농어촌특별세의 법정기일(=신고일) 및 종합부동산세 납부의무자가 과세표준과 세액을 신고한 후 이를 납부하지 아니하여 과세관청이 신고한 사항에 관하여 아무런 경정 없이 신고한 세액에 자진납부에 따른 공제 세액만을 합산한 세액을 납부하도록 고지한 경우 종합부동산세의 법정기일(=신고일) ② 가산금의 법정기일(=고지된 납부기한을 도과한 때)

### 법원판단

가. 국세기본법 제22조 제1항, 구 국세기본법 시행령(2007.2.28. 대통령령 제19893호로 개정되기 전의 것) 제10조의2, 구 종합부동산세법(2007. 1. 11. 법률 제8235호로 개정되기 전의 것) 제16조 제1항, 농어촌특별세법 제7조 제4항의 규정에 의하면, **종합부동산세와 이를 본세로 하는 농어촌특별세의 납세의무는 관할 세무서에 과세표준과 세액을 신고하는 때에 확정되는 것**이므로, 그 신고한 세액에 관하여는 국세기본법 제35조 제1항 제3호 (가)목의 규정에 따라 저당권 등의 피담보채권과의 우선순위를 결정하는 법정기일도 그 신고일이 된다.

한편 종합부동산세 납세의무자가 그 과세표준과 세액을 신고한 후 이를 납부하지 아니하여 과세관청이 신고한 사항에 관하여 아무런 경정 없이 신고한 세액에 자진납부에 따른 공제 세액만을 합산한 세액을 납부하도록 고지한 것은 확정된 조세의 징수를 위한 징수처분에 불과하므로, <u>그 고지한 세액의 법정기일은 여전히 납세의무자의 신고일</u>로 보아야 한다(대법원 2003.10.23. 선고 2002두5115 판결 등 참조).

가산금의 법정기일에 관하여는 국세기본법 제35조 제1항 제3호에 따로 정한 바가 없으나, 국세기본법 제2조 제5호와 국세징수법 제21조의 규정에 의하면, 국세를 납부기한까지 납부하지 아니하는 때에는 같은 법에 의하여 고지세액에 가산금을 가산하여 징수하도록 규정하고 있으므로, 가산금은 국세징수법 제9조 소정의 납세고지서에 의한 본세의 납부고지에서 고지된 납부기한까지 세금을 납부하지 아니하면 과세관청에 의한 별도의 확정절차 없이 위 규정에 의하여 당연히 발생하고 그 액수도 확정되는 것이고, 따라서 **가산금의 법정기일은 국세기본법 제35조 제1항 제3호 (다)목 의 규정을 유추하여 가산금 자체의 납세의무가 확정되는 때, 즉 납부고지에서 고지된 납부기한을 도과한 때**로 보아야 한다(대법원 2003.3.11. 선고 2002다74374 판결 참조).

양도소득세 세액에 관한 법정기준일(납부고지서 발송일)(대법원 2012. 8. 30. 선고 2010다88415 판결)

### 법원판단

구 국세기본법(2010. 1. 1. 법률 제9911호로 개정되기 전의 것, 이하 같다) 제35조 제1항 제3호 (가)목, (나)목, 제45조의3 제1항, 제3항, 구 소득세법(2006. 12. 30. 법률 제8144호로 개정되기 전의 것) 제114조 제1항의 규정 내용과 입법 취지를 종합하면, **양도소득세 납세의무자가 구 국세기본법 제45조의3 제1항에 따른 기한 후 과세표준신고서를 제출하더라도 납세의무는 관할세무서장이 양도소득과세표준과 세액을 결정하는 때에 비로소 확정되므로, 그 세액에 관한 '법정기일'은 기한 후 과세표준신고서의 제출일이 아니라 납부고지서의 발송일이라고 해석함이 타당**하다.

### 국세·지방세 채권의 배당요건 (대법원 2012. 5. 10. 선고 2011다44160 판결)

#### 판례해설

당해세란 매각 부동산 자체에 대하여 부과된 조세와 가산금을 의미한다. 예를 들면 경매에 붙여진 부동산 그 자체에 부과된 재산세는 당해세가 된다. 이와 같은 **당해세는 그 법정기일 전에 설정된 저당권 등으로 담보된 채권보다 우선하는 데 이를 "당해세 우선의 원칙"**이라 한다.

다만 당해세라고 하더라도 배당요구와 관련된 일반적 법리가 적용되기 때문에 대상판결에서 보는 바와 같이 배당요구 종기까지 배당요구(정확하게 교부청구)하지 않는다면 배당을 받을 수도 없고 배당이의 및 부당이득반환청구도 할 수 없다. 즉 **배당요구 종기까지 교부청구한 금액만을 배당**받을 뿐이다.

### 법원판단

[1] 집행력 있는 정본을 가진 채권자, 경매개시결정이 등기된 뒤에 가압류를 한 채권자, 민법·상법, 그 밖의 법률에 의하여 우선변제청구권이 있는 채권자는 배당요구종기까지 배당요구를 한 경우에 한하여 비로소 배당을 받을 수 있고, 적법한 배당요구를 하지 아니한 경우에는 실체법상 우선변제청구권이 있는 채권자라 하더라도 매각대금으로부터 배당을 받을 수 없으며, 배당요구종기까지 배당요구한 채권자라 할지라도 채권의 일부 금액만을 배당요구한 경우 배당요구종기 이후에는 배당요구하지 아니한 채권을 추가하거나 확장할 수 없고, 이는 추가로 배당요구를 하지 아니한 채권이 이자 등 부대채권이라 하더라도 마찬가지이다. 다만 경매신청서 또는 배당요구종기 이전에 제출된 배당요구서에 배당기일까지의 이자 등 지급을 구하는 취지가 기재되어 있다면 배당대상에 포함된다. 이러한 법리는 조세채권에 의한 교부청구를 하는 경우에도 동일하게 적용되므로, 조세채권이 구 지방세법(2010. 3. 31. 법률 제10221호로 전부 개정되기 전의 것) 제31조 제1항 및 제2항 제3호 에 따라 법정기일에 관계없이 근저당권에 우선하는 당해세에 관한 것이라고 하더라도, 배당요구종기까지 교부청구한 금액만을 배당받을 수 있을 뿐이다. 그리고 당해세에 대한 부대세의 일종인 가산금 및 중가산금의 경우에도, 교부청구 이후 배당기일까지의 가산금 또는 중가산금을 포함하여 지급을 구하는 취지를 배당요구종기 이전에 명확히 밝히지 않았다면, 배당요구종기까지 교부청구를 한 금액에 한하여 배당받을 수 있다.

[2] 국세징수법 제47조 제2항은 세무서장이 한 부동산등의 압류 효력은 당해 압류재산의 소유권이 이전되기 전에 국세기본법 제35조 제1항 의 규정에 의하여 법정기일이 도래한 국세에 대한 체납액에 대하여도 미친다고 규정하고 있는데, 위 규정의 취지는 <u>한번 압류등기를 하고 나면 그 이후에 발생한 동일인의 체납세액에 대하여도 새로운 압류등기를 거칠 필요 없이 당연히 압류 효력이 미친다는 것일 뿐이고, 압류에 의해 이후 발생하는 국세채권에 대하여 특별한 우선적 효력을 인정하는 것은 아닐 뿐 아니라, 압류 이후 배당기일까지 발생한 체납세액 전부에 대하여 교부청구 효력까지를 인정하는 취지 또한 아니다.</u> 따라서 국세체납처분에 의한 압류 등기 이후 매각기일까지 별도의 교부청구나 세액을 알 수 있는 증빙서류가 제출되지 아니하면 집행법원으로서는 일단 집행기록에 있는 압류등기촉탁서에 의하여 인정되는 조세체납액에 대해서 배당을 할 것이지만, 배당액이 압류처분의 원인이 된 조세채권의 압류 당시 실제 체납액을 초과하는 경우에는 초과액 부분은 후순위 배당권자의 배당이의 대상이 된다. 이 경우 체납처분에 의한 압류 효력이 미치는 다른 조세채권이 존재한다고 하더라도 배당요구의 종기까지 따로 교부청구를 하지 아니한 이상 그 체납조세채권으로 후순위 배당권자에 우선하여 배당받을 수는 없다.

## Ⅶ. 임차인과 관련된 배당이의

주택임차인이 배당받기 위한 기본적인 요건 및 우선변제권 발생시기(대법원 1999. 3. 23. 선고 98다46938 판결)

> **판례해설**
>
> 임차인은 주택임대차보호법상 대항력을 갖추기 위해서는 주택의 인도와 주민등록을 마쳐야 한다. 그리고 그와 같은 대항력은 주택의 인도와 주민등록을 갖춘 "다음날" 비로소 생기는데, 이처럼 굳이 "다음날"로 효력을 인정하는 이유는 **등기를 경료한 권리자를 임차인보다 우선**하고자 하는 취지이다.
>
> 대법원은 위와 같은 법리를 확인하면서 그 법리가 대항력뿐 아니라 우선변제권 순위를 결정하는 데에도 적용된다고 판시한 것이다.

**법원판단**

구 주택임대차보호법(1999. 1. 21. 법률 제5614호로 개정되기 전의 것. 이하 법이라고 한다) 제3조 제1항은 임대차는 그 등기가 없는 경우에도 임차인이 주택의 인도와 주민등록을 마친 때에는 그 익일부터 제3자에 대하여 효력이 생긴다고 규정하고 있고, 법 제3조의2 제1항 (1999. 1. 21. 법률 제5614호로 개정된 현행법에서는 제3조의2 제2항 )은 법 제3조 제1항의 대항요건과 임대차계약증서상의 확정일자를 갖춘 임차인은 경매 등에 의한 환가대금에서 후순위권리자 기타 채권자보다 우선하여 보증금을 변제받을 권리가 있다고 규정하고 있는바, **주택의 임차인이 주택의 인도와 주민등록을 마친 당일 또는 그 이전에 임대차계약증서상에 확정일자를 갖춘 경우 법 제3조의2 제1항 에 의한 우선변제권은 법 제3조 제1항 에 의한 대항력과 마찬가지로 주택의 인도와 주민등록을 마친 다음날을 기준**으로 발생한다(대법원 1998. 9. 8. 선고 98다26002 판결, 1997. 12. 12. 선고 97다22393 판결 등 참조).

원심판결 이유에 의하면, 원심은 판시 증거들을 종합하여 **원고가 1996. 9. 24. 소외 박귀현 소유의 이 ○○아파트에 대하여 판시 근저당권설정등기를 마친 사실과 피고가 같은 달 19. 박귀현으로부터 이 ○○아파트를 임차하여 그 임대차계약서에 확정일자를 갖추고 그 아파트를 인도받은 다음 위 근저당권설정등기일과 같은 날인 같은 달 24. 전입신고를 마친 사실을 인정**하고, 그 인정 사실에 의하면 피고는 전입신고를 마친 날의 다음날인 같은 달 25.에야 법 제3조의2 제1항 이 정하는 우선변제권을 취득하였으므로 그 전날인 같은 달 24. 근저당권설정등기를 마친 원고보다 후순위의 권리자라고 판단하였는바, 관련 증거를 기록과 대조하여 검토하여 보면 원심의 사실인정과 판단은 정당하고 여기에 사실오인이나 법리오해의 위법이 있다고 할 수 없다.

적법한 임대권한이 없는 자에 의하여 임차되었을 경우 주임법상 보호대상인지 여부(대법원 2014. 2. 27. 선고 2012다93794 판결)

> **판례해설**
>
> 주택임대차보호법이 만들어지기 전에는 임대차계약에 관하여 민법이 적용되었는바, 임대차계약 자체가 채권계약일 뿐이므로 임차인은 채권적 효력만을 가지고 있을 뿐이었다. 결국, 채권적 효력 즉 상대적 효력만 인정되는 임차인은 해당 건물의 소유자가 변경되면 보증금은 고사하고 속수무책으로 쫓겨날 수 밖에 없었던 사정 까닭에 주택임대차보호법이 생긴 것이다.
>
> 당연히 존재하지 않은 권리를 특별히 인정한 것이기 때문에 법원에서는 그 법 해석을 엄격하게 하여 실질적으로 사용수익하게 할 권리만 있다고 한다면 임대인으로서 지위가 인정되고 그 임대차 관계는 적법하다고 판시(대법원 2012. 7. 26. 선고 2012다45689 판결)한 바 있으나 본 대상판결에서는 그와 같은 태도와는 약간 상이하게 판시한 것이다.
>
> 다소 의아한 판례일 수는 있지만 주택임대차보호법의 취지 및 다른 배당권자를 고려하여 볼 때 이해가 될 수 있는 판결에 해당한다.

### 원심판단

원심은, 원고가 진정한 임차인임을 전제로, '**원고는 2007. 10. 23. 이 사건 주택에 대한 인도와 주민등록을 마침과 동시에 임대차계약증서**

상의 확정일자를 갖춤으로써 그 다음날인 2007. 10. 24. 00:00 주택임대차보호법 제3조의2 제2항에 의한 우선변제권을 취득하였으므로, 경매절차상 환가대금에서 2007. 10. 24. 근저당권설정등기를 마친 피고보다 우선하여 임대차보증금 3,000만 원을 변제받을 권리가 있다'고 판단하였다.

### 대법원 판단

그러나 원심의 위와 같은 판단은 다음과 같은 이유로 수긍하기 어렵다.

가. 주택임대차보호법이 적용되는 임대차가 임차인과 주택의 소유자인 임대인 사이에 임대차계약이 체결된 경우로 한정되는 것은 아니나, **적어도 그 주택에 관하여 적법하게 임대차계약을 체결할 수 있는 권한을 가진 임대인이 임대차계약을 체결할 것이 요구**된다(대법원 2008. 4. 10. 선고 2007다38908, 38915 판결 등 참조).

나. 그런데 원심판결 이유에 의하면, 원고는 종전 임의경매절차에서 최고가매수신고인의 지위에 있던 소외 1과 2007.10.13.이 사건 주택에 관한 임대차계약을 체결한 후, 같은 달 23일 종전 임차인 소외 2로부터 이 사건 주택을 인도받은 소외 1로부터 이 사건 주택을 인도받아 같은 날 전입신고를 마치고 임대차계약서에 확정일자를 받았으며, **소외 1이 같은 달 24일 매각대금을 완납하고 피고에게 근저당권설정등기를 마**

쳐준 사실은 알 수 있으나, 소외 1이 최고가매수신고인이라는 것 외에는 위 임대차계약 당시 적법한 임대권한이 있었음을 인정할 자료는 기록상 찾아볼 수 없다.

첫 경매개시결정 등기 전에 등기된 임차권자의 지위 / 배당요구 필요 없는 채권자(대법원 2005. 9. 15. 선고 2005다33039 판결)

판례해설

임차인이 주택임대차 보호법에 의거하여 우선변제를 받기 위해서는 당연히 배당요구를 하여야 하고 그렇지 않을 경우 배당을 받지도 못하고 부당이득반환청구도 할 수 없다. 더 나아가 주택임대차보호법상 소액임차인 역시 이와 동일한 법리가 적용된다.

대상판결은 임차인임에도 불구하고 임차권등기명령에 기하여 경매개시결정 등기 전에 이미 등기가 경료된 임차인에 관련된 사안이다.

통상 경매개시결정 등기 전 등기가 경료된 자들은 배당요구를 할 필요 없이 배당을 받을 수 있고 더불어 배당이의 및 부당이득반환청구를 할 수 있다. 대상판결은 경매개시결정 등기 전 임차인 등기가 된 자에 대하여도 이와 같은 법리가 적용될 수 있느냐의 여부에 관하여 판단한 것으로서 이미 등기가 경료된 임차인에 대하여는 이와 동일한 법리가 적용되고 따라서 굳이 배당요구가 없다고 하더라도 최우선변제권이 소멸하는 것은 아니라고 판단한 것이다.

배당요구가 필요 없는 채권자들은 대부분 경매개시 전 이미 등기된 자로서 그 지위가 명확하여 절차의 안정성을 해할 가능성의 크지 않다는 점에서 배당요구가 필요 없다고 인정한 취지를 고려하여 보면 이미 임차권등기가 되어있는 임차인은 더 이상 배당요구가 필요 없다고 판시한 대법원의 태도는 충분히 이해된다.

### 법원판단

주택임대차보호법 제3조의3 제5항은 "임차권등기명령의 집행에 의한 임차권등기가 경료되면 임차인은 제3조 제1항의 규정에 의한 대항력 및 제3조의2 제2항의 규정에 의한 우선변제권을 취득한다.

다만, **임차인이 임차권등기 이전에 이미 대항력 또는 우선변제권을 취득한 경우에는 그 대항력 또는 우선변제권은 그대로 유지되며, 임차권등기 이후에는 제3조 제1항의 대항요건을 상실하더라도 이미 취득한 대항력 또는 우선변제권을 상실하지 아니한다."라고 규정**하고 있고, 같은 법 제3조의5는 "임차권은 임차주택에 대하여 민사집행법에 의한 경매가 행하여진 경우에는 그 임차주택의 경락에 의하여 소멸한다.

다만, 보증금이 전액 변제되지 아니한 대항력이 있는 임차권은 그러하지 아니하다."라고 규정하고 있는바, 임차권등기명령에 의하여 임차권등기를 한 임차인은 우선변제권을 가지며, 위 임차권등기는 임차인으로 하여금 기왕의 대항력이나 우선변제권을 유지하도록 해 주는 담보적

기능을 주목적으로 하고 있으므로(대법원 2005. 6. 9. 선고 2005다4529 판결 참조), 위 임차권등기가 첫 경매개시결정등기 전에 등기된 경우, 배당받을 채권자의 범위에 관하여 규정하고 있는 민사집행법 제148조 제4호의 "저당권·전세권, 그 밖의 우선변제청구권으로서 첫 경매개시결정등기 전에 등기되었고 매각으로 소멸하는 것을 가진 채권자"에 준하여, 그 임차인은 별도로 배당요구를 하지 않아도 당연히 배당받을 채권자에 속하는 것으로 보아야 할 것이다.

임차인이 집행권원을 얻었을 경우 배당요구까지 필요한지 여부(대법원 2013. 11. 14. 선고 2013다27831 판결)

**판례해설**

대상판결은 <u>주택임대차보호법에 의하여 보호받은 임차인이 집행권원을 가지고 강제경매를 신청하는 경우 배당요구를 하지 않는다고 판시하였다.</u> 즉 주택임대차보호법상의 임차인은 배당요구를 하여야만 배당을 받을 수 있는 배당요구 채권자이지만, 배당요구는 하지 않고 단지 배당을 받을 수 있는 요건인 경매를 신청하는 경우에는 배당요구가 필요하지 않다는 것이다.

원심은 집행 절차의 안정성에 충실하게 해석하여 강제경매를 신청한 일반 채권자에 불과하고 더불어 배당요구를 하지 않았기 때문에 우선변제권의 보호를 받을 수 없다고 판시하였으나, **대법원은 현황조사서 등에**

> 이미 기재되었기 때문에 다른 배당권자도 충분히 인지하였을 것으로
> 판단하여 임차인에게 유리하게 판단한 것이다.

## 대법원 원심 지적 및 판단

주택임대차보호법상의 대항력과 우선변제권을 모두 가지고 있는 임차인이 보증금을 반환받기 위하여 보증금반환청구 소송의 확정판결 등 집행권원을 얻어 **임차주택에 대하여 스스로 강제경매를 신청**하였다면 **특별한 사정이 없는 한 대항력과 우선변제권 중 우선변제권을 선택하여 행사한 것으로 보아야 하고, 이 경우 우선변제권을 인정받기 위하여 배당요구의 종기까지 별도로 배당요구를 하여야 하는 것은 아니다.** 그리고 이와 같이 우선변제권이 있는 임차인이 집행권원을 얻어 스스로 강제경매를 신청하는 방법으로 우선변제권을 행사하고, 그 경매절차에서 집행관의 현황조사 등을 통하여 경매신청채권자인 임차인의 우선변제권이 확인되고 그러한 내용이 현황조사보고서, 매각물건명세서 등에 기재된 상태에서 경매절차가 진행되어 매각이 이루어졌다면, 특별한 사정이 없는 한 경매신청채권자인 임차인은 배당절차에서 후순위권리자나 일반채권자보다 우선하여 배당받을 수 있다고 보아야 할 것이다.

원심판결 이유와 기록에 의하면, 원고는 2008. 9. 10. 소외인으로부터 이 사건 주택을 보증금 8,000만원, 임대차기간 2008. 9. 10.부터 2010. 9. 10.까지로 정하여 임차하고, 같은 날 이 사건 주택의 인도와 주민등록을 마치고 임대차계약서에 확정일자를 받은 사실, 위 임대차

기간 만료 후 원고는 소외인을 상대로 대전지방법원 2011가단12689
호로 위 보증금 8,000만 원의 반환을 구하는 소를 제기하여 승소확
정판결을 받은 다음, 위 확정판결에 기하여 2011. 7. 6. 대전지방법원
2011타경13739호로 이 사건 주택에 대한 강제경매(이하 '이 사건 경매'
라 한다)를 신청하여 경매절차가 개시된 사실, 이 사건 경매절차에서
집행관이 작성한 부동산현황조사보고서에는 원고가 위와 같이 대항
요건과 확정일자를 갖춘 임차인이라는 내용이 기재되어 있고 원고의
주민등록표등본이 첨부되어 있으며, 경매법원이 작성하여 비치한 매
각물건명세서에도 동일한 내용이 기재되어 있는 사실, 이 사건 경매절
차에서 이 사건 주택은 9,100만 원에 매각되었고, 경매법원은 2012. 7.
4. 배당기일에서 위 매각대금에 전 경매보증금 등을 합한 배당할 금액
에서 집행비용을 공제한 실제 배당할 금액 96,695,691원 중 301,650원
을 조세채권자에게 우선 배당하고, 나머지 96,394,041원을 일반채권
자인 피고들과 경매신청채권자인 원고에게 채권액의 비율대로 안분
배당을 하여 원고에게 33,656,151원을 배당하는 내용의 배당표를 작
성하였으며, 이에 원고가 피고들의 배당액에 대하여 배당이의를 한 사
실을 알 수 있다.

위 사실관계를 앞서 본 법리에 비추어 보면, <u>원고는 보증금반환청구
소송의 승소확정판결을 집행권원으로 하여 이 사건 주택에 대한 강제
경매를 신청함으로써 주택임대차보호법상의 우선변제권을 선택하여
행사하였고, 원고가 대항요건과 확정일자를 갖춘 임차인이라는 내용</u>

**의 현황조사보고서와 매각물건명세서에 기재된 상태에서 이 사건 경매절차가 진행되어 이 사건 주택이 매각되었으므로, 경매법원으로서는 원고에게 일반채권자인 피고들보다 우선하여 배당을 실시**하였어야 할 것이다.

그럼에도 원심은 이와 달리, 원고가 배당요구의 종기까지 우선변제권 있는 임차인임을 소명하는 서류를 경매법원에 제출하지 아니하였다는 등의 이유만으로 배당과 관련하여 원고에게 일반채권자로서의 지위를 넘어 우선변제권이 있는 임차인의 지위를 인정할 수 없다고 잘못 판단하였으니, 이러한 원심의 판단에는 주택임대차보호법상 우선변제권에 관한 법리를 오해하여 판결 결과에 영향을 미친 위법이 있다. 이 점을 지적하는 취지의 상고이유 주장은 이유 있다.

임차인의 대항요건을 유지해야 하는 종기(=최종 경락기일)(대법원 2002. 8. 13. 선고 2000다61466 판결)

> **판례해설**
>
> 임차인은 원래 우선변제권도 없을 뿐만 아니라 집행권원이 없는 한 배당채권자도 될 수 없다. 그러나 입법자는 이와 같은 임차인의 처지를 고려하여 주택임대차 보호법이라는 법률을 만들었고 본 법의 요건에 충족하는 한 집행권원이 없더라도 대항력 및 우선변제권이라는 권리를 부여하였다.

> 대상판결은 그와 같은 권리를 언제까지 유지하고 있어야 비로소 배당을 받을 수 있느냐가 문제가 되었고 임차인 보호를 위해서 배당요구 종기가 아니라 아예 낙찰자의 최종 경락기일까지 유지하여야 한다고 판시하였다.

### 법원판단

달리 공시방법이 없는 주택임대차에 있어서 임차인이 주택임대차보호법에 의한 대항력과 우선변제권을 인정받기 위한 주택의 인도와 주민등록이라는 요건은 그 대항력 및 우선변제권의 취득시에만 구비하면 족한 것이 아니고 **경매절차의 배당요구의 종기인 경락기일까지 계속 존속**하고 있어야 하는데(대법원 1997. 10. 10. 선고 95다44597 판결), 처음의 경락허가결정이 취소되어 신경매를 하였거나 경락허가결정의 확정 후 최고가매수인이 경락대금을 납부하지 아니하여 재경매를 한 경우에 있어서, '배당요구의 종기인 경락기일'이라 함은 배당금의 기초가 되는 경락대금을 납부한 경락인에 대하여 경락허가결정을 한 마지막 경락기일을 말한다고 보아야 한다. 동일한 임차주택에 대하여 대항력을 가진 임차인이 중복하여 나타나거나 가장 임차인이 나타남으로 말미암아 경매절차의 다른 이해관계인들에게 피해를 주거나 경매절차의 진행을 방해하는 것을 방지하여야 할 필요성은 배당요구가 있을 수 있는 최종 시한인 마지막 경락기일까지 존재하는 것이기 때문이다.

그럼에도 불구하고, 원심은 주택의 인도와 주민등록이 존속되어야 할 종기로서의 경락기일은 재경매가 되기 전의 제1차 경락기일을 의미한다고 판단하였으니, 거기에는 주택임대차보호법상 소액임차인의 우선변제권의 요건에 관한 법리를 오해한 위법이 있다고 할 것이다.

임차인의 대항력 및 우선변제권 산정과 관련된 쟁점 (대법원 2013. 12. 12. 선고 2013다211919 판결)

### 판례해설

주택임대차보호법상 대항요건과 확정일자를 갖춘 임차인은 우선변제권과 제3자에 대한 대항력을 가지고 있고 이는 제3자에 대한 공시를 전제로 한다.

부동산 물권은 공시의 수단으로 등기부라는 최소한의 안전한 장치가 있으나 주임법의 임차인은 점유와 주민등록 자체를 통해 공시하므로 다소 불완전하고 주택임대차보호법 자체가 민법에서 인정되지 않은 권리들을 특별히 인정하는 법이기 때문에 어느 모로 보나 그 해석은 엄격해야 한다. 이와 같은 이유로 주택임대차보호법의 요건 중 하나라도 결여가 된다면 이후 그 요건이 모두 충족될 때 비로소 재차 그 순위 또는 대항력을 가지게 된다.

대상판결에서도 역시 임차인으로서 주택임대차보호법상 요청하는 모든 요건을 갖추기는 하였으나 <u>이전 임대차 계약서와 실질적으로 동일성이 상실되는 임대차 계약서가 작성되었다면 이는 새로운 계약서로</u>

> 보아야 하고 결국 새로운 계약을 체결한 때 비로소 임차권이 성립되었
> 다고 보아서 그 때부터 대항력과 우선변제권을 인정한 것이다.

### 법원판단

어떠한 목적물에 관하여 임차인이 상가건물임대차보호법상의 대항력 또는 우선변제권 등을 취득한 후에 그 목적물의 소유권이 제3자에게 양도되면 임차인은 그 새로운 소유자에 대하여 자신의 임차권으로 대항할 수 있고, 새로운 소유자는 종전 소유자의 임대인으로서의 지위를 승계한다(상가건물임대차보호법 제3조 제1항, 제2항, 제5조 제2항 등 참조). 그러나 임차권의 대항 등을 받는 새로운 소유자라고 할지라도 임차인과의 계약에 기하여 그들 사이의 법률관계를 그들의 의사에 좇아 자유롭게 형성할 수 있는 것이다. 따라서 새로운 소유자와 임차인이 동일한 목적물에 관하여 종전 임대차계약의 효력을 소멸시키려는 의사로 그와는 별개의 임대차계약을 새로이 체결하여 그들 사이의 법률관계가 이 새로운 계약에 의하여 규율되는 것으로 정할 수 있다. 그리고 그 경우에는 종전의 임대차계약은 그와 같은 합의의 결과로 그 효력을 상실하게 되므로, 다른 특별한 사정이 없는 한 이제 종전의 임대차계약을 기초로 발생하였던 대항력 또는 우선변제권 등도 종전 임대차계약과 함께 소멸하여 이를 새로운 소유자 등에게 주장할 수 없다고 할 것이다.

주임법상 보호받은 임차인이 임차보증금 반환채권을 양도한 경우 우선변제권의 향방(대법원 2010. 5. 27. 선고 2010다10276 판결)

판례해설

대법원은 주택임대차보호법의 입법목적으로서 주거용 건물에 관하여 민법에 대한 특례를 규정함으로써 국민의 주거생활의 안정을 보장하려는 것임을 가장 먼저 밝혔다. 즉 주택임대차보호법은 임차인이 건물에서 쫓겨나는 것을 방지하고 자신들의 최소한의 자금은 보증금을 받게 하려는 것이다. 그런데 문제는 이를 악용하는 상황이 종종 발생하고 있다는 것이다.

대상판결은 임차권은 그대로 있고 임차보증금만 양도되었을 경우 양수인이 임차인으로서 누릴 수 있는 권리를 행사할 수 있느냐의 문제인바 대법원은 임차권을 함께 양수하지 않은 이상은 임차보증금 채권은 양도되는 즉시 일반 채권에 불과하고 결국 우선배당은 커녕 배당을 받기 위해서는 집행권원까지 가지고 있어야 한다고 판시하였다.

생각건대, 본 대상판결에서는 굳이 주택임대차보호법의 취지를 들고 오지 않더라도 전세권 역시 전세권 등기는 그대로 둔 채 전세보증금반환채권만 양도된 경우 전세권 등기가 양도되지 않은 전세보증금반환채권은 일반채권에 불과하기 때문에 우선변제는 커녕 집행권원이 존재하여야 하고 해당 전세권은 피담보채권 부존재로 역시 무효에 해당한다는 법리만으로 충분히 해결될 수 있는 사안이라고 판단된다.

### 법원판단

1. 주택임대차보호법의 입법목적은 주거용 건물에 관하여 민법에 대한 특례를 규정함으로써 국민의 주거생활의 안정을 보장하려는 것이고, 주택임대차보호법 제3조 제1항에서 주택임대차는 그 등기가 없는 경우에도 임차인이 주택의 인도와 주민등록을 마친 때에는 그 익일부터 제3자에 대하여 효력이 생기며, 같은 법 제3조의2 제2항에서 제3조 제1항의 대항요건과 임대차계약서상의 확정일자를 갖춘 임차인에게 경매나 공매시 후순위권리자 기타채권자보다 우선하여 임차보증금을 변제받을 수 있도록 한 취지는, 사회적 약자인 주택임차인을 보호하려는 사회보장적 고려에서 나온 것이다.

이와 같은 주택임대차보호법의 입법목적과 주택임차인의 임차보증금반환채권에 우선변제권을 인정한 제도의 취지, 주택임대차보호법상 관련 규정의 문언 내용 등에 비추어 볼 때, 비록 **채권양수인이 우선변제권을 행사할 수 있는 주택임차인으로부터 임차보증금반환채권을 양수하였다고 하더라도 임차권과 분리된 임차보증금반환채권만을 양수한 이상 그 채권양수인이 주택임대차보호법상의 우선변제권을 행사할 수 있는 임차인에 해당한다고 볼 수 없다.**

따라서 위 채권양수인은 임차주택에 대한 경매절차에서 주택임대차보호법상의 임차보증금 우선변제권자의 지위에서 배당요구를 할 수 없고,이는 채권양수인이 주택임차인으로부터 다른 채권에 대한 담보 목적으로 임차보증금반환채권을 양수한 경우에도 마찬가지이다.

다만, 이와 같은 경우에도 채권양수인이 일반 금전채권자로서의 요건을 갖추어 배당요구를 할 수 있음은 물론이다.

대지와 건물이 일괄경매가 진행되는 경우 소액임차인의 권리행사 범위 (대법원 2010. 6. 10. 선고 2009다101275 판결)

> **판례해설**
>
> 대지에 이미 근저당을 설정한 이후 건물이 신축되었고 이에 건물에 관하여 또다시 저당권이 설정된 이후 임차권이 발생하였을 경우 이후 일괄경매를 통한 배당절차에서는, **건물 임차인은 건물에 대하여만 비로소 소액임차인의 지위에서 최우선 변제를 받을 수 있을 뿐 그 외 대지에 관하여는 최우선 변제권을 주장할 수 없다.** 이는 건물에 임차권을 가진 자가 대지까지 일괄경매 되는 경우 대지의 배당금에도 최우선 변제권이 적용된다는 판례와 배치되는 것처럼 보이나 대상판결은 대지에 관한 저당권이 설정될 당시 신축건물 자체가 없었던 경우이므로, 저당권자는 건물에 관한 소액임차인을 예상할 수 없었기 때문에 그와 같은 기대권은 당연히 보호되어야 한다는 관점에서 그와 같이 판시한 것으로 보인다.

### 법원판단

대지에 관한 저당권 설정 후에 비로소 건물이 신축되고 그 신축건물에 대하여 다시 저당권이 설정된 후 대지와 건물이 일괄 경매된 경우, 주택임대차보호법 제3조의2 제2항의 확정일자를 갖춘 임차인 및 같은 법 제8조 제3항 의 소액임차인은 대지의 환가대금에서는 우선하여 변제를 받을 권리가 없다고 하겠지만, 신축건물의 환가대금에서는 확정일자를 갖춘 임차인이 신축건물에 대한 후순위권리자보다 우선하여 변제받을 권리가 있고, 주택임대차보호법 시행령 부칙의 '소액보증금의 범위변경에 따른 경과조치'를 적용함에 있어서 **신축건물에 대하여 담보물권을 취득한 때**를 기준으로 소액임차인 및 소액보증금의 범위를 정하여야 한다.

주임법상의 임차인이 소액임차인의 지위도 겸하는 경우 배당방법(대법원 2007. 11. 15. 선고 2007다45562 판결)

> **판례해설**
>
> 주택임대차보호법에서는 대항요건과 확정일자를 갖춘 임차인에게 대항력과 우선변제적 효력을 주고 있지만 이에 더하여 소액임차인에 해당하는 경우에는 자신이 확정일자를 언제 갖추었느냐와 관계없이 시행령에서 인정하는 소액의 임차보증금을 반환받을 수 있다.

대상판결에서는 대항력과 확정일자를 갖춘 임차인이 소액임차인의 지위도 함께 가지고 있는 경우 배당을 어떻게 해야 하는지 여부에 관하여 판시한 것으로서 먼저 소액임차권에 기한 소액보증금을 배당하고 그 이후 순위에 기하여 배당을 해야 한다고 판단하였다.

원심에서는 임차인들 사이의 분쟁에서 공동 원고로 된 임차인이 또 다른 임차인에 대하여 배당이의를 하고 허위 임차권임을 기화로 피고의 배당금이 공동원고에게 평등배당 되었는바, 대법원은 그러한 경우에 먼저 소액 금액을 배당하고 나머지 금액에 관하여 공동 원고들 사이에 누가 먼저 확정일자를 받았는지 여부를 검토하여 배당하였어야 한다고 지적한 것이다.

### 원심판단

원심은, 그 채용 증거들을 종합하여 판시와 같은 사실을 인정한 다음, 소외 1(2005. 3. 1. 사망하여 피고 2, 3이 동인의 재산을 상속하였다)은 소외 2 소유의 이 사건 다가구주택의 일부를 실제로 임차하였다고 보이지 아니하고, 위 다가구주택에 관한 부동산 임의경매절차에서 배당을 받기 위한 목적으로 허위의 임대차계약을 체결한 가장 임차인으로 봄이 상당하므로, 소외 1이 정당한 소액임차인임을 전제로 소외 1에게 1,400만 원을 배당하는 것으로 작성된 이 사건 배당표는 부당하다고 판단한 후, 소외 1에 대한 위 1,400만 원의 배당액을 삭제하여 동순위의 임차보증금채권자들인 원고 및 원심 공동원고 2(이하 원심 공동원고의 표시는 생략한다)에게 각 미배당 채권액에 비례하여 안분배당하여야 한다고 보아, 소외 1에 대한 배당액 중 4,421,052원[소외 1의 배당삭제액 1,400만 원 × 6/19(각 미배당 채권액으로서 원고의 600만 원과 공동 원고 2의 1,300만 원의 합계액 1,900만 원 중 원고의 미배당 채권액 해당 비율)]을 원고에게 배당하는 것으로 배당표를 경정하였다.

### 대법원 판단

그러나 원심의 위와 같은 판단 중, 원고와 공동 원고 2을 동순위의 채권자라고 본 것은 다음과 같은 이유로 수긍하기 어렵다.

주택임대차보호법 제3조의2 제2항은 대항요건(주택인도와 주민등록 전입신고)과 임대차계약증서상의 확정일자를 갖춘 주택임차인은 후순위권리자 기타 일반채권자보다 우선하여 보증금을 변제받을 권리가 있음을 규정하고 있는바, 이는 그와 같은 주택임차인에게 부동산 담보권에 유사한 권리를 인정한다는 취지로서(대법원 1992. 10. 13. 선고 92다30597 판결 등 참조), 이에 따라 **대항요건과 확정일자를 갖춘 임차인들 상호간에는 대항요건과 확정일자를 최종적으로 갖춘 순서대로 우선변제 받을 순위를 정**하게 되므로, 만일 대항요건과 확정일자를 갖춘 임차인들이 주택임대차보호법 제8조 제1항 에 의하여 보증금 중 일정액의 보호를 받는 소액임차인의 지위를 겸하는 경우, 먼저 소액임차인으로서 보호받는 일정액을 우선 배당하고 난 후의 나머지 임차보증금채권액에 대하여는 대항요건과 확정일자를 갖춘 임차인으로서의 순위에 따라 배당을 하여야 하는 것이다.

그렇다면 원심으로서는, **집행법원이 원고와 공동 원고 2에게 소액임차인에 대한 최우선변제로서 각 1,400만원을 우선 배당하고 난 각 나머지 임차보증금 채권액인 원고의 600만 원과 공동 원고 2의 1,300만 원에 대하여, 원고와 공동 원고 2이 각 대항요건과 확정일자를 최종적으로 갖춘 때가 언제인지를 심리하여 그 선후에 따라 우선변제의 순위를 가리고**, 이에 따라 원고가 공동 원고 2보다 선순위일 경우 소외 1에 대한 배당액 중 600만 원을 먼저 삭제하여 원고의 나머지 임차보증금 채권액에 배당하는 것으로 **배당표를 경정**하였어야 함에도 불구하고, 그 판시와 같이 원고와 공동 원고 2이 동순위의 임차보증금채권자들이라는 이유로 원고에게 4,421,052원만을 배당하는 것으로 배당표를 경정하였는바, 이러한 원심판결에는 확정일자부 임차인의 임차보증금반환채권의 우선순위에 관한 법리를 오해하여 원고와 공동 원고 2의 우선변제 순위의 선후에 관한 심리를 다하지 아니한 위법이 있고, 이러한 위법은 판결에 영향을 미쳤음이 분명하다.

악의의 소액임차인 배당 가능성 (대법원 2013. 12. 12. 선고 2013다62223 판결)

### 판례해설

주택임대차보호법 제8조 제1항에 의하면 소액임차인은 경매절차에서 일정 금액에 한하여 최우선변제권을 가진다. 이처럼 입법이 된 이유는 국민의 주거생활 안정 및 특별히 임차인의 보증금 중 일부가 생존을 유지하는데 필수적인 금원이라는 점을 고려하였기 때문이다.

문제는 그와 같은 소액임차인 제도를 악용하는 사람들이 있고 이에 대하여 법원은 다양한 법리를 동원하여 그와 같은 주장을 배척하고 있다.

즉 법원에서는 위 주장을 배척하기 위해 대체로 임차권 설정 자체가 주임법의 취지에 반한다거나 통정허위 표시라거나 그 외 사해행위라고 하여 그 계약을 인정하지 않은 추세이고 그 대표적인 사실관계는 ① **경매진행에 임박한 시점에서 임차권을 설정한 사실,** ② **임차인과 임대인 사이에 친인척 관계 또는 친밀한 관계,** ③ **보증금이 시세보다 현저히 저렴한 경우,** 그 외 대상판결처럼 ④ **잔금지급기일보다 현저하게 먼저 주택을 인도받았을 경우 등**으로, 이러한 경우 소액임차인 계약의 효력을 부정(사해행위이든 통정허위표시를 근거로 하든)하고 있는 경향이 있다.

### 법원판단

甲이 아파트를 소유하고 있음에도 공인중개사인 남편의 중개에 따라 근저당권 채권최고액의 합계가 시세를 초과하고 경매가 곧 개시될 것으로 예상되는 아파트를 소액임차인 요건에 맞도록 시세보다 현저히 낮은 임차보증금으로 임차한 다음 당초 임대차 계약상 잔금지급기일과 목적물인도기일보다 앞당겨 보증금 잔액을 지급하고 전입신고 후 확정일자를 받았는데, 그 직후 개시된 경매절차에서 배당을 받지 못하자 배당이의를 한 사안에서, 甲은 소액임차인을 보호하기 위하여 경매개시결정 전에만 대항요건을 갖추면 우선변제권을 인정하는 주택임대차보호법을 악용하여 부당한 이득을 취하고자 임대차계약을 체결한 것이므로 주택임대차보호법의 보호대상인 소액임차인에 해당하지 않는다고 본 원심판단을 수긍한 사례.

## Ⅷ. 근로자의 우선변제권

우선변제권이 인정되는 근로기준법 제37조 제2항 제1호 소정의 '최종 3월분의 임금'의 의미(대법원 2002. 3. 29. 선고 2001다83838 판결)

> 판례해설
>
> 상여금은 근로기준법 제37조 제2항 1호에서 규정하는 최종 3월분의 임금에 해당하고 다만 1년 기간의 총액을 12로 나누어 계산된 금액을 최종 3월분의 임금으로 고려된다.
>
> 대상판결에서 원심은 위 상여금을 전혀 고려하지 않고 배당액을 산정하였고 이에 임금채권자들은 배당 사이에 최종 3개월 동안 구정과 연말 상여금이 포함되어야 한다고 배당이의를 하였으나 상여금은 일단 임금에 포함되지 않는다는 이유로 기각판결을 선고하였다. 대법원에서는 상여금도 근로기준법의 임금에는 포함되나 단지 3개월분 임금을 고려할 때는 우연한 기회에 상여금 지급 시기가 맞물림으로 인하여 임의로 지급될 우려가 있음을 고려하였고, 이에 상여금은 임금에 포함되지만 그렇다고 하여 연말과 구정 사이의 모든 금액이 상여금이라고 판단되지는 않는다고 판시하였다.
>
> 결국, 본 대상판결의 취지는 2012다94643 판결을 그대로 이어받은 것으로서, 통상 임금에 해당하는 금전은 고정적으로 지급되는 것이어야 하는바, 이는 퇴직금 산정의 전제로서도 고려된 것이다.

## 법원판단

[1] 근로기준법 제37조 제2항 은 근로자의 최종 3월분의 임금 채권, 최종 3년간의 퇴직금 채권, 재해보상금 채권은 사용자의 총재산에 대하여 질권 또는 저당권에 의하여 담보된 채권, 조세, 공과금 및 다른 채권에 우선하여 변제되어야 한다고 규정하고 있는바, **위 규정상의 최종 3월분의 임금 채권이란 최종 3개월 사이에 지급사유가 발생한 임금 채권을 의미하는 것이 아니라, 최종 3개월간 근무한 부분의 임금 채권**을 말한다.

[2] 구정, 추석, 연말의 3회에 걸쳐 각 기본급의 일정비율씩 상여금을 지급받고 그 상여금이 근로의 대가로 지급되는 임금의 성질을 갖는 경우, 근로기준법 소정의 우선변제권이 인정되는 상여금은 퇴직 전 최종 3개월 사이에 있는 연말과 구정의 각 상여금 전액이 아니라 퇴직 전 최종 3개월의 근로의 대가에 해당하는 부분이라고 한 사례.

최종 3개월분 임금에 그에 대한 지연손해금 채권에도 인정되는지 여부 (대법원 2000. 1. 28. 자 99마5143 결정)

> **판례해설**
>
> 대상판결은 배당과 관련된 판례 가운데 근로자에게 유일하게 불리한 판례이다. 그만큼 근로관계 채권에 관하여 법원은 근로자에 대하여 관대

한 편이다.

본 대상판결에서는 근로관계 채권에 관하여 최우선변제권을 인정하는 취지를 설시한 뒤 이와 같은 최우선변제권의 인정으로 인하여 피해를 받는 또 다른 채권자가 존재하고 더불어 규정 자체에서도 원금과 이자는 별도로 규정하고 있음을 전제한 뒤 근로자의 임금채권 중 지연이자 부분은 최우선변제권에 포함되지 않는다고 판시하였다.

생각건대, 배당절차는 첨예한 이해관계자의 대립이 있다는 점, 근로자역시 그 이해관계자 중 하나라는 점, 근로자 보호를 위한 위와 같은 특칙의 적용 범위는 가급적 엄격하게 해석하여야 한다는 점을 고려한다면 법원의 판단은 타당하다고 보인다.

### 법원판단

1. 근로기준법 제37조 제2항에 의하면, 근로관계로 인한 채권 중 최종 3월분의 임금, 최종 3년간의 퇴직금, 재해보상금의 채권은 사용자의 총재산에 대하여 질권 또는 저당권에 의하여 담보된 채권, 조세·공과금 및 다른 채권에 우선하여 변제되어야 한다고 규정하고 있는바, 위와 같은 임금 등 채권의 최우선변제권은 근로자의 생활안정을 위한 사회정책적 고려에서 담보물권자 등의 희생 아래 인정되고 있는 점, 민법 제334조, 제360조 등에 의하면 공시방법이 있는 민법상의 담보물권의 경우에도 우선변제권이 있는 피담보채권에 포함되는 이자 등 부대채권 및 그 범위에 관하여 별도로 규정하고 있음에 반하여, 위 근로기준법의 규

정에는 최우선변제권이 있는 채권으로 원본채권만을 열거하고 있는 점 등에 비추어 볼 때, 임금 등에 대한 지연손해금 채권에 대하여는 최우선변제권이 인정되지 않는다고 봄이 상당하다 할 것이다.

위와 같은 취지에서, **이 사건 강제경매의 목적 부동산에 설정된 원심 판시 각 근저당권의 피담보채권이 경매신청채권자인 재항고인 등의 임금에 대한 지연손해금 채권에 우선한다고 본 원심의 판단은 정당**하고, 거기에 재항고이유로 주장하는 바와 같은 지연손해금에 관한 법리오해나 판례위반 등의 위법이 있다고 할 수 없다.

근로관계 채권을 가지고 가압류한 경우 그 소명 기한(=배당표 확정 전까지) (대법원 2004. 7. 22. 선고 2002다52312 판결)

> **판례해설**
>
> 배당받을 수 있는 채권자들 중에서 최우선변제권을 가지고 있으나 배당요구를 해야만 배당을 받을 수 있는 채권자들은 **배당요구 종기까지 배당요구**를 하여야만 한다. 그렇지 않다면 법에서 **특별히 인정한 우선변제권이 인정되지 않는다**. 그리고 임금채권자 역시 여기 **최우선변제권을 가지 채권자**에 해당한다.
>
> 한편 경매개시 전 가압류 등기를 경료한 채권자는 배당요구가 필요 없는 채권자이고 따라서 배당요구가 없더라도 배당받을 수 있고 배당이의

를 할 수 있으며 부당이득반환청구도 가능하다.

대상판결은 배당요구가 필요한 우선변제효를 가진 채권자이기는 하지만 가압류 등기를 가진 자인바 **대법원은 가압류 등기된 근로채권에 관하여는 가압류 등기의 법리를 적용하여 임금채권자에게 다소 유리하게 해석**하였다.

## 판결 요지

[1] 법원은 경매기일과 경락기일을 이해관계인에게 통지하여야 하는 바{구 민사소송법(2002. 1. 26. 법률 제6626호로 전문 개정되기 전의 것) 제617조 제2항}, 여기서 **이해관계인이라 함은 압류채권자와 집행력 있는 정본에 의하여 배당을 요구한 채권자, 채무자 및 소유자, 등기부에 기입된 부동산 위의 권리자, 부동산 위의 권리자로서 그 권리를 증명한 자**( 같은 법 제607조 )를 말하는 것이고, 경매절차에 관하여 사실상의 이해관계를 가진 자라 하더라도 위 조항에서 열거한 자에 해당하지 아니한 경우에는 경매절차에 있어서의 이해관계인이라고 할 수 없으므로, 가압류를 한 자는 위 조항에서 말하는 이해관계인이라고 할 수 없다.

[2] 근로기준법에 의하여 우선변제청구권을 갖는 임금채권자라고 하더라도 임의경매절차에서 배당요구의 종기까지 배당요구를 하여야만 우선배당을 받을 수 있는 것이 원칙이나, **경매절차개시 전의 부동산 가압류권자는 배당요구를 하지 않았더라도 당연히 배당요구를 한 것과**

동일하게 취급하여 설사 그가 별도로 채권계산서를 제출하지 아니하였다 하여도 배당에서 제외하여서는 아니되므로, 민사집행절차의 안정성을 보장하여야 하는 절차법적 요청과 근로자의 임금채권을 보호하여야 하는 실체법적 요청을 형량하여 보면 근로기준법상 우선변제권이 있는 임금채권자가 경매절차개시 전에 경매 목적 부동산을 가압류한 경우에는 배당요구의 종기까지 우선권 있는 임금채권임을 소명하지 않았다고 하더라도 배당표가 확정되기 전까지 그 가압류의 청구채권이 우선변제권 있는 임금채권임을 소명하면 우선배당을 받을 수 있다.

[3] 근로기준법상 우선변제권이 있는 임금채권자가 경매절차개시 전에 경매 목적 부동산을 가압류하고 배당표가 확정되기 전까지 그 가압류의 청구채권이 우선변제권 있는 임금채권임을 소명하였음에도 경매법원이 임금채권자에게 우선배당을 하지 아니한 채 후순위 채권자에게 배당하는 것으로 배당표를 작성하고 그 배당표가 그대로 확정된 경우에는 배당을 받아야 할 자가 배당을 받지 못하고 배당을 받지 못할 자가 배당을 받은 것으로서 배당에 관하여 이의를 한 여부 또는 형식상 배당절차가 확정되었는가의 여부에 관계없이 배당을 받지 못한 임금채권자는 배당을 받은 후순위 채권자를 상대로 부당이득반환청구권을 갖는다.

근로관계 채권이 발생하기 전에 이미 담보권이 설정된 경우 우선순위(대법원 2011. 12. 8. 선고 2011다68777 판결)

### 판례해설

담보물권의 기본 취지는 담보물권을 설정할 당시 담보물권보다 먼저 형성되어 있는 다른 담보권을 해하지 않은 범위 내에서만 배당이 인정되기 때문에 우선순위를 고려하여 담보가액을 결정하여야 하는바, 이와 같은 이유로 자신보다 후에 발생한 사유에 의하여 담보물권자의 기대권이 침해될 수 없다.

그런데 대상판결에서는 사용자가 자신이 사용자의 지위를 가지기 이전에 이미 담보물권을 가지고 있었던 담보물권자보다 그 이후에 발생한 임금채권자를 우선하는 판결이기 때문에 그 타당성이 문제 될 수 있다.

그러나 이는 정책적인 문제로서 임금채권의 우선순위를 결정하기 전에 근로자의 지위를 취득한 시기를 고려하여야 하느냐 여부가 문제가 될 수 있으나 <u>근로기준법 제38조 제2항의 취지 자체가 근로자의 최저 생활 보장을 고려하고자 하는 공익적 성격을 지니고 있다는 점 및 그 범위가 제한적이라는 점, 담보물권자 역시 이와 같은 법적 지위 즉 자신보다 후에 근로자의 지위를 취득하였으나 근로자 보호를 위하여 부동산에 있어서 최우선 순위로 인정된다</u>는 점을 고려하여 본다면 대상판결은 크게 부당하다고 보이지 않는다.

법원판단

근로기준법 제38조 제2항 은 근로자의 최저생활을 보장하고자 하는 공익적 요청에서 일반 담보물권의 효력을 일부 제한하고 최종 3개월분의 임금과 재해보상금에 해당하는 채권의 우선변제권을 규정한 것이므로, 합리적 이유나 근거 없이 그 적용대상을 축소하거나 제한하는 것은 허용되지 아니한다. 그런데 근로기준법 제38조 제2항은 최종 3개월분의 임금 채권은 같은 조 제1항에도 불구하고 사용자의 총재산에 대하여 질권 또는 저당권에 따라 담보된 채권에 우선하여 변제되어야 한다고 규정하고 있을 뿐, 사용자가 그 사용자 지위를 취득하기 전에 설정한 질권 또는 저당권에 따라 담보된 채권에는 우선하여 변제받을 수 없는 것으로 규정하고 있지 아니하므로, 최종 3개월분의 임금 채권은 사용자의 총재산에 대하여 사용자가 그 사용자 지위를 취득하기 전에 설정한 질권 또는 저당권에 따라 담보된 채권에도 우선하여 변제되어야 한다.

**판례는 사용자가 재산을 특정승계 취득하기 전에 설정된 담보권에 대하여는 최종 3개월분의 임금 채권의 우선변제권을 인정할 수 없다는 견해**를 취하고 있으나(대법원 1994. 1. 11. 선고 93다30938 판결, 대법원 2004. 5. 27. 선고 2002다65905 판결 등 참조), 이는 담보권자가 담보권설정자가 아닌 담보목적물 양수인이 지는 부담에 의하여 담보권을 침해당할 수 없음에 근거한 것이므로, **담보권이 설정된 재산이 이전되지**

아니하고 단지 사용자 지위의 취득시기가 담보권 설정 후인 이 사건에 위 판례가 원용될 수는 없다.

따라서 이와 달리 사용자가 재산을 특정승계 취득하기 전에 설정된 담보권에 관한 위 판례 등을 근거로 피고가 대위행사하는 최종 3개월분의 임금 채권은 소외인이 대명산업의 사용자가 되기 전에 설정한 이 사건 근저당권에 따라 담보된 채권에 대하여 우선변제권을 가질 수 없다고 판단한 원심판결에는 근로기준법 제38조 제2항의 우선변제권에 관한 법리를 오해한 위법이 있다. 이를 지적하는 상고이유의 주장은 이유 있다.

## IX. 기타 쟁점과 관련된 판례

이중경매개시결정 이후 선행 경매신청이 취하등 되었을 경우 선행 경매절차에서 신청한 처분 금지효가 그대로 유지되는지 여부(소극) (대법원 2014. 1. 16. 선고 2013다62315 판결)

> 판례해설
>
> 민사집행법에서는 이중경매신청과 관련하여 제87조 제1항, 제2항에서 규정하고 있고 그 내용은 경매개시결정을 한 경매 신청이 취하되거나 그 절차가 취소된 때에는 법원은 제91조 제1항의 규정에 어긋나지 아니하는 한도 안에서 후행 경매개시결정에 따라 절차를 계속 진행하여야 한다고 되어있다.
>
> 문제는 이와 같은 이중경매신청 이후 선행 경매가 취하되었을 경우 선행경매절차에서 이루어진 절차 중 어느 부분이 인정될 것인지 여부이다. 원심판결에서는 선행 경매에 의하여 압류의 처분금지효에 저촉된 등기를 포함하고 있었으나 법원에서는 선행경매에서 배당요구를 한 채권자는 선행 경매절차가 취소되었다고 하더라도 재차 배당요구를 할 필요가 없고 다만 선행 경매의 압류 처분금지효에 반하는 근저당설정은 압류의 처분금지효를 발생시키는 선행 경매가 취소되었기 때문에 더이상 불안전한 상태로 존속하는 것이 아니라 완전히 유효한 효력을 발생시킬 수 있다고 판시하였다.

### 법원판단

1. 강제경매 또는 담보권 실행을 위한 경매개시결정을 한 부동산에 대하여 저당권설정등기가 이루어지고 그 후 다른 채권자로부터 또다시 강제경매신청이 있어 이중경매개시결정을 한 경우에 선행 경매신청이 취하되거나 그 절차가 취소되어 법원이 민사집행법 제91조제1항 의 규정에 어긋나지 아니하는 한도 안에서 후행 경매개시결정에 따라 경매절차를 계속 진행하는 때에는 위 저당권설정등기는 후행 경매개시결정에 의한 압류에 대항할 수 있다. 한편 위와 같이 이중경매개시결정 후 선행 경매신청이 취하되거나 그 절차가 취소된 때에는 후행 경매신청인을 위하여 그때까지 진행되어 온 선행 경매절차를 인계하여 당연하게 경매절차를 속행하여야 하고, **선행 경매절차의 결과는 후행 경매개시결정에 따른 경매절차에 유효한 범위에서 그대로 승계되어 이용**된다(대법원 1980.2.7.자 79마417결정 , 대법원 2001.7.10.선고 2000다66010판결 등 참조). 다만 민사집행법 제87조 제3항 은 후행경매개시결정에 따라 경매절차를 계속 진행하는 경우 후행 경매개시결정이 선행 경매절차의 배당요구 종기 이후의 신청에 의한 것인 때에는 배당요구의 종기를 새로 정하여야 하고, 이때 선행 경매절차에서 배당요구를 한 사람에 대하여는 다시 배당요구의 종기를 고지하지 아니한다고 규정하고 있는데, **이는 선행 경매절차에서 배당요구를 한 채권자에 대하여는 후행 경매절차가 진행되는 경우 다시 배당요구를 하지 않아도 후행 경매절차에서 배당요구를 한 것으로 취급하겠다는 의미일 뿐이고**, 선행 경매절차에

서 한 배당요구의 효력이 후행 경매절차에서 인정된다고 하여 그러한 배당요구의 효력에 대상 부동산에 대한 처분금지효 등 압류의 일반적인 효력이 포함된다는 뜻은 아니다.

배당을 받을 수 있는 이중 압류 신청 기한 / 민사집행법 제215조 제1항에 정한 '매각기일에 이르기 전'의 의미(=실제로 매각이 된 매각기일에 이르기 전) (대법원 2011. 1. 27. 선고 2010다83939 판결)

판례해설

유체동산 이중 압류의 기한에 관하여 **민사집행법 제215조에서는** "유체동산을 압류하거나 가압류한 뒤 매각기일에 이르기 전"까지로 규정되어 있는바 여기에서 의미하는 "매각기일"이라는 시기가 과연 배당요구 종기인 1회 매각기일인지 아니면 실재 매각기일인지 해석상 여지가 있었다.

유체동산이 아닌 강제경매절차에서의 이중경매 시한과 관련하여서는 명시적으로 제한하고 있지 않고 단지 제87조 제3항에서 "경매개시결정이 배당요구 종기 이후의 신청에 의한 것인 때"라고 표현함으로써 최소한 1회 매각기일 전은 아니라고 판단되고 있다.

위에서 보는 바와 같이 유체동산의 이중 압류신청의 시기가 중요한 이유는 배당요구 종기를 놓친 채권자로서는 해당 경매절차에서 배당을 받기 위해서는 이중경매를 신청하여야 하고 결국 이중경매를 신청할 수 있는 기한이 중요하기 때문이다.

이에 원심에서는 1회 매각기일 전이라고 판시하였으나 대법원은 부동산과 채권에 대한 이중압류는 배당요구의 종기(終期)와 관계없이 매각대금 완납, 즉 제3채무자의 공탁 또는 지급 등 집행대상 재산이 채무자의 책임재산에서 벗어날 때까지 가능한 것으로 폭넓게 인정되고 있고 유체동산 매각절차에서는 매각 또는 입찰기일에 매수 허가 및 매각대금 지급까지 아울러 행해짐이 배당요구를 하지 못한 채권자 보호라는 이중경매 신청의 취지에 비추어 볼 때, 실재 매각기일 전이라고 해석하였다.

### 법원판단

민사집행법 제215조 제1항은 "유체동산을 압류하거나 가압류한 뒤 매각기일에 이르기 전에 다른 강제집행이 신청된 때에는 집행관은 집행신청서를 먼저 압류한 집행관에게 교부하여야 한다."고 규정하고 있는데, 부동산과 채권에 대한 이중압류는 배당요구의 종기(終期)와 관계없이 매각대금 완납, 제3채무자의 공탁 또는 지급 등 집행대상 재산이 채무자의 책임재산에서 벗어날 때까지 가능한 것으로 폭넓게 인정되고 있고(대법원 1972.6.21.자 72마507결정, 대법원 1978.11.15.자 78마285결정 등 참조), 유체동산 매각절차에서는 매각 또는 입찰기일에 매수 허가 및 매각대금 지급까지 아울러 행해짐이 원칙인 점(민사집행규칙 제149조 제1항, 제151조)에 비추어 볼 때, **위 민사집행법 제215조 제1항에서 '매각기일에 이르기 전'이라 함은 '실제로 매각이 된 매각기일에 이르기 전'을 의**

미하는 것으로서 그때까지의 이중압류는 허용된다고 봄이 상당하다. 더군다나 동산집행절차에서 이중압류는 우선 변제청구권이 없는 일반 채권자가 배당에 참가할 수 있는 유일한 방법인 점, 우선변제청구권이 있는 채권자의 배당요구의 종기가 집행관이 매각대금을 영수한 때 등으로 정해져 있는 점(민사집행법 제220조 제1항)등에 비추어 보더라도, 앞서 본 법리와 달리 민사집행법 제215조 제1항의 '매각기일'을 '첫 매각기일'로 해석하여 이중압류의 종기를 앞당기는 것은 바람직하지 않다.

최선순위 배당/ 민사집행법 제53조 제1항에서 정한 '강제집행에 필요한 비용'의 범위(대법원 2011. 2. 10. 선고 2010다79565 판결)

### 판례해설

채권자가 강제집행을 신청하는 경우 '**강제집행에 필요한 비용**'은 채권확보를 위하여 필수적이고 다른 모든 채권자를 위한 비용이라는 점을 고려하여 <u>**민사집행법 제53조 제1항에서는 매각대금 중 최우선 변제를 인정**</u>하고 있다. 대상판결은 이에 관한 인정 범위와 관련된 사건이다.

대상판결에서는 이보다 더하여 강제집행의 전제가 된 본안사건 비용까지 모두 집행비용에 포함될 수 있는지가 문제 되었다. 즉 본안사건 자체가 사해행위 취소 소송이고 사해행위 취소 소송의 기본 원칙은 모든 채권자를 위하여 필요한 소송이기 때문에 원심과 같이 판단할 수 있으나 앞에서 언급한 바와 같이 **어떠한 특정 부동산에 관한 실제 집행 절차 즉 여**

러 채권자들이 (당장의) 집행이 가능하도록 환경을 조성한 신청 비용은 해당 부동산 채권자들에게 실질적 만족을 주는 비용이고 더불어 본안사건과 집행 사건은 전혀 별개의 절차일 뿐이다. 더욱이 본안사건이 모든 채권자를 위한 신청이 그 취지인 사해행위소송이라고 하더라도 본안소송이 종료되고 그 부동산에 실재 집행이 들어가는 것 또한 별개의 문제이기 때문에 본안사건의 소송비용까지 우선변제 형식으로 배당을 받는 것은 다른 채권자를 해하는 것이므로 인정하지 않은 것이 타당하다고 본다.

### 법원판단

[1] 강제집행에 필요한 비용은 채무자가 부담하고 그 집행에 의하여 우선적으로 변상을 받는다(민사집행법 제53조 제1항). 집행비용은 집행권원 없이도 배당재단으로부터 각 채권액에 우선하여 배당받을 수 있다. 여기서 집행비용이란 각 채권자가 지출한 비용의 전부가 아니라 배당재단으로부터 우선변제를 받을 집행비용만을 의미하며, 이에 해당하는 것으로서는 당해 경매절차를 통하여 모든 채권자를 위하여 체당한 비용으로서의 성질을 띤 집행비용(공익비용)에 한한다. 집행비용에는 민사집행의 준비 및 실시를 위하여 필요한 비용이 포함된다.

[2] <u>사해행위취소 소송에 의하여 사해행위의 목적이 된 재산이 채무자의 책임재산으로 원상회복되고 그에 대한 강제집행절차가 진행된 사안</u>에서,사해행위취소 소송을 위하여 지출한 소송비용, 사해행위취소

를 원인으로 한 말소등기청구권 보전을 위한 부동산처분금지가처분 비용, 사해행위로 마쳐진 소유권이전등기의 말소등기 비용은 위 집행에 의하여 우선적으로 변상받을 수 있는 '강제집행에 필요한 비용'에 해당하지 않는다고 한 사례.

# 동산(채권) 관련 배당이의

# 동산(채권) 관련 배당이의

## I. 금전채권 압류 일반

압류명령의 대상이 되는 채권의 구체적인 범위를 결정하는 기준 및 압류명령에 기재된 문언의 해석 방법(대법원 2016. 6. 23. 선고 2013다58613 판결)

### 법원판단

<u>채권에 대한 압류명령의 대상이 되는 채권의 구체적인 범위는 '주문'과 '압류할 채권의 표시' 등 압류명령에 기재된 문언의 해석</u>에 따라 결정되고, 압류명령에 기재된 문언은 문언 자체의 내용에 따라 객관적으로 엄격하게 해석하여야 하며, 제3채무자가 통상의 주의력을 가진 사회평균인을 기준으로 문언을 이해할 때 포함 여부에 의문을 가질 수 있는 채권은 특별한 사정이 없는 한 압류명령의 대상에 포함된 것으로 볼 수 없다(대법원 2015. 9. 10. 선고 2013다216273 판결 등 참조).

앞서 본 법리와 기록에 비추어 살펴보면, **이 사건 각 채권압류 및 추**

심명령의 '압류할 채권의 표시'에 원고와 피고 사이의 이 사건 주택재개발정비사업과 관련한 "용역대금"이라고 기재되어 있는바, 그 문언상 채권압류 및 추심명령의 효력은 이 사건 계약에 기한 용역대금채권에 미칠 뿐이고 위 계약의 무효로 인한 부당이득반환채권에도 미치게 된다고 보기 어려우며, 그 일부 채권압류 및 추심명령의 '압류할 채권의 표시'에 "용역대금(정비사업과 관련한 활동대금)"이라고 기재되어 있다고 하더라도 "(정비사업과 관련한 활동대금)" 부분은 "용역대금"을 **설명하는 것에 불과**하므로, 그와 같은 기재로 인하여 채권압류 및 추심명령이 부당이득반환채권에까지 미치게 된다고 보기 어렵다. 따라서 원심의 위와 같은 판단은 앞서 본 법리에 따른 것으로서, 거기에 상고이유 주장과 같이 석명권을 행사하지 아니하였거나, 필요한 심리를 다하지 아니한 채 논리와 경험의 법칙을 위반하여 사실을 오인하였거나, 채권압류 및 추심명령의 효력에 관한 법리를 오해한 잘못이 없다.

피압류채권/ 조합원 중 1인에 대한 채권으로써 그 조합원 개인을 집행채무자로 하여 조합의 채권에 대하여 강제집행을 할 수 있는지 여부(소극) (대법원 2001. 2. 23. 선고 2000다68924 판결)

> 판례해설
>
> 채권자는 채무자에 대하여 집행권원을 가지고 있기 때문에 채무자의 채권에 대해서만 집행하는 것이 당연하다. 더 나아가 집행은 절차의 엄격

성을 요구하기 때문에 **채무자의 동일성 여부에 관하여 엄격히 판단하고 그렇지 않을 경우 집행 불능이 되는 경우**가 다반사이다

대상판결에서 집행권원상의 채무자는 조합원 개인이었는 바 채권자가 채무자에 대한 집행권원을 가지고 채무자가 속해있는 조합의 채권에 대해서 강제집행을 하였는데, 그 집행은 당연히 불능 되었다. **즉 조합원과 조합의 지위는 동일하지 않기 때문이다.**

### 법원판단

체납처분으로서 압류의 요건을 규정하는 국세징수법 제24조 각 항의 규정을 보면, 어느 경우에나 압류의 대상을 납세자의 재산에 국한하고 있으므로, 납세자가 아닌 제3자의 재산을 대상으로 한 압류처분은 그 처분의 내용이 법률상 실현될 수 없는 것이어서 당연무효이다(대법원 1996. 10. 15. 선고 96다17424 판결 등 참조).

그리고 **민법상 조합의 채권은 조합원 전원에게 합유적으로 귀속하는 것이어서 특별한 사정이 없는 한 조합원 중 1인에 대한 채권으로써 그 조합원 개인을 집행채무자로 하여 조합의 채권에 대하여 강제집행을 할 수 없고**(대법원 1997. 8. 26. 선고 97다4401 판결 참조), 조합 업무를 집행할 권한을 수여 받은 업무집행 조합원은 조합재산에 관하여 조합원으로부터 임의적 소송신탁을 받아 자기 이름으로 소송을 수행할 수 있다(대법원 1997. 11. 28. 선고 95다35302 판결 등 참조).

피압류채권/ 상계가 금지되는 채권이라도 압류금지채권에 해당하지 않는 한 강제집행에 의한 전부명령의 대상이 될 수 있는지 여부(적극) (대법원 2017. 8. 21.자 2017마499 결정)

> **판례해설**
>
> 집행에서 구분할 것은 압류 금지채권과 상계금지 채권은 다르다는 것이다. 압류금지채권은 민사집행법 제246조 등에 의해 규정되고, 상계금지채권은 민법 제497조에 의하여 압류금지채권에 대해 일반적으로 상계가 금지된다. 따라서 압류금지채권은 공익적 성격으로 인하여 상계가 당연히 금지되는 반면 상계금지 채권이라고 해서 모두 압류가 금지되는 것은 아니다.
>
> 이처럼 대상판결은 법리적으로 상계가 금지된 채권이라 하더라도 압류가 금지된 채권의 종류는 아니라는 점을 이유로 하여 법원은 수익자의 청구를 인정하였다.

### 법원판단

사해행위취소의 소에서 수익자가 원상회복으로서 채권자취소권을 행사하는 채권자에게 가액배상을 할 경우, **수익자 자신이 사해행위취소소송의 채무자에 대한 채권자라는 이유로 채무자에 대하여 가지는 자기의 채권과 상계하거나 채무자에게 가액배상금 명목의 돈을 지급하였다는 점을 들어 채권자취소권을 행사하는 채권자에 대해 이를 가

**액배상에서 공제할 것을 주장할 수 없다**(대법원 2001. 6. 1. 선고 99다63183 판결 참조). 그러나 수익자가 채권자취소권을 행사하는 채권자에 대해 가지는 별개의 다른 채권을 집행하기 위하여 그에 대한 집행권원을 가지고 위 채권자의 수익자에 대한 가액배상채권을 압류하고 전부명령을 받는 것은 허용된다. 이는 수익자의 채무자에 대한 채권을 기초로 한 상계나 임의적인 공제와는 그 내용과 성질이 다르다. 또한 채권자가 채무자의 제3채무자에 대한 채권을 압류하는 경우 제3채무자가 채권자 자신인 경우에도 이를 압류하는 것이 금지되지 않으므로 단지 채권자와 제3채무자가 같다고 하여 채권압류 및 전부명령이 위법하다고 볼 수 없다.

나아가 <u>상계가 금지되는 채권이라고 하더라도 압류금지채권에 해당하지 않는 한 강제집행에 의한 전부명령의 대상이 될 수 있다</u>(대법원 1994. 3. 16.자 93마1822, 1823 결정 참조).

피압류채권 종류 / 금전 급부를 구할 수 있는 채권에 한함 / 전세권에 저당권을 설정한 이후 전세기간 만료 시의 효과 (대법원 1995. 9. 18.자 95마684 결정)

> **판례해설**
>
> 전세권에 대하여 저당권을 설정한 경우, 전세기간 도중에는 전세권이 존재하기 때문에 부동산 경매절차를 통하여 저당권을 실행하면 충분하

지만 전세기간이 만료된 경우에는 전세권은 기간만료로 소멸하고, 결국 전세금반환채권만 남게 된다.

대상판결은 이 경우 저당권을 실행하기 위해서는 **민법 제370조, 제342조 및 민사소송법 제733조에 의하여 저당권의 목적물인 전세권에 갈음하여 존속하는 것으로 볼 수 있는 전세금반환채권에 대하여 추심명령 또는 전부명령을 받거나**(이 경우 저당권의 존재를 증명하는 등기부등본을 집행법원에 제출하면 되고 별도의 채무명의가 필요한 것이 아니다), 제3자가 위 전세금반환채권에 대하여 실시한 강제집행절차에서 배당요구하는 등의 방법으로 우선변제를 받아야 한다고 판시하고 있다.

### 법원판단

이 사건 기록을 검토하여 보면, 원심이 이 사건 임의경매신청의 목적물인 전세권은 그 존속기간인 1993.4.26.이 경과됨에 따라 소멸하여 현재에는 전세금반환채권만이 남은 상태라고 보았음은 정당하다.

전세권에 대하여 설정된 저당권은 민사소송법 제724조 소정의 부동산경매절차에 의하여 실행하는 것이나, **전세권의 존속기간이 만료되면 전세권의 용익물권적 권능이 소멸하기 때문에 더 이상 전세권 자체에 대하여 저당권을 실행할 수 없게 되고, 이러한 경우는 민법 제370조, 제342조 및 민사소송법 제733조에 의하여 저당권의 목적물인 전세권에 갈음하여 존속하는 것으로 볼 수 있는 전세금반환채권에 대하하여 추심명령 또는 전부명령을 받거나(이 경우 저당권의 존재를 증명하는 등기부등본을 집행법원에 제출하면 되고 별도의 채무명의가 필요한 것이 아니다), 제3자가 위 전세금반환채권에 대하여 실시한 강제집행절차에서 배당요구하는 등의 방법으로 우선변제를 받을 수 있을 뿐이라고 할 것이다.

같은 취지에서 이 사건 전세권 자체에 대하여 경매신청을 한 재항고인의 이 사건 경매신청을 받아들이지 아니한 원심은 정당하고, 거기에 소론과 같은 위법이 있다고 할 수 없다. 논지는 이유 없다.

그러므로 재항고를 기각하기로 하여 관여 법관의 일치된 의견으로 주문과 같이 결정한다.

### 전세권 소멸 시 전세권에 설정된 저당권자의 지위 (대법원 2008. 12. 24. 선고 2008다65396 판결)

#### 판례해설

원칙적으로 집행권원에 의한 채권압류는 일반 채권에 불과하여 다른 일반 채권자와 평등으로 배당을 받는데, 이는 채권압류 및 추심명령의 경우도 마찬가지이다. 그러나 채권압류 및 전부명령의 경우에는 전부명령의 효력에 따라 피압류채권이 양도되는 효력이 발생하므로, 그 이후에 채권을 압류한 채권자는 전부채권자에 대해 우선하여 배당받지 못하게 되고, 결국 전부 채권자는 사실상 우선순위를 갖게 된다.

근저당이 설정된 전세권이 소멸한 경우, 근저당권자는 소멸한 전세권에 의하여 발생한 전세보증금 반환채권에 대하여 물상대위의 일환으로서 물상대위에 의한 압류 및 추심 또는 전부 명령을 할 수 있는 바, 근저당권자가 위와 같이 압류 추심 또는 전부 명령하기 전 이미 전세보증금반환채권에 대하여 다른 채권자가 압류 전부 명령을 하였을 경우 그 효력이 문제될 수 있다.

이에 대하여 대상판결은 <u>근저당권자는 일반 채권자가 아닌 담보물권자에 해당하기 때문에 담보가 설정된 채권의 변형물에 대하여 압류나 가압류가 설정되었고 근저당권자가 물상대위에 의한 압류를 추후에 진행하였다고 하더라도 근저당권자의 물상대위에 의한 압류 및 추심 또는 전부명령이 후순위로 밀리지 않고 우선변제를 받을 수 있다</u>고 정리하였다.

### 법원판단

저당권이 설정된 전세권의 존속기간이 만료된 경우에 저당권자는 민법 제370조, 제342조 및 민사집행법 제273조에 의하여 저당권의 목적물인 전세권에 갈음하여 존속하는 것으로 볼 수 있는 전세금반환채권에 대하여 압류 및 추심명령 또는 전부명령을 받는 등의 방법으로 권리를 행사하여 전세권설정자에 대해 전세금의 지급을 구할 수 있고( 대법원 1999. 9. 17. 선고 98다31301 판결 등 참조), **저당목적물의 변형물인**

금전 기타 물건에 대하여 일반 채권자가 물상대위권을 행사하려는 저당채권자보다 단순히 먼저 압류나 가압류의 집행을 함에 지나지 않은 경우에는 저당권자는 그 전은 물론 그 후에도 목적채권에 대하여 물상대위권을 행사하여 일반 채권자보다 우선변제를 받을 수가 있으며 (대법원 1994. 11. 22. 선고 94다25728 판결 등 참조), 위와 같이 **전세권부근저당권자가 우선권 있는 채권에 기하여 전부명령을 받은 경우에는 형식상 압류가 경합되었다 하더라도 그 전부명령은 유효**하다.

금전채권 압류절차 / 압류 및 전부 명령을 동시 신청한 경우 판단 방법/ 적법여부 별개 판단 (대법원 2000. 10. 2.자 2000마5221 결정)

### 판례해설

압류 및 전부명령은 통상적으로 하나의 서식으로 제출 및 결정되어 하나의 처분으로 보일 수 있으나 <u>압류명령과 전부명령은 근본적으로 다르다</u>. 즉 압류는 채무자에 대하여 처분 금지적 효력을 발생시키는 것이고 전부명령은 해당 채권의 양도를 통해 변제의 효력을 발생시키는 것이다. 물론 압류 및 추심명령도 압류는 처분 금지적 효력을, 추심명령은 채권자에 대한 추심 권능을 부여하는 효력을 각 발생시키는 것으로서 서로 다르다.

이와 같은 이유로 **가압류가 된 채권에 대하여 전부명령의 효력이 발생하지 않았다고 하더라도, 동시에 신청한 압류의 효력은 적법**한 것이고, 대법원은 이를 지적한 것이다.

## 법원판단

채권압류명령과 전부명령을 동시에 신청하더라도 압류명령과 전부명령은 별개로서 그 적부는 각각 판단하여야 하는 것이고, 집행채권의 압류가 집행장애사유가 되는 것은 집행법원이 압류 등의 효력에 반하여 집행채권자의 채권자를 해하는 일체의 처분을 할 수 없기 때문이며, 집행채권이 압류된 경우에도 그 후 추심명령이나 전부명령이 행하여지지 않은 이상 집행채권의 채권자는 여전히 집행채권을 압류한 채권자를 해하지 않는 한도 내에서 그 채권을 행사할 수 있다고 할 것인데, 채권압류명령은 비록 강제집행절차에 나간 것이기는 하나 채권전부명령과는 달리 집행채권의 환가나 만족적 단계에 이르지 아니하는 보전적 처분으로서 집행채권을 압류한 채권자를 해하는 것이 아니기 때문에 집행채권에 대한 압류의 효력에 반하는 것은 아니라고 할 것이므로 집행채권에 대한 압류는 이 사건 채권압류명령에는 집행장애사유가 될 수 없다고 할 것임에도 원심은 이와 달리 집행장애사유가 이 사건 채권압류명령에도 존재한다고 판단하여 제1심 법원의 채권압류명령을 취소하고 채권자의 채권압류명령신청을 기각하였는바, 이는 민사소송법상의 집행장애사유와 채권압류명령에 관한 법리를 오해하여 재판결과에 영향을 미친 위법을 저지른 것이라고 할 것이고, 이 점을 지적하는 재항고이유는 이유 있다.

압류 및 전부명령의 피압류채권 표시의 중요성 (대법원 1995. 9. 15. 선고 93다48458 판결)

판례해설

압류 및 전부명령의 효력이 미치는 채권의 범위에 관하여 '<u>자신보다 우선하는 가등기 담보권자의 채권액을 공제한 나머지</u>'라고 기재하였을 경우 가등기 담보권자가 물상대위에 의한 압류 및 전부를 하지 않았다고 하더라도 전부 채권자들은 공제된 채권을 제외하고 전부 채권을 받을 수 있을 뿐 공제 채권자가 권리행사를 하지 않았다고 하여 공제되지 않은 것을 전제로 보상금을 받을 수는 없다고 판단한 것이다.

대상판결은 결국 압류 및 전부 명령의 표시에 대한 중요성을 지적한 판결로써 특히 유의해야 할 판례이다.

법원판단

원심이 확정한 바와 같이, 피고 보조참가인 우종환, 곽정자, 유선일, 김영기에 대하여 발령된 원심 판시 채권 압류 및 전부명령에 피전부채권의 표시를 '채무자가 제3채무자에 대하여 가지는 이 사건 부동산의 수용에 따른 손실보상금 청구채권 중 이 사건 부동산에 관하여 경료된 <u>원고들의 담보목적 가등기에 의하여 담보된 채권금을 공제</u>한 나머지 금액 중 같은 피고 보조참가인들의 청구금액에 이르기까지의 금원'으로 하고 있고, 피고 보조참가인 이순란에 대하여 발령된 원심 판시 채권 압류 및 전부명령에 피전부채권의 표시를 '채무자가 제3채무자에 대하여 가지는 이 사건 부동산의 수용에 따른 손실보상청구채권 중 이 사건 부동산에 관하여 경료된 원고들의 담보목적 가등기에 의하여 담보된 채권금과 피고 보조참가인 우종환, 곽정자, 유선일, 김영기의 채권 압류 및 전부명령으로 전부된 채권을 공제한 나머지 금액 중 피고 보조참가인 이순란의 청구금액에 이르기까지의 금원'으로 하고 있는 이상, 위 각 채권 압류 및 전부명령에 의하여 압류 및 전부된 채권은 원고들이 토지수용법 제69조 소정의 압류를 하였는지 여부에 관계없이 위 각 명령의 문면 자체가 표현하고 있는 바에 따라 이 사건 손실보상금에서 원고들의 이 사건 가등기에 의하여 담보되는 채권액을 공제한 금액이라고 보아야 할 것이지, 원고들이 토지수용법 제69조에 따른 압류를 한 경우에는 위 손실보상금에서 이 사건 가등기에 의하여 담보되는 원고들의 채권액을 공제한 금액이 압류 및 전부되지만 그러한 압류를 하지 아니한 경우에는 원고들의 채권액을 공제하지 아니한 금액이 압류 및 전부된다고 해석할 수는 없다고 할 것이다.

결국 이 사건에 있어서는, <u>이 사건 가등기에 의하여 담보되는 원고들의 채권이 존재한다면, 피고 보조참가인들의 위 각 채권 압류 및 전부명령에 의하여 피고 보조참가인들에게 전부된 채권은 위 각 명령의 문면 그대로 이 사건 보상금채권액에서 이 사건 가등기에 의하여 담보되는 원고들의 채권액을 공제한(피고 보조참가인 이순란의 경우는 나머지 피고 보조참가인들에게 압류, 전부된 채권액도 공제한) 금액</u>뿐이고, 원고들의 채권액을 공제한 결과 남는 보상금이 없거나, 원심 판시 소외 송묘순의 채권 압류 및 추심명령과 압류가 경합되었다면 위 각 전부명령은 무효라고 할 것이므로, 피고가 피고 보조참가인들에게 원심 판시와 같은 금원을 지급한 것은 피고 보조참가인들에게 전부된 금액을 초과하여 또는 전부된 채권이 없는데도 지급한 것으로서, 민법 제470조에 의하여 과실 없이 채권의 준점유자에 대한 한 변제로 인정되지 않는 한, 적법한 보상금의 지급이라고 볼 수 없고, 따라서 이 사건 재결에서 정한 수용시기를 기준으로 하여 볼 때 그 금액만큼의 보상금은 지급 또는 공탁되지 아니한 것으로 보아야 하므로, 이 사건 재결은 토지수용법 제65조에 의하여 실효되었다고 보지 않을 수 없을 것이다.

### 채무자나 제3채무자가 수인인 경우 신청방법/ 각 채무자 또는 제3채무자별 범위 특정 필요 (대법원 2014. 5. 16. 선고 2013다52547 판결)

> **판례해설**
>
> 채권자가 다수의 채무자들에게 한꺼번에 가압류 신청을 할 경우, 반드시 채무자별로 금액을 특정해야 하고 이와 다르게 신청한 가압류는 그 결정이 있더라도 무효이다. 실무에서 위와 같이 가압류를 신청할 경우 이를 받아주지 않은 경우가 대부분이지만, 혹시 신청이 받아들여졌다고 하더라도 재차 가압류 신청을 해서 유효한 가압류결정을 받아야 할 것이다.

## 법원판단

1. 채권에 대한 가압류 또는 압류를 신청하는 채권자는 신청서에 압류할 채권의 종류와 액수를 밝혀야 하고(민사집행법 제225조, 제291조), 채무자가 수인이거나 제3채무자가 수인인 경우에는 집행채권액을 한도로 하여 가압류 또는 압류로써 각 채무자나 제3채무자별로 어느 범위에서 지급이나 처분의 금지를 명하는 것인지를 가압류 또는 압류할 채권의 표시 자체로 명확하게 인식할 수 있도록 특정하여야 하며, 이를 특정하지 아니한 경우에는 집행의 범위가 명확하지 아니하여 특별한 사정이 없는 한 그 가압류결정이나 압류명령은 무효라고 보아야 한다(대법원 2004. 6. 25. 선고 2002다8346 판결 등 참조). 각 채무자나 제3채무자별로 얼마씩의 압류를 명하는 것인지를 개별적으로 특정하지 않고 단순히 채무자들의 채권이나 제3채무자들에 대한 채권을 포괄하여 압류할 채권으로 표시하고 그중 집행채권액과 동등한 금액에 이르기까지의 채권을 압류하는 등으로 금액만을 한정한 경우에, 각 채무자나 제3채무자는 자신의 채권 혹은 채무 중 어느 금액 범위 내에서 압류의 대상이 되는지를 명확히 구분할 수 없고, 그 결과 각 채무자나 제3채무자가 압류의 대상이 아닌 부분에 대하여 권리를 행사하거나 압류된 부분만을 구분하여 공탁을 하는 등으로 부담을 면하는 것이 불가능하기 때문이다. 그리고 압류의 대상인 수인의 채무자들의 채권 합계액이나 수인의 제3채무자들에 대한 채권 합계액이 집행채권액을 초과하지 않는다 하더라도, 개별 채무자 및 제3채무자로서는 자신을

제외한 다른 모든 채무자들의 채권액이나 모든 제3채무자들의 채무액을 구체적으로 알고 있는 특별한 경우가 아니라면 자신에 대한 집행의 범위를 알 수 없음은 마찬가지이므로 달리 볼 것은 아니다.

집행증서에 하자가 있는 경우의 문제/ 결정에 대한 항고사유로 다툴 수 없고 별도의 청구이의의 소로만 가능(대법원 1998. 8. 31.자 98마1535,1536 결정)

> **판례해설**
>
> 추심명령 결정에 대한 항고 사유는 **추심명령에 관한 집행권원의 문제를 제외한 형식적 사유만이 가능**할 뿐 그 외 추심명령의 전제가 되는 채무명의(집행권원)의 유무에 대해서는 별도의 청구이의의 소를 통해서만 다툴 수 있다.
>
> 이는 사실상 집행권원을 보호하려는 입법자의 의지에서 비롯된 것이다.

### 법원판단

<u>**집행법원이 채권압류 및 추심명령의 결정을 함**</u>에 있어서는 **채무명의의 유무 및 그 송달 여부, 선행하는 압류명령의 존부, 집행장해의 유무 및 신청의 적식 여부 등 채권압류 및 추심명령의 요건을 심리하여**

결정하면 되고, 비록 <u>그 채무명의인 집행증서가 무권대리인의 촉탁에 의하여 작성되어 당연무효라고 할지라도 그러한 사유는 형식적 하자이기는 하지만 집행증서의 기재 자체에 의하여 용이하게 조사·판단할 수 없는 것이므로 청구이의의 소에 의하여 그 집행을 배제할 수는 있을 뿐 적법한 항고사유는 될 수 없다</u>고 할 것인바(대법원 1994. 5. 13.자 94마542, 94마543 결정 참조), 같은 취지로 보이는 원심결정은 정당하고, 거기에 소론과 같은 집행증서의 형식적 하자에 관한 법리오인의 위법이 있다고 할 수 없다. 논지는 이유 없다.


무효인 공정증서/ 집행 종료 시 다툼의 방법 (대법원 1997. 4. 25. 선고 96다52489 판결)

> **판례해설**
>
> 집행권원에 의한 강제집행이 진행된 경우 집행이 완료되면 더 이상 청구이의의 소로서 다툴 실익이 없고 결국 채무자에 대한 부당이득반환청구 등을 진행하여야 한다. 청구이의의 소는 진행 중인 집행절차를 중지시키며 더 이상 집행을 진행하지 않게끔 하기 위한 것으로서 집행이 이미 종료되었다면 다툴 실익이 없기 때문이다. 이는 근저당권에 기한 임의경매와 다른 법리이다.

### 법원판단

채무명의인 공정증서가 무권대리인의 촉탁에 기하여 작성된 것으로서 무효인 때에는 채무자는 청구이의의 소로써 강제집행 불허의 재판을 구할 수 있음은 물론이지만, 그 공정증서에 기한 강제집행이 일단 전체적으로 종료되어 채권자가 만족을 얻은 후에는 더 이상 청구이의의 소로써 그 강제집행의 불허를 구할 이익은 없다 할 것이다(대법원 1989. 12. 12. 선고 87다카3125 판결).

따라서 원심이 적법하게 판단한 바와 같이, 이 사건 약속어음 공정증서에 기한 강제집행이 이미 종료된 이상, 그 공정증서가 무권대리인의 촉탁에 의한 것이어서 무효라는 사유를 내세워 집행력이 배제되어야 한다는 주장은 그 사실의 진실 여부를 따질 필요 없이 소의 이익이 없어 적법한 상고이유가 될 수 없으므로, 이를 받아들이지 아니한다.

### 채권압류의 처분 금지적 효력/ 상대적 효력 (대법원 2003. 5. 30. 선고 2001다10748 판결)

#### 판례해설

압류의 처분금지 효력은 절대적인 것이 아니고, 채무자의 처분행위 또는 제3채무자의 변제로써 처분이나 변제 이전에 집행절차에 참가한 압류채권자나 배당요구채권자에게 대항하지 못한다는 의미에서의 상대적 효력만을 가지는 것이다. 따라서 압류의 효력 발생 전에 채무자가 처분하였거나 제3채무자가 변제한 경우에는, 그보다 먼저 압류한 다른 채권자가 있어 그 채권자에게는 대항할 수 없는 사정이 있더라도, 그 처분이나 변제 후에 압류명령을 얻은 채권자에 대하여는 유효한 처분 또는 변제로서 대항할 수 있다.

즉 압류 경합이 있어 후속 압류로 인하여 계속적 채권의 이전 채권까지 압류의 효력이 미친다고 하더라도 해당 압류 이전에 이미 변제한 채권에 대하여는 압류의 효력이 미치지 않는다는 의미이다.

### 법원판단

압류의 처분금지 효력은 절대적인 것이 아니고, 채무자의 처분행위 또는 제3채무자의 변제로써 처분 또는 변제 전에 집행절차에 참가한 압류채권자나 배당요구채권자에게 대항하지 못한다는 의미에서의 상대적 효력만을 가지는 것이어서, 압류의 효력발생 전에 채무자가 처분하였거나 제3채무자가 변제한 경우에는, 그 보다 먼저 압류한 채권자가 있어 그 채권자에게는 대항할 수 없는 사정이 있더라도, 그 처분이나 변제 후에 압류명령을 얻은 채권자에 대하여는 유효한 처분 또는 변제가 되는 것이다.

이 사건에서 기록에 의하면, 이 사건 압류 전에 피고가 범진여객에게 운영경비 명목으로 상당한 금액을 지급한 사실이 인정되고 그 금원은

**압류 목적인 운송수입금 채권의 변제로서의 성질을 가지는 것이라 할 것**인바, 위에서 본 압류경합의 법리와 압류의 상대적 효력에 비추어 볼 때 그 지급 후의 압류권자인 원고에 대하여는 그 전액으로써 변제의 효과를 주장할 수 있는 것이고, 따라서 이 사건 압류 전의 운영경비 지급은 원고에게 효력이 없음을 전제로 이 부분 피고의 주장에 대한 판단을 누락한 원심에는 압류경합 및 채권압류의 상대적 효력에 관한 법리를 오해한 나머지 판단을 누락한 위법이 있다 할 것이다.

채권압류의 효력이 미치는 범위 1 / 원칙적 채권 전액 (대법원 1973. 1. 24.자 72마1548 결정)

### 법원판단

강제집행에 있어서 평등배당주의를 쓰고 있는 우리의 집행법 밑에서는 압류한 금전채권을 지급에 갈음하여, **권면액으로 압류채권자에게 이전시켜 우선적 변제의 효과를 주는 전부명령은 압류가 경합한 때에는 허용되지 않는다고 하여야 되리니**, 한 사람의 채권자에게 독점적 만족을 주는 것은 위에서 말하는 평등배당주의의 취지에 맞지 않기 때문이다.

그리고 <u>**압류의 효력이 미치는 범위는 금전채권압류에 있어서 특별**</u>

**희 수액에 제한을 아니하였다면 채권전액**이라 보아야 할 것이다.

이 사건에 원심이 이 사건 집행채권자 이상룡이가 원설시 채권에 대하여 한 압류와 그 이전에 이미 그 대상채권에 대하여 서울특별시 농업협동조합이 한 채권압류와 경합된다고 보고 원설시 전부명령의 효력이 나지 않았다고 본 판단은 옳고, 논지는 피압류 채권액보다 압류채권의 합산액이 적은 경우에는 압류의 경합이 있더라도 전부명령의 효력에 소장이 없다고 다투지만, 위 농협이 한 채권압류의 효력이 피압류 채권전액인 5,650,000원 전부에 미친다는 전제에서 위와 같이 판단한 취지로 보이므로 논지는 이유없다.(만일 위 농협이 그의 집행 채권 범위에서 피압류채권을 압류하였더라면 논지 주장이 실로 옳을 것이다).

채권압류명령의 효력이 미치는 범위 2 / 압류 송달 시까지 발생한 채권 ( 대법원 2001다62640 )

> **판례해설**
>
> 채권에 대한 압류명령의 효력이 미치는 범위는 압류 결정 송달 시에 존재하는 압류의 목적이 되는 채권에 한정되고 그 이후 새로 발생한 채권에 대하여는 원칙적으로 압류의 효력이 미치지 않는다. 따라서 공사대금 채권에 대한 압류 및 전부명령은 그 이후 추가계약 체결로 인한 공사대금 채권에는 미치지 않게 된다.

법원판단

1. 채권에 대한 압류명령은 압류목적채권이 현실로 존재하는 경우에 그 한도에서 효력을 발생할 수 있는 것이고 그 효력이 발생된 후 새로 발생한 채권에 대하여는 압류의 효력이 미치지 아니하고, 따라서 공사금채권에 대한 압류 및 전부명령은 그 송달 후 체결된 추가공사계약으로 인한 추가공사금채권에는 미치지 아니한다(대법원 1981. 9. 22. 선고 80누484 판결, 1989. 2. 28. 선고 88다카13394 판결 참조).

원심이 유지한 제1심판결은, 증거에 의하여 그 판시와 같은 사실을 인정한 후 이에 의하면, 판시 <u>제1차 도급계약과 판시 제2차 도급계약이 별개의 도급계약이고, 판시 제1차 도급계약이 체결된 이후 소외 조수현 등 3인이 한 채권압류 또는 가압류의 효력은 그 이후에 새로이 체결된 위 제2차 도급계약에 따른 공사대금채권에는 미치지 아니한다고 판단</u>하였는바, 기록과 앞서 본 법리에 비추어 보면 원심의 판단은 수긍할 수 있고, 거기에 채증법칙을 위반하여 사실을 오인하였거나 공사도급계약 또는 채권압류 또는 가압류의 효력에 관한 법리를 오해한 위법이 있다고 할 수 없다.

제3채무자의 이중지급 위험성 (대법원 2012. 2. 9. 선고 2009다88129 판결)

판례해설

민사집행법 제248조 제3항은 "금전채권 중 압류되지 아니한 부분을 초과하여 거듭 압류명령 또는 가압류명령이 내려진 경우에 그 명령을 송달받은 제3채무자는 압류 또는 가압류채권자의 청구가 있으면 그 채권의 전액에 해당하는 금액을 공탁하여야 한다."고 규정하고 있다. 여기서 '<u>공탁하여야 한다</u>'란 공탁의 방법에 의하지 아니하고는 면책을 받을 수 없<u>다는 의미이므로, 제3채무자가 추심채권자 중 한 사람에게 임의로 변제하거나 일부 채권자가 강제집행절차 등에 의하여 추심한 경우, 제3채무자는 공탁청구 한 채권자에게 채무의 소멸을 주장할 수 없고 이중지급의 위험을 부담</u>하게 된다.

따라서 제3채무자가 공탁청구 한 채권자와의 관계에서 임의로 변제 능을 하였다면, 그는 공탁청구한 채권자에게 재차 변제하여야 하고, 변제해야 하는 금액은 제3채무자가 채권 전액에 해당하는 금액을 공탁하였더라면 배당받을 수 있었던 금액 범위에 한정되고, 그 금액은 공탁청구 시점까지 배당요구한 채권자 및 배당요구의 효력을 가진 채권자에게 배당할 경우를 전제로 산정되어야 할 것이다.

## 법원판단

[1] 민사집행법 제248조 제3항은 "금전채권 중 압류되지 아니한 부분을 초과하여 거듭 압류명령 또는 가압류명령이 내려진 경우에 그 명령을 송달받은 제3채무자는 압류 또는 가압류채권자의 청구가 있으면 그 채권의 전액에 해당하는 금액을 공탁하여야 한다."고 규정하고 있다. 여기서 '**공탁하여야 한다**'란 공탁의 방법에 의하지 아니하고는 면책을 받

을 수 없다는 의미이므로, 제3채무자가 추심채권자 중 한 사람에게 임의로 변제하거나 일부 채권자가 강제집행절차 등에 의하여 추심한 경우, 제3채무자는 이로써 공탁청구한 채권자에게 채무의 소멸을 주장할 수 없고 이중지급의 위험을 부담한다. 그런데 민사집행법 제248조 제3항에서 정한 공탁의무는 민사집행절차에서 발생하는 제3채무자의 절차협력의무로서 제3채무자의 실체법상 지위를 변경하는 것은 아니다. 또한 공탁의무를 부담하는 제3채무자가 추심채권자 중 한 사람에게 임의로 변제하거나 일부 채권자가 강제집행절차 등에 의하여 추심한 경우에도 제3채무자는 공탁청구한 채권자 외의 다른 채권자에게는 여전히 채무의 소멸을 주장할 수 있다고 보아야 한다. 그리고 비록 공탁청구를 한 채권자라고 하더라도, 공탁이 되었더라면 후속 배당절차에서 배당받을 수 있었던 금액을 초과하여 제3채무자에게 추심할 수 있다고 하면 공탁청구 당시 기대할 수 있었던 정당한 범위를 넘어서 추심권을 행사할 수 있도록 허용하는 것이 되어 부당하다. 이러한 여러 사정을 고려하면, **공탁청구한 채권자가 제3채무자를 상대로 추심할 수 있는 금액은, 제3채무자가 공탁청구에 따라 채권 전액에 해당하는 금액을 공탁하였더라면 공탁청구 채권자에게 배당될 수 있었던 금액 범위에 한정된다. 그리고 제3채무자가 채권 전액에 해당하는 금액을 공탁하였더라면 배당받을 수 있었던 금액은 공탁청구 시점까지 배당요구한 채권자 및 배당요구의 효력을 가진 채권자에게 배당할 경우를 전제로 산정할 수 있고, 이때 배당받을 채권자, 채권액, 우선순위에 대하여는 제3채무자가 주장·입증하여야 한다고 해석하는 것이 타당하다.**

[2] 추심채권자 甲의 공탁청구에 따라 민사집행법 제248조 제3항의 공탁의무를 부담하게 된 제3채무자 乙이 공탁청구에 응하지 않고 있다가 다른 추심채권자 丙이 추심채권을 청구채권으로 하여 乙의 채권을 가압류하자 채권가압류 해방공탁금을 공탁하여 丙 등 다른 추심채권자가 변제를 받은 사안에서, 위 **가압류 해방공탁은 민사집행법 제248조 제3항에서 정한 공탁이라고 할 수 없으므로, 丙 등 다른 추심채권자가 해방공탁금에 대한 배당절차에서 변제를 받았다 하더라도 乙은 공탁청구한 채권자 甲에게 채무소멸을 주장할 수 없고,** 다만 甲은 乙이 추심채권 전액에 해당하는 금액을 공탁하였더라면 배당받을 수 있었던 금액 범위 내에서만 乙을 상대로 추심할 수 있는데도, 이와 달리 甲이 乙을 상대로 제기하여 승소 확정된 추심금 판결에서 지급을 명한 금액 전부를 추심할 수 있다고 본 원심판결에 민사집행법 제248조 제3항에서 정한 공탁의무 위반의 효과에 관한 법리오해의 위법이 있다고 한 사례.

추심 종료 후에 제3채무자에게 결정문이 송달된 경우/ 압류 결정의 경정 결정이 있는 경우의 해석 (대법원 2005. 1. 13. 선고 2003다29937 판결)

판례해설

채권압류 및 추심명령은 제3채무자가 추심신고하기 전까지 송달되어야만 유효한 것으로 규정하고 있는 바 압류 및 추심명령이 추심신고 이후에 송달된 경우에는 제3채무자에 대하여 그 효력을 주장할 수 없다. 압류 및 추심명령에 대하여 경정결정이 있는 경우, 압류 및 추심명령의 송달 시기는 동일성을 유지하느냐에 따라 다르게 판단하는데 동일성이 인정되는 경우에는 원래의 송달 시기를, 동일성이 인정되지 않은 경우에는 압류 및 추심명령 경정 결정문이 송달 한 시기를 그 송달 시기로 본다.

대상판결의 원심은 동일성 여부를 판단하지 않고 송달 시기를 단순히 기존 압류 및 추심명령 결정 송달일로 간주하여 압류 및 추심명령이 인정된다고 판시하였는바 대법원은 위 법리를 인용하며 원심판결을 파기시켰다.

### 법원판단

구 민사소송법(피고가 얻은 채권압류 및 추심명령에 따른 추심신고 및 공탁 등의 채권집행절차에 대하여는 이 법이 적용되어야 할 것이다.) 제569조 제2항은 추심명령을 얻어 추심을 한 채권자가 추심신고 전에 압류, 가압류 또는 배당요구가 있었을 때에 추심채권자는 추심한 금액을 지체 없이 공탁하여야 한다고 규정하고 있고, **같은 법 제580조 제1항 제2호는 추심채권자가 추심의 신고를 할 때까지 배당요구를 할 수 있다고 규정**하고 있으며, 또 같은 법 제585조 제2호는 추심채권자가 **추심금을 공탁한 때에는 배당절차를 개시하도록 규정**하고 있는바, 이러한 제 규정을 종합하여 보면, 추심채권자는 추심한 금원으로부터 배당을 받을 채권자가 경합하는 때, 즉 추심한 채권에 대하여 압류, 가압류를 한 다른 채권자가 있거나 추심신고를 하기 전까지 배당요구를 한

다른 채권자가 있는 때에는 추심금을 공탁하여야 할 것이다.

그런데 추심명령을 얻어 채권을 추심하는 채권자는 집행법원의 수권에 따라 일종의 추심기관으로서 제3채무자로부터 추심을 하는 것이므로 제3채무자로서도 정당한 추심권자에게 지급하면 피압류채권은 소멸하는 것이고( 대법원 2003. 5. 30. 선고 2001다10748 판결 참조), 한편 채권압류명령은 그 명령이 제3채무자에게 송달됨으로써 효력이 생기는 것이므로( 구 민사소송법 제561조 제3항), 제3채무자의 지급으로 인하여 피압류채권이 소멸한 이상 설령 다른 채권자가 그 변제 전에 동일한 피압류채권에 대하여 채권압류명령을 신청하고 나아가 압류명령을 얻었다고 하더라도 제3채무자가 추심권자에게 지급한 후에 그 압류명령이 제3채무자에게 송달된 경우에는 추심권자가 추심한 금원에 그 압류의 효력이 미친다고 볼 수 없으며, 한편 채권압류명령의 경정결정이 확정된 경우에는 처음부터 경정된 내용의 압류명령이 있었던 것과 같은 효력이 있으므로 당초의 결정정본이 제3채무자에게 송달된 때에 소급하여 경정된 내용의 압류결정의 효력이 발생하는 것이 원칙이나, **경정결정이 그 허용한계 내의 적법한 것인 경우에 있어서도 제3채무자의 입장에서 볼 때에 객관적으로 경정결정이 당초의 결정의 동일성에 실질적으로 변경을 가하는 것이라고 인정되는 경우에는 경정결정이 제3채무자에게 송달된 때에 비로소 경정된 내용의 결정의 효력의 발생한다고 보는 것이 제3채무자 보호의 견지에서 타당하다 할 것이고, 경정결정이 재판의 내용을 실질적으로 변경하여 위법하나 당연**

**무효로 볼 수 없는 경우에는 더욱 그 소급효를 제한할 필요성이 크다고 할 것이므로 채권압류명령의 채무자를 변경하는 경정결정은 그 결정 정본이 제3채무자에게 송달된 때에 비로소 경정된 내용의 결정의 효력이 발생한다**고 보아야 하고( 대법원 2001. 7. 10. 선고 2000다72589 판결 참조), 이러한 채권압류명령의 효력 및 경정에 관한 법리는 채권가압류의 경우에도 마찬가지라고 할 것이다.

피압류채권의 기초되는 계약과의 관계 1 / 수급인의 보수채권에 대하여 압류 명령이 있었다고 하더라도 당사자 사이의 도급계약의 해제 여부에는 영향을 미치지 않는다(대법원 2006. 1. 26. 선고 2003다29456 판결 [배당이의] )

> 판례해설
>
> 공사계약에 따라 수급인이 지급받을 보수채권에 대해 압류명령이 내려진 이후 보수채권의 전제가 되는 공사계약이 실효되는 경우 압류명령은 어떻게 될까.
>
> 법원은 압류로써 위 압류채권의 발생원인인 도급계약관계에 대한 채무자나 제3채무자의 처분까지도 구속하는 효력은 없으므로 채무자나 제3채무자는 기본적 계약관계인 도급계약 자체를 해지할 수 있고, 채무자와 제3채무자 사이의 기본적 계약관계인 도급계약이 해지된 이상 그 계약에 의하여 발생한 보수채권은 소멸하게 되므로 이를 대상으로 한

> 압류명령 또한 실효될 수밖에 없다고 판시하고 있다.
>
> 더 나아가 해지된 이후 새롭게 체결된 도급계약에 따른 보수채권 역시 압류명령 당시의 채권이 아니라 새로운 채권에 불과하기 때문에 해당 채권에 대하여 압류가 된다고도 볼 수 없다.

### 법원판단(장래채권에 대한 압류 및 전부명령의 효력)

수급인의 보수채권에 대한 압류가 행하여지면 그 효력으로 채무자가 압류된 채권을 처분하더라도 채권자에게 대항할 수 없고, 제3채무자도 채권을 소멸 또는 감소시키는 등의 행위는 할 수 없으며, 그와 같은 행위로 채권자에게 대항할 수 없는 것이지만, 그 **압류로써 위 압류채권의 발생 원인인 도급계약관계에 대한 채무자나 제3채무자의 처분까지도 구속하는 효력은 없으므로 채무자나 제3채무자는 기본적 계약관계인 도급계약 자체를 해지할 수 있고, 채무자와 제3채무자 사이의 기본적 계약관계인 도급계약이 해지된 이상 그 계약에 의하여 발생한 보수채권은 소멸하게 되므로 이를 대상으로 한 압류명령 또한 실효될 수밖에 없으며**( 대법원 1997. 4. 25. 선고 96다10867 판결, 1998. 1. 23. 선고 96다53192 판결, 2000. 4. 11. 선고 99다51685 판결 등 참조), 위의 경우에 <u>도급계약이 해지되기 전에 피압류채권에 대한 전부명령이 내려지고 그 전부명령이 확정되었더라도 전부명령의 효력은 피압류채권의 기초가 된 도급계약이 해지되기 전에 발생한 보수채권에 미칠 뿐 그 계약이 해지된 후 제3채무자와 제3자 사이에 새로 체결된 공사계약에서 발생한</u>

__공사대금채권에는 미칠 수 없다__ 할 것이다.

피압류채권의 기초되는 계약과의 관계 2 / 가압류, 압류 및 추심명령의 대상인 임차보증금 잔금채권이 그 채권을 발생시킨 기본적 계약관계인 임대차계약이 해지되어 소멸한 경우, 그 압류 및 추심명령의 효력(실효) (대법원 1997. 4. 25. 선고 96다10867 판결)

> **판례해설**
>
> 가압류나 압류의 효력은 채무자의 해당 채권에 대한 처분 권한을 상실시키는 것으로서 채무자는 가압류나 압류의 효력을 무시하고 일반적인 처분행위를 할 수 없다. 그러나 가압류나 압류의 효력이 미치는 채권의 기본적 법률관계는 온전히 당사자 사이의 관계이므로 당사자가 임의로 해지하는 것은 적법하다고 할 것이고 만약 해지가 되었다고 한다면 더 이상 가압류 또는 압류의 효력은 유지할 수 없어 무효로 된다.

### 법원판단

채권이 가압류되면 그 효력으로 채무자가 가압류채권을 처분하더라도 채권자에게 대항할 수 없고, 또 채무자는 가압류채권에 관하여 제3채무자로부터 변제를 받을 수 없으므로, 제3채무자인 피고가 가압류채무자인 강춘자에게 임차보증금 잔금을 지급한 것은 가압류결정의 효력에 의하여 가압류채권자인 원고에게 대항할 수 없다. 그러나 피고로서는 <u>임차보증금 잔금채권이 압류되어 있다고 하더라도 그 채권을 발생시킨 기본적 계약관계인 임대차계약 자체를 해지할 수는 있는 것이고, 따라서 피고와 강춘자 사이의 임대차계약이 해지된 이상 그 임대차계약에 의하여 발생한 임차보증금 잔금채권은 소멸하게 되고, 이를 대상으로 한 압류 및 추심명령 또한 실효될 수밖에 없다.</u>

같은 취지에서 원고의 이 사건 추심금 청구를 배척한 원심의 판단은 정당하고, 원심판결에 소론과 같은 법리오해의 위법이 있다고 할 수 없다. 논지는 이유 없다.

피압류채권의 기초되는 계약과의 관계 3 / 주임법이 적용되는 임대차 관계에서 임대인이 당해 주택을 매도한 경우, 임대인이 전부금 지급의무를 면하는지 여부(적극)(대법원 2005. 9. 9. 선고 2005다23773 판결)

---

판례해설

채무자가 제3채무자에 대하여 가지는 채권에 대하여 압류 및 전부명령이 되었다고 하더라도 그 전제가 되는 계약의 효력에 영향을 미치는 것이 아니다.

대상판결에서 **채권자는 채무자가 임대인에게 가지고 있는 임대보증금반환채권에 대하여 압류 및 전부명령을 신청하여 송달까지 완료하였다. 그러나 압류 및 전부명령은 온전히 압류 당시의 임대인에게만 미치는 것이고, 임대차계약이 종료된 이후 새로운 소유자가 발생하여 새로운 임대인에 대한 관계에서 대항력이 발생한 경우에는 전 임대인은 임대차보증금반환채무에서 벗어나기 때문에 해당 압류 및 전부명령의 효력은 유지할 수 없다. 또한 새로운 임대차계약에 따른 임대차보증금반환채권에 대하여는 새로운 압류가 없으므로 압류 및 전부명령을 주장 할 수도 없다.

## 법원판단

<u>임대차보증금반환채권에 대한 압류 및 전부명령이 확정되어 임차인의 임대차보증금반환채권이 집행채권자에게 이전될 경우 제3채무자인 임대인으로서는 임차인에 대하여 부담하고 있던 채무를 집행채권자에 대하여 부담하게 될 뿐 그가 임대차목적물인 주택의 소유자로서 이를 제3자에게 매도할 권능은 그대로 보유하는 것이며, 위와 같이 소유자인 임대인이 당해 주택을 매도한 경우 주택임대차보호법 제3조 제2항에 따라 전부채권자에 대한 보증금지급의무를 면하게 되므로, 결국 임대인인 피고는 전부금지급의무를 부담하지 않는다고 보아야 할 것</u>이다.

그럼에도 불구하고, 피고가 전부금지급의무를 부담한다고 판단하여 원고의 주위적 청구를 인용한 원심판결에는 전부명령 및 주택임대차보

호법상 대항요건을 갖춘 임대차 부동산의 양도에 관한 법리를 오해하여 판결에 영향을 미친 위법이 있다 할 것이므로, 이 점을 지적하는 상고이 유의 주장은 이유 있다.

채무자의 제3채무자에 대한 시효 중단을 위한 최고 효력 인정 여부 (대법원 2003. 5. 13. 선고 2003다16238 판결)

판례해설

가압류나 압류는 채권자의 채무자에 대한 관계에서는 시효중단 사유 중 하나로 규정하고 있으나 **채무자의 제3채무자에 대한 관계에서는 단순히 압류 및 추심명령 송달에 불과하기 때문에 시효중단 사유가 아님**은 명백하였다. 다만 민법 제174조가 규정하고 있는 최고로서의 효력을 인정할 수 있는지 문제가 된 사안이다.

대상판결은 시효중단을 위한 최고라고 함은 채무자에 대하여 채무 이행을 구한다는 채권자의 의사통지(준법률행위)로서, 이에는 특별한 형식이 요구되지 아니할 뿐 아니라 행위 당시 당사자가 시효중단의 효과를 발생시킨다는 점을 알거나 의욕하지 않았다 하더라도 이로써 권리 행사의 주장을 하는 취지임이 명백하다면 최고에 해당하는 것으로 보아야 할 것이므로( 대법원 1992. 2. 11. 선고 91다41118 판결 참조), 채권자가 확정판결에 기한 채권의 실현을 위하여 채무자의 제3채무자에 대한 채권에 관하여 압류 및 추심명령을 받아 그 결정이 제3채무자에게 송달이 되었다면 거기에 소멸시효 중단사유인 최고로서의 효력을 인정하여야 한다고 판시하였다.

결국 압류 및 추심명령의 송달은 채무자의 제3채무자에 대한 채권의 시효중단 사유는 아니지만 소제기를 위한 최고로서의 효력은 존재하므로 송달된 날로부터 다시 6개월이라는 시간이 주어지고, 이 기간 안에 채권자는 그 권리를 행사하여야 할 것이다.

### 법원판단

소멸시효 중단사유의 하나로서 민법 제174조가 규정하고 있는 최고는 채무자에 대하여 채무 이행을 구한다는 채권자의 의사통지(준법률행위)로서, 이에는 특별한 형식이 요구되지 아니할 뿐 아니라 행위 당시 당사자가 시효중단의 효과를 발생시킨다는 점을 알거나 의욕하지 않았다 하더라도 이로써 권리 행사의 주장을 하는 취지임이 명백하다면 최고에 해당하는 것으로 보아야 할 것이므로( 대법원 1992. 2. 11. 선고 91다41118 판결 참조), 채권자가 확정판결에 기한 채권의 실현을 위하여 채무자의 제3채무자에 대한 채권에 관하여 압류 및 추심명령을 받아 그 결정이 제3채무자에게 송달이 되었다면 거기에 소멸시효 중단사유인 최고로서의 효력을 인정하여야 한다 .

원심이 적법하게 확정한 사실관계에 의하면, 원고는 오세영의 임금 및 퇴직금채권 전부가 시효소멸하기 전에 위 압류 및 추심명령을 받아 집행법원을 통하여 제3채무자인 피고 회사에 송달하였고, <u>그로부터 6</u>

개월이 경과하기 전에 이 사건 추심의 소를 제기하였다**고 할 것이므로 위 압류 및 추심명령이 피고 회사에 송달되기 전에 이미 소멸시효가 완성된 임금채권을 제외한 오세영의 임금 및 퇴직금채권에 대한 소멸시효의 진행은 적법하게 중단되었다고 할 것이다.

그럼에도 불구하고, 원심이 위 압류 및 추심명령의 송달로써 피고 회사에 대한 최고가 있었다고 볼 수 없다고 판단한 후 오세영의 임금 및 퇴직금채권의 이행기를 구체적으로 심리하여 소멸시효의 진행이 중단된 채권의 범위를 확정하지도 아니한 채 원고의 청구를 모두 배척한 것은 상고이유의 주장과 같은 심리미진이나 소멸시효의 중단사유인 최고에 관한 법리오해의 위법을 범하였다고 할 것이다. 이 점을 지적하는 상고이유의 주장은 이유 있다.

채권가압류 후에 채무자가 제3채무자를 상대로 그 이행의 소를 제기할 수 있는지 여부(적극) (대법원 2002. 4. 26. 선고 2001다59033 판결)

판례해설

일반적으로 채권에 대한 가압류가 있더라도 **이는 채무자가 제3채무자로부터 현실로 급부를 추심하는 것만 금지하는 것일 뿐 채무자는 제3채무자를 상대로 그 이행을 구하는 소송을 제기할 수 있고 법원은 가압류가 되어 있음을 이유로 이를 배척할 수는 없는 것**이 원칙이다. 더

> 나아가 대상판결에서는 채권양도가 이루어졌으나 채권양도 통지 등의 대항력을 갖추기 전에 가압류가 이루어졌으므로 해당 채권은 가압류 등의 영향을 받는다. 결국 가압류권자가 이행의 소를 통하여 집행권원을 얻는다면 채권양도는 무효로 되고 가압류권자가 본압류에 의해 추심 받게 되는 것이다.

### 법원판단

1. 원심 판단

원심은 피고가 원고를 상대로 양도받은 채권의 지급을 명하는 판결을 선고받은 이후 가압류권자인 인동금고가 박임석에 대한 지급명령에 기하여 가압류를 본압류로 전이하는 압류 및 추심명령을 받으므로 원고가 이중지급을 면하기 위하여 박임석에 대한 보증금반환채무를 전액 공탁한 결과 피고에 대한 판결금채무가 소멸하였으므로 위 판결에 기한 강제집행의 배제를 구한다는 원고의 주장에 대하여 피고가 원고를 상대로 한 양수금소송사건의 판결상의 채권이 원고의 박임석에 대한 보증금반환채무에 근거한 것이라고 하더라도 그 판결에 따라 원고는 피고에 대하여 그 판결상의 채무를 직접 부담하는 것이고, <u>원고 주장의 공탁은 원고가 제3채무자로서 민사소송법 제581조 제1항에 따라 채권 가압류 등의 경합을 이유로 한 집행공탁이므로 그 공탁으로 인한 채무변제의 효과는 그 채무자인 박임석에 대하여만 미칠 뿐 피고에 대하여는 미치지 아니하므로 이러한 공탁에 의하여 위 판결에 의한 원고의</u>

<u>채무가 소멸하는 것은 아니라는 이유로, 위 판결에 기한 강제집행의 배제를 구하는 원고의 이 사건 청구를 배척</u>하였다.

2. 대법원의 판단

채권양도는 구 채권자인 양도인과 신 채권자인 양수인 사이에 채권을 그 동일성을 유지하면서 전자로부터 후자에게로 이전시킬 것을 목적으로 하는 계약을 말한다 할 것이고, <u>채권양도에 의하여 채권은 그 동일성을 잃지 않고 양도인으로부터 양수인에게 이전된다 할 것이며, 가압류된 채권도 이를 양도하는데 아무런 제한이 없다 할 것이나, 다만 가압류된 채권을 양수받은 양수인은 그러한 가압류에 의하여 권리가 제한된 상태의 채권을 양수받는다</u>고 보아야 할 것이고(대법원 2000. 4. 11. 선고 99다23888 판결 참조), 이는 채권을 양도받았으나 확정일자 있는 양도통지나 승낙에 의한 대항요건을 갖추지 아니하는 사이에 양도된 채권이 가압류된 경우에도 동일하다고 할 것이다.

그리고 일반적으로 채권에 대한 가압류가 있더라도 이는 채무자가 제3채무자로부터 현실로 급부를 추심하는 것만을 금지하는 것일 뿐 채무자는 제3채무자를 상대로 그 이행을 구하는 소송을 제기할 수 있고 법원은 가압류가 되어 있음을 이유로 이를 배척할 수는 없는 것이 원칙이다. 왜냐하면 채무자로서는 제3채무자에 대한 그의 채권이 가압류되어 있다 하더라도 채무명의를 취득할 필요가 있고 또는 시효를 중단할 필요도 있는 경우도 있을 것이며 또한 소송 계속중에 가압류가 행하여진 경우에 이를 이유로 청구가 배척된다면 **장차 가압류가 취소된 후 다시 소를 제기하여야 하는 불편함이 있는데 반하여 제3채무자로서는 이행을 명하는 판결이 있더라도 집행단계에서 이를 저지하면 될 것이기 때문**이다(대법원 1992. 11. 10. 선고 92다4680 전원합의체 판결 참조). 또한 위와 같은 채권가압류의 처분금지의 효력은 본안소송에서 가압류채권자가 승소하여 채무명의를 얻는 등으로 피보전권리의 존재가 확정되는 것을 조건으로 하여 발생하는 것이므로 채권가압류결정의 채권자가 본안소송에서 승소하는 등으로 채무명의를 취득하는 경우에는 가압류에 의하여 권리가 제한된 상태의 채권을 양수받는 양수인에 대한 채권양도는 무효가 된다고 할 것이다(대법원 1998. 11. 13. 선고 96다25692 판결 참조).

돌이켜 이 사건에 관하여 보건대, 피고가 박임석의 원고에 대한 보증금채권의 일부를 양도받았으나 확정일자 있는 양도통지 또는 승낙에 의한 대항요건을 갖추지 아니하는 사이에 인동금고 등이 위 보증금채권 전부를 가압류하였으므로 피고는 위 가압류에 의하여 제한받은 상태의 채권을 양도받게 되었다 할 것이고, 이는 피고가 원고를 상대로 위 양수금의 지급을 명하는 판결을 받았다고 하여 달리 볼 수 없다 할 것이며, 그 후 **인동금고가 박임석에 대한 채무명의에 기하여 가압류를 본압류로 전이하는 압류 및 추심명령을 받았고, 나아가 원고가 채권가압류의 중복 등을 이유로 하는 집행공탁을 한 결과 그 공탁금이 가압류채권**

**자들에게 배당되기까지 하였으므로 이로써 피고에 대한 채권양도는 확정적으로 효력을 잃게 되었다** 할 것이고, 따라서 원고는 이를 이유로 피고에 대하여 위 확정판결에 의한 강제집행의 배제를 구할 수 있다고 할 것이다.

그럼에도 불구하고, 원심은 그 판시와 같은 이유만으로 원고의 이 사건 청구를 배척하고 말았으니, 원심판결에는 분명히 가압류에 의하여 제한된 채권양도에 관한 법리 및 양도채권의 대항력 또는 소멸에 관한 법리를 오해하여 판결 결과에 영향을 미친 위법이 있다 할 것이다.

## II. 추심명령 관련 사례

추심명령의 효력/ 추심권능에 대한 압류가능성(대법원 1988. 12. 13. 선고 88다카3465 판결)

### 판례해설

추심명령과 전부명령의 근본적인 차이점이 존재하는데, 추심명령은 그 결정문이 송달되었다고 하더라도 **추심권능 즉 변제를 받을 수 있는 권능**만 부여하는 반면, **전부명령은 아예 사실상 채권이 양도되어 변제를 받는 효과까지 발생**시킨다.

따라서 추심권능인 변제받을 권리 자체는 재산권으로서 환가할 수 없는 것이므로 추심권능에 대한 압류명령 결정은 환가할 수 없는 재산권에 대한 압류로서 무효에 해당한다.

### 법원판단

금전채권에 대하여 압류 및 추심명령이 있었다고 하더라도 **이는 강제집행절차에서 압류채권자에게 채무자의 제3채무자에 대한 채권을 추심할 권능만을 부여한 것으로서 강제집행절차상의 환가처분의 실현행위에 지나지 아니한 것이며 이로 인하여 채무자가 제3채무자에 대하여 가지는 채권이 압류채권자에게 이전되거나 귀속되는 것은 아니라 할 것이다.

그러므로 이와 같은 **추심권능은 그 자체로서는 독립적으로 처분하여 환가할 수 있는 것이 아니어서 압류할 수 없는 성질의 것**이라 할 것이고 따라서 이에 대하여 원심이 인정한 바와 같은 압류 및 추심명령이 있었다고 하여도 무효라고 보아야 할 것이므로 이와 같은 취지의 원심 판단은 정당하고 논지는 이유없다.

그러므로 상고를 기각하고, 상고비용은 패소자의 부담으로 하여 관여법관의 일치된 의견으로 주문과 같이 판결한다.

추심권능에 대한 가압류 결정의 효력(무효) (대법원 1997. 3. 14. 선고 96다54300 판결)

> **판례해설**
>
> 추심권능 자체는 금전으로 환가할 수 없는 것이므로 압류 등의 대상이 될 수 없고, 만약 추심명령신청을 받은 재판부가 이를 오인하여 압류 등의 결정한 경우라 하더라도 이는 무효에 해당하기 때문에 해당 결정에 대하여 이의제기를 통해 충분히 다툴 수 있다.

### 법원판단

**제1점에 대하여**

이 사건 피압류채권에 대하여 소론과 같은 채무명의가 있다고 하여 채무자가 이 사건 가압류결정에 대하여 이의신청을 할 수 없다고 할 수 없고, 가압류결정에 대한 이의신청은 가압류결정의 취소·변경을 구할 이익이 있는 한 가압류결정의 효력이 상실될 때까지 할 수 있는 것이므로, 가압류결정의 집행이 종료하였다고 하여 이의신청을 할 수 없다고 할 수 없으며, 또한 <u>**가압류결정에 대한 이의신청은 가압류결정의 당부를 다투는 것으로 가압류결정의 취소나 변경에 관한 사유는 제한 없이 이의 사유로 삼을 수 있는 것이므로 이 사건 가압류결정이 추심권능에 대한 것으로 무효라는 사유는 충분히 이의 사유로 삼을 수 있는 것**</u>이다. 원심판결에 소론과 같은 위법이 있다고 할 수 없고, 논지는 모두 이유 없다.

**제2점에 대하여**

금전채권에 대하여 압류 및 추심명령이 있었다고 하더라도 이는 강제집행절차에서 압류채권자에게 채무자의 제3채무자에 대한 채권을 추심할 권능만을 부여하는 것으로서 강제집행 절차상의 환가처분의 실현행위에 지나지 아니한 것이며, 이로 인하여 채무자가 제3채무자에 대하여 가지는 채권이 압류채권자에게 이전되거나 귀속되는 것이 아니므로, 이와 같은 추심권능은 그 자체로서 독립적으로 처분하여 환가할 수 있는 것이 아니어서 압류할 수 없는 성질의 것이고(당원 1988. 12. 13. 선고 88다카3465 판결 참조), 따라서 <u>이러한 추심권능에 대한 가압류 결정은 효력이 없으며, 추심권능을 소송상 행사하여 승소확정판결을 받았다고 하더라도, 이러한 판결에 기하여 금원을 지급받는 것 또한 추심권능에 속하는 것이므로, 이러한 판결에 기하여 지급받을 채권에 대한 가압류결정도 추심권능에 대한 가압류로서 효력이 없는 것</u>인바, 이 사건 가압류결정은 추심금 청구사건의 승소확정판결에 기하여 지급받을 채권에 대하여 발하여진 것으로, 추심권능을 목적으로 하는 것이므로 결국 그 효력이 없다고 할 것이다.

추심명령 효력 발생/ 제3채무자에 대하여 피압류채권에 대한 이행의 소를 제기할 당사자적격이 있는 자(=추심채권자) (대법원 2008. 9. 25. 선고 2007다60417 판결)

> **판례해설**
>
> 채권자가 채무자에 대하여 압류 및 추심명령 결정을 받은 경우 <u>채무자의 제3채무자에 대한 추심권은 채권자에게 귀속되고 그에 따라 채무자는 더 이상 추심권한을 행사할 수 없으므로 결국 채무자의 제3채무자에 대한 이행의 소는 당사자 적격이 없어 기각될 수 밖에 없다.</u> 그렇

> 지 않다면 제3채무자의 입장에서 채권자가 두 명이나 되는 기이한 현상
> 이 발생할 수 있기 때문이다.

### 법원판단

1. 채권에 대한 압류 및 추심명령이 있으면 제3채무자에 대한 이행의 소는 추심채권자만이 제기할 수 있고 채무자는 피압류채권에 대한 이행소송을 제기할 당사자적격을 상실한다고 하여야 할 것이다(대법원 2000. 4. 11. 선고 99다23888 판결 등 참조).

앞서 본 바와 같은 법리에 기초하여 위와 같은 사실들 및 기록에 비추어 살펴보면, 2006. 3. 15. 이 사건 채권에 관한 위 채권압류 및 추심명령이 제3채무자인 피고에게 송달됨으로써 이 사건 채권에 기한 이행의 소는 추심채권자만이 제기할 수 있게 되고, 원고는 이 사건 채권에 기한 이행소송을 제기할 당사자적격을 상실하였다고 할 것이며, 그 후인 2006. 4. 25. 위 채권양도에 의하여 이 사건 채권은 그 동일성을 잃지 않고 원고로부터 원고 승계참가인에게 이전되었다고 할 것이므로, 결국 원고 승계참가인 역시 이 사건 채권에 기하여 피고에 대한 이행소송을 제기할 당사자적격이 없다고 보아야 할 것이다. 그리고 이러한 원고 승계참가인의 당사자적격에 관한 판단은 이 사건 채권에 관한 위 채권압류 및 추심명령의 존재에 관한 주장 및 그 자료가 당심에 이르러서야 비로소 법원에 제출되었다고 하여 달리 볼 것은 아니다.

추심권능 상실 / 채무자의 당사자 적격 회복 여부 1 (대법원 2010. 11. 25. 선고 2010다64877 판결)

> **판례해설**
>
> 채무자는 채권에 대하여 압류 및 추심결정이 선고되면 채무자는 더 이상 추심권능을 유지할 수 없고 그 권능은 압류 및 추심채권자에게 이전하게 된다. 다만 이와 같은 권능은 압류 및 추심명령 결정으로 인한 것이므로 압류 및 추심명령신청 자체를 취하한 경우에는 더 이상 유지할 수 없고 결국 채무자는 그 추심권능에 의한 이행의 소를 재차 제기할 수 있게 되는 것이다.

### 법원판단

**채권에 대한 압류 및 추심명령이 있으면 제3채무자에 대한 이행의 소는 추심채권자만이 제기할 수 있고 채무자는 피압류채권에 대한 이행소송을 제기할 당사자적격을 상실하나, 채무자의 이행소송 계속 중에 추심채권자가 압류 및 추심명령 신청의 취하 등에 따라 추심권능을 상실하게 되면 채무자는 당사자적격을 회복**한다. 이러한 사정은 직권조사사항으로서 당사자가 주장하지 않더라도 법원이 직권으로 조사하여 판단하여야 하고, 사실심 변론종결 이후에 당사자적격 등 소송요건이 흠결되거나 그 흠결이 치유된 경우 상고심에서도 이를 참작하여야 한다( 대법원 2004. 3. 26. 선고 2001다51510 판결, 대법원 2007. 11. 29. 선고 2007다63362 판결 등 참조).

원심판결 이유에 의하면, 원심은 이정숙이 수원지방법원 2007타채 15160호로 이 사건 매매대금반환채권에 관하여 채권압류 및 추심명령을 받음으로써 원고는 피고에 대하여 피압류채권인 이 사건 매매대금반환채권의 지급을 구하는 소를 제기할 당사자적격을 상실하였다는 이유로 이 사건 소를 각하하였다. 그런데 기록에 의하면, **이정숙이 원심판결 선고 후인 2010. 9. 28. 수원지방법원에 위 채권압류 및 추심명령에 대한 신청취하 및 추심포기서를 제출한 사실을** 알 수 있다.

앞서 본 법리와 위 사실관계에 의하면, 위 **채권압류 및 추심명령에 대한 신청취하 등으로 원고는 이 사건 매매대금반환채권의 지급을 구하는 소를 제기할 수 있는 당사자적격을 회복하였으므로, 원고에게 당사자적격이 없음을 이유로 이 사건 소를 각하한 원심판결은 더 이상 유지될 수 없게 되었다.** 이를 지적하는 상고이유의 주장은 이유 있다.

압류 해제의 경우 채무자의 당사자 적격 및 추심권능 회복 2 (대법원 2009. 11. 12. 선고 2009다48879 판결 [양수금])

### 법원판단

가. **채권에 대한 압류 및 추심명령이 있으면 제3채무자에 대한 이행의 소는 추심채권자만이 제기할 수 있고 채무자는 피압류채권에 대

한 이행소송을 제기할 당사자적격을 상실한다(대법원 2000. 4. 11. 선고 99다23888 판결 등 참조). 그러나 채권자는 현금화절차가 끝나기 전까지 압류명령의 신청을 취하할 수 있고, 이 경우 채권자의 추심권도 당연히 소멸하게 되며, 추심금청구소송을 제기하여 확정판결을 받은 경우라도 그 집행에 의한 변제를 받기 전에 압류명령의 신청을 취하하여 추심권이 소멸하면 추심권능과 소송수행권이 모두 채무자에게 복귀하며, 이는 국가가 국세징수법에 의한 체납처분으로 채무자의 제3채무자에 대한 채권을 압류하였다가 압류를 해제한 경우에도 마찬가지이다.

원심이 인정한 사실에 의하면, 대한민국은 이 사건 채권 중 일부를 압류하였다가 그 체납처분에 의한 집행절차를 마치기 전에 그 압류를 해제하였으므로, 이로써 그 압류채권에 관한 대한민국의 추심권은 소멸되었고, 그에 따라 그 추심권능과 소송수행권은 후순위 채권양수인인 원고에게 귀속되었다고 할 것이다. 비록 대한민국이 이 사건 채권에 대한 압류에 기한 추심권을 행사하여 일부 승소의 확정판결을 받았다고 하더라도, 그에 기한 추심절차를 마쳐 피고로부터 변제받지 아니한 이상, 달리 볼 것은 아니다.


추심채권자의 권한 / 추심을 위한 보험계약 해지 가능 (대법원 2009. 6. 23. 선고 2007다26165 판결)

### 판례해설

원칙적으로 압류 및 추심명령을 받을 경우 채권자는 추심권능만을 부여받는 것일 뿐 계약의 당사자가 되는 것은 아니다. 이와 같은 이유로 계약상의 권리를 행사할 수 없다.

다만 대상판결에서 압류 및 추심명령의 대상은 보험계약에 관한 해약환급금채권으로서 본 채권은 계약자가 해지권을 행사할 것을 조건으로 효력이 발생하는 조건부 권리이기는 하지만 금전 지급을 목적으로 하는 재산적 권리로서 민사집행법 등 법령에서 정한 압류금지재산이 아니어서 압류 및 추심명령의 대상이 되며, 그 추심금 채권을 청구하기 위해서는 보험계약의 해지가 필수적이어서 추심명령을 얻은 채권자가 해지권을 행사하는 것은 그 채권을 추심하기 위한 목적 범위 내의 행위로서 허용된다고 봄이 상당하다고 판단하였다.

결국 이와 같은 법리를 추후 언급하겠지만 임차보증금반환채권을 압류 및 추심명령으로 추심권능을 취득한 채권자에게도 동일하게 적용될 수 있는 바 추후 임차보증금반환채권에 대해서는 설명하겠다.

### 법원판단

**1. 해약환급금청구권에 관하여 추심명령을 얻은 채권자의 권리에 대하여**

금전채권을 압류한 채권자는 추심명령을 얻어 압류된 채권을 추심할 수 있고, 또한 그 채권을 추심하기 위한 목적 범위 내에서 채무자의 권리를 대위절차 없이 자기의 이름으로 재판상 또는 재판 외에서 행사할 수 있다(민사집행법 제229조 제1항, 제2항 참조).

따라서, 보험계약에 관한 해약환급금채권은 보험계약자가 해지권을 행사할 것을 조건으로서 효력이 발생하는 조건부 권리이기는 하지만 금전 지급을 목적으로 하는 재산적 권리로서 민사집행법 등 법령에서 정한 압류금지재산이 아니어서 압류 및 추심명령의 대상이 되며, **그 채권을 청구하기 위해서는 보험계약의 해지가 필수적이어서 추심명령을 얻은 채권자가 해지권을 행사하는 것은 그 채권을 추심하기 위한 목적 범위 내의 행위로서 허용된다고 봄이 상당하므로, 당해 보험계약자인 채무자의 해지권 행사가 금지되거나 제한되어 있는 경우 등과 같은 특별한 사정이 없는 한**, 그 채권에 관하여 추심명령을 얻은 채권자는 채무자의 보험계약 해지권을 자기의 이름으로 행사하여 그 채권의 지급을 청구할 수 있다고 할 것이다.

같은 취지에서 원심이 해약환급금채권에 관하여 압류 및 추심명령을 받은 원고의 추심권에 기한 보험계약 해지권 행사를 인정한 조치는 정당하고, 거기에 상고이유로 주장하는 해약환급금청구권을 압류한 채권자의 추심권의 범위 등에 관한 법리오해의 위법이 없다.

## 2. 추심권에 기한 계약해지 방식에 대하여

해약환급금청구권에 관한 추심명령을 얻은 채권자가 위 추심명령에 기하여 제3채무자를 상대로 추심금의 지급을 구하는 소를 제기한 경우에 그 소장에는 추심권에 기초한 보험계약 해지의 의사가 담겨 있다고 할 것이므로, 그 소장 부본이 상대방인 보험자에게 송달됨에 따라 보험계약 해지의 효과는 발생하는 것으로 해석함이 상당하다.

추심명령의 효력/ 이중지급 위험 (대법원 2012. 2. 9. 선고 2009다88129 판결)

> **판례해설**
>
> 이전 압류 범위에서도 설명하였으나 **추심명령은 추심권능을 부여한 것이고** 추심신고 전까지 추가로 가압류 또는 압류가 된 경우에는 제3채무자의 입장에서는 이를 고려하여 공탁 등의 절차를 진행하여야 이중지급의 위험에서 벗어나게 된다.
>
> 단순한 법리이기는 하지만 대상판결에서 가압류권자가 제3채무자에 대하여 가압류 결정을 받자 제3채무자의 입장에서는 가압류에서 해방되기 위한 해방공탁을 하였고 가압류권자가 판결을 통하여 해방공탁금을 수취한 사안에서 이와 같은 해방공탁금은 위에서 언급하는 집행공탁이 아니기 때문에 가압류권자가 해당금액을 가져갔다고 하더라도

> 이로써 지급위험에서 벗어날 수 없다고 판단한 것이다.

## 법원판단

　민사집행법 제248조 제3항은 "금전채권 중 압류되지 아니한 부분을 초과하여 거듭 압류명령 또는 가압류명령이 내려진 경우에 그 명령을 송달받은 제3채무자는 압류 또는 가압류채권자의 청구가 있으면 그 채권의 전액에 해당하는 금액을 공탁하여야 한다."고 규정하고 있다. 여기서 '공탁하여야 한다'라고 함은 공탁의 방법에 의하지 아니하고는 면책을 받을 수 없다는 의미라고 할 것이므로, 제3채무자가 추심채권자 중 한 사람에게 임의로 변제하거나 일부 채권자가 강제집행절차 등에 의하여 추심한 경우, 제3채무자는 이로써 공탁청구한 채권자에 대한 관계에서 채무의 소멸을 주장할 수 없고 이중지급의 위험을 부담한다. 그런데 민사집행법 제248조 제3항에서 규정하는 공탁의무는 민사집행절차에서 발생하는 제3채무자의 절차협력의무로서 제3채무자의 실체법상 지위를 변경하는 것은 아니다. 또한 **공탁의무를 부담하는 제3채무자가 추심채권자 중 한 사람에게 임의로 변제하거나 일부 채권자가 강제집행절차 등에 의하여 추심한 경우에도 제3채무자는 공탁청구한 채권자 외의 다른 채권자에 대한 관계에서는 여전히 채무의 소멸을 주장할 수 있다고 보아야 한다.** 그리고 비록 공탁청구를 한 채권자라고 하더라도, 공탁이 되었더라면 그 후속 배당절차에서 배당받을 수 있었던 금액을 초과하여 제3채무자에게 추심할 수 있다고 하면 공탁청구 당시

기대할 수 있었던 정당한 범위를 넘어서 추심권을 행사할 수 있도록 허용하는 것이 되어 부당하다고 할 것이다. 이러한 여러 사정을 고려하면, **공탁청구한 채권자가 제3채무자를 상대로 추심할 수 있는 금액은, 제3채무자가 공탁청구에 따라 그 채권 전액에 해당하는 금액을 공탁하였더라면 공탁청구 채권자에게 배당될 수 있었던 금액 범위에 한정된다**고 할 것이다. 그리고 제3채무자가 그 채권 전액에 해당하는 금액을 공탁하였더라면 배당받을 수 있었던 금액은 공탁청구 시점까지 배당요구한 채권자 및 배당요구의 효력을 가진 채권자에 대하여 배당을 할 경우를 전제로 산정할 수 있고, 이때 배당받을 채권자, 채권액, 우선순위에 대하여는 제3채무자가 주장·입증하여야 한다고 해석함이 상당하다.

앞서 본 법리와 위 사실관계에 의하면, 피고가 2006. 10. 13. 원고에게 공탁을 청구할 당시 이 사건 공사대금채권에 대한 압류 및 가압류 청구금액은 원고가 주장하는 미지급 공사대금을 훨씬 초과하여 압류가 경합하였으므로, 원고는 민사소송법 제248조 제3항에 따라 미지급 공사대금채권의 전액에 해당하는 금액을 공탁하여야 할 의무가 있었다고 할 것이다. 그런데도 원고는 피고의 공탁청구에 응하지 않고 있다가 2007. 8. 13. 소외 1에 의한 채권가압류의 해방공탁금으로 72,162,800원을 공탁하였는바, 위 가압류 해방공탁은 민사집행법 제248조 제3항에서 규정하는 공탁이라고 할 수 없으므로, 마야이엔씨의 채권자들인 소외 1과 은석석재 주식회사가 위 해방공탁금에 대한 배당절차에서 변제를 받았다고 하더라도, 원고는 이로써 공탁청구한 피고에 대한 관계에서 채무 소멸을 주장할 수 없다고 할 것이다. 다만 피고는 원고가 미지급 공사대금채권의 전액에 해당하는 금액을 공탁하였더라면 배당받을 수 있었던 금액 범위 내에서만 원고를 상대로 추심할 수 있고, 그 금액은 피고가 공탁청구한 2006. 10. 13.까지 배당요구한 채권자 및 배당요구의 효력을 가진 채권자에 대하여 배당을 한다는 전제하에 산정하여야 한다.


공탁사유신고/ 추심신고의 중요성 (대법원 2005. 7. 28. 선고 2004다8753 판결)

> **판례해설**
>
> 압류 및 추심채권자로서는 자신이 추심을 받았다면 곧바로 추심신고를 하여야 하고 그렇지 않고 만약 추심신고를 게을리하는 동안 만약 제3채무자에게 또 다른 채권자가 압류 및 추심 결정을 받아 송달된 경우에는 해당 채권자와 평등 배당을 받아야 하는 위험한 상황이 올 수도 있다.
>
> 더 나아가 그런 상황에서는 추심신고하지 않을 동안 발생한 이자까지 추가로 공탁하여야 하기 때문에 이를 고려하여 추심 받은 즉시 추심신고를 마쳐야 할 것이다.

### 법원판단

추심명령을 얻은 추심채권자는 집행법원의 수권에 기하여 일종의 추심기관으로서 채무자를 대신하여 추심의 목적에 맞도록 채권을 행사하여야 하고, 특히 압류 등의 경합이 있는 경우에는 압류 또는 배당에 참가한 모든 채권자를 위하여 제3채무자로부터 채권을 추심하여야 하는 것이므로(대법원 1986. 9. 9. 선고 86다카988 판결, 2003. 5. 30. 선고 2001다10748 판결 등 참조), <u>추심채권자는 피압류채권의 행사에 제약을 받게 되는 채무자를 위하여 선량한 관리자의 주의의무를 가지고 채권을 행사하고, 나아가 제3채무자로부터 추심금을 지급받으면 지체 없이 공탁 및 사유신고를 함으로써 압류 또는 배당에 참가한 모든 채권자들이 배당절차에 의한 채권의 만족을 얻도록 하여야 할 의무를 부담한다 할 것인바</u>, 이는 구 민사소송법 제569조 제2항이 채권을 추심한 추심채권자가 그 사유를 법원에 신고하기 전에 다른 압류, 가압류 또는 배당요구가 있는 때에는 추심한 금액을 '지체 없이' 공탁하고 그 사유를 신고하여야 한다고 규정하고 있는 점에 비추어 당연하다고 할 것이다.

따라서 만일 <u>추심채권자가 추심을 마쳤음에도 지체 없이 공탁 및 사유신고를 하지 아니한 경우에는 그로 인한 손해배상으로서, 제3채무자로부터 추심금을 지급받은 후 공탁 및 사유신고에 필요한 상당한 기간을 경과한 때부터 실제 추심금을 공탁할 때까지의 기간 동안 금전</u>

**채무의 이행을 지체한 경우에 관한 법정지연손해금 상당의 금원도 공탁하여야 할 의무가 있다**고 할 것이다.

위와 같은 법리에 비추어 기록을 살펴보면, 피고들은 제3채무자 서울특별시로부터 추심금을 지급받은 후, 다른 채권자의 압류, 가압류 또는 배당요구가 있음에도 지체 없이 이를 공탁하고 그 사유를 신고하지 않았을 뿐만 아니라, 원고의 공탁이행 소송에 의하여 각 추심금을 공탁하고 그 사유를 신고하라는 확정판결을 받고도 추심금을 공탁하거나 그 사유를 신고하지 않았으므로, 제3채무자 서울특별시로부터 지급받은 추심금 이외에 추심금 수령 후 공탁 및 사유신고에 필요한 상당한 기간이 경과한 때로부터의 지연손해금도 추가로 공탁할 의무가 있다고 할 것이다.

그렇다면 원심으로서는 피고들의 추심금 수령 후 공탁 및 사유신고에 필요한 상당한 기간에 대하여 심리하여 본 후, 그 상당한 기간이 경과한 때부터 추심금을 실제로 공탁할 때까지의 지연손해금의 추가공탁을 명하였어야 할 것인데, 이에 이르지 아니하고 지연손해금 상당의 추가공탁을 명할 법규정이 없음을 이유로 원고의 청구를 기각하였으니, 원심판결에는 추심채권자의 공탁 및 사유신고 의무에 관한 법리를 오해하거나 심리를 다하지 아니한 위법이 있고, 이는 판결에 영향을 미쳤음이 분명하다.

추심신고/ 사유 신고 중 일부 누락된 부분의 효력 (대법원 2015. 4. 23. 선고 2013다207774 판결)

> **판례해설**
>
> 수인의 채권자에 의하여 압류 및 추심 명령 등이 경합된 경우 제3채무자는 공탁할 수 밖에 없고 공탁자는 그 사유를 신고하여야 하며 그 사유 신고 전까지 압류 및 추심명령을 하거나 배당요구한 채권자에 한하여 배당요구를 할 수 있고 배당이의를 할 수 있다.
>
> 문제는 제3채무자가 사유신고를 누락하였고 더 나아가 압류 채권자가 배당요구까지 하지 않은 경우는 어떠한 효력이 발생할까. 원심법원은 일단 사유신고가 누락 되고, 압류 채권자로서 배당요구를 하지 않았다면 법원으로서는 알 수 없었기 때문에 배당이의를 제기할 수 없다고 판시하였다.
>
> 그러나 대법원은 압류 및 추심명령이 있으면 충분하고 제3채무자의 과실에 의하여 사유신고가 누락 되었다고 하더라도 배당받을 자격뿐 아니라 배당이의의 소를 제기할 자격도 없어지지 않는다고 판단하였다.

### 법원판단

1. 압류가 경합되면 **각 압류의 효력은 피압류채권 전부에 미치므로** (민사집행법 제235조), 압류가 경합된 상태에서 제3채무자가 민사집행법 제248조의 규정에 따라 집행공탁을 하여 피압류채권을 소멸시키면 그 효력은 압류경합 관계에 있는 모든 채권자에게 미친다(대법원

2003. 5. 30. 선고 2001다10748 판결 참조).

그리고 이때 압류경합 관계에 있는 모든 채권자의 압류명령은 그 목적을 달성하여 효력을 상실하고 압류채권자의 지위는 집행공탁금에 대하여 배당을 받을 채권자의 지위로 전환되므로, 압류채권자는 제3채무자의 공탁사유 신고 시까지 민사집행법 제247조에 의한 배당요구를 하지 않더라도 그 배당절차에 참가할 수 있다.

따라서 압류가 경합된 상태에서 제3채무자가 집행공탁을 하여 사유를 신고하면서 경합된 압류 중 일부에 관한 기재를 누락하였다 하더라도 달리 볼 것은 아니며, 그 후 이루어진 공탁금에 대한 배당절차에서 기재가 누락된 압류의 집행채권이 배당에서 제외된 경우에 그 압류채권자는 과다배당을 받게 된 다른 압류채권자 등을 상대로 배당이의의 소를 제기하여 배당표의 경정을 구할 수 있다(대법원 2004. 11. 26. 선고 2003다58959 판결 참조).

2. 이러한 사실관계를 앞서 본 법리에 비추어 살펴보면, **(1) 상진건설의 위 집행공탁 전에 원고들의 제1, 2 채권압류 및 추심명령이 제3채무자인 상진건설에 송달되어 모두 효력이 발생**하였고, 그 후 상진건설이 압류의 경합 등을 이유로 민사집행법 제248조 제1항에 의하여 집행공탁을 함에 따라 그 공탁금에 대한 이 사건 배당절차가 개시되었으므로, **원고들은 압류채권자로서 별도의 배당요구를 하지 않아도 당연히 이**

사건 배당절차에 참가할 수 있고, (2) 따라서 배당법원은 임금채권자인 원고들에게 제2 채권압류 및 추심명령에 따른 원고들의 채권금액뿐 아니라 제1 채권압류 및 추심명령에 따른 원고들의 채권금액에 대하여도 1순위로 배당하는 내용으로 배당표를 작성하였어야 한다.

4. 그럼에도 이와 달리 원심은, **이 사건과 같이 압류가 경합된 상태에서 제3채무자가 집행공탁을 한 경우에도 배당을 실시할 법원이 압류명령 사실을 알게 된 때에 한하여 배당요구의 효력을 인정해야 한다는 그릇된 전제**에서, 원고들이 배당법원에 공탁사유 신고일까지 제1 채권압류 및 추심명령에 관하여 배당요구를 하지 않았을 뿐만 아니라 배당법원이 제1 채권압류 및 추심명령 사실을 알았다고 볼 수도 없으므로, 원고들에게 배당될 금액은 이 사건 배당표와 같이 **제2 채권압류 및 추심명령에 따른 채권금액에 한정된다**고 판단하여, 이 사건 배당표가 잘못 작성되지 아니하였다고 판단하였다.

따라서 이러한 원심의 판단에는 민사집행법 제248조에 의하여 제3채무자가 집행공탁을 한 경우에서의 압류채권자의 지위 및 그 공탁사유 신고에 따른 배당절차에 참가할 수 있는 압류채권자의 범위에 관한 법리를 오해하여 판결에 영향을 미친 위법이 있다. 이를 지적하는 상고이유 주장은 이유 있다.

추심신고/ 채권집행 종료 절차(대법원 2004. 12. 10. 선고 2004다 54725 판결)

> **판례해설**
>
> 가압류에 기한 압류 및 추심명령의 결정을 받은 이후 집행절차까지 마무리된다면 더 이상 가압류를 다툴 실익이 없어진다.
>
> 그리고 **채권압류 및 추심명령을 받은 채권자가 제3채무자로부터 피압류채권을 추심한 다음 민사집행법상의 추심신고를 한 경우 추심신고 전까지 다른 압류·가압류 또는 배당요구가 없으면 그 추심한 범위 내에서 피압류채권은 소멸**하고, 집행법원은 추심금의 충당 관계 등을 조사하여 집행채권 전액이 변제된 경우에는 집행력 있는 정본을 채무자에게 교부하며, 일부 변제가 된 경우에는 그 취지를 집행력 있는 정본 등에 적은 다음 채권자에게 돌려주는 등의 조치를 취함으로써 채권집행의 절차는 마무리가 된다.

**법원판단**

1. 채권압류 및 추심명령을 받은 채권자가 제3채무자로부터 피압류채권을 추심한 다음 민사집행법 제236조 제1항에 따른 추심신고를 한 경우 그 때까지 다른 압류·가압류 또는 배당요구가 없으면 그 추심한 범위 내에서 피압류채권은 소멸하고, 집행법원은 추심금의 충당관계 등을 조사하여 집행채권 전액이 변제된 경우에는 집행력 있는 정본을

채무자에게 교부하며, 일부 변제가 된 경우에는 그 취지를 집행력 있는 정본 등에 적은 다음 채권자에게 돌려주는 등의 조치를 취함으로써 채권집행이 종료하게 된다.

한편, 가압류가 본압류로 이행되어 강제집행이 이루어진 경우에는 가압류집행은 본집행에 포섭됨으로써 당초부터 본집행이 있었던 것과 같은 효력이 있게 되므로, 본집행이 되어 있는 한 채무자는 가압류에 대한 이의신청이나 취소신청 또는 가압류집행 자체의 취소 등을 구할 실익이 없게 되고, 특히 강제집행조차 종료한 경우에는 그 강제집행의 근거가 된 가압류결정 자체의 취소나 가압류집행의 취소를 구할 이익은 더 이상 없다.

기록에 의하면, **피신청인은 서울서부지방법원 2004타채1586호로 가압류를 본압류로 이전하는 채권압류 및 추심명령을 신청하였고, 위 법원은 2004. 5. 12. 피신청인의 위 신청을 받아들여 채권압류 및 추심명령을 발한 사실, 그 후 피신청인은 위 채권을 추심한 다음 2004. 5. 24. 추심신고**를 하였으며, 이에 대하여 집행법원은 추심금의 충당관계를 조사한 다음 일부 변제가 된 경우로 보아 집행력 있는 정본에 그 취지를 부기한 다음 이를 피신청인에게 반환하는 조치를 취하기까지 한 사실을 알 수 있다.

사정이 위와 같다면 **이 사건 300만 원의 공탁금회수청구채권에 대한 채권집행은 이미 종료되었다 할 것이므로, 앞서 본 법리에 따라 신청인으로서는 이 사건 가압류결정의 취소를 구할 이익이 없게 되었음에도, 원심은 이를 간과한 채 신청인의 이 사건 신청을 인용하고 말았으니, 원심판결에는 채권집행 및 가압류에 관한 법리를 오해하여 판결 결과에 영향을 미친 위법이 있다 할 것이므로, 이 점을 지적하는 취지의 상고이유의 주장은 이유 있다.

가압류 후 본집행/ 본집행 취하/ 가압류 주장가능성 (대법원 2000. 6. 9. 선고 97다34594 판결)

> **판례해설**
>
> 자칫 오해할 수도 있는 문제인데, 채권자가 금전채권의 가압류를 본압류로 전이하는 압류 및 추심명령을 받아 본집행절차로 이행한 후 본압류의 신청만을 취하함으로써 본집행절차가 종료한 경우, 특단의 사정이 없는 한 압류 및 추심명령신청을 취하하였다는 사정만으로 그 가압류집행에 의한 보전 목적이 달성된 것이라거나 그 목적 달성이 불가능하게 된 것이라고는 볼 수 없으므로 그 가압류집행의 효력이 본집행과 함께 당연히 소멸되는 것은 아니다.
>
> 결국 가압류채권자가 압류 신청을 취하한다고 하더라도 가압류결정은 그대로 남아 있으므로 가압류에 따른 권리행사는 언제든지 가능하다고 할 것이다.

법원판단

　채권자가 금전채권의 가압류를 본압류로 전이하는 압류 및 추심명령을 받아 본집행절차로 이행한 후 본압류의 신청만을 취하함으로써 본집행절차가 종료한 경우, **특단의 사정이 없는 한 그 가압류집행에 의한 보전 목적이 달성된 것이라거나 그 목적 달성이 불가능하게 된 것이라고는 볼 수 없으므로 그 가압류집행의 효력이 본집행과 함께 당연히 소멸되는 것은 아니라고 할 것이니,** 채권자는 제3채무자에 대하여 그 가압류집행의 효력을 주장할 수 있다고 할 것이다.

　원심은, 1994. 9. 28. 소외 주식회사 원가콘크리트가 1994. 9. 15. 현재 피고 회사에 대하여 가지는 금 985,000,000원의 공사대금채권 중 금 150,000,000원에 관하여 원고가 채권가압류결정을 받았고, 1994. 10. 4.경 그 결정이 피고 회사에게 송달된 사실, 그런데 피고 회사는 소외 회사가 1994. 10. 24.경 거래정지상태로 되자, 그 공사대금 중 금 161,844,350원을 하자보증금으로 유보하고 그 가압류결정의 피압류채권액을 남겨두지 아니한 채 소외 회사에게 그 공사의 기성금으로 1994. 11. 4. 금 317,636,790원을, 1994. 11. 7. 금 89,923,250원을 모두 지급한 사실, 그 후 원고가 1995. 4. 13. 위의 채권가압류를 본압류로 전이하는 압류 및 추심명령을 받았고, 그 결정이 1995. 4. 17. 피고 회사에게 송달된 사실 및 원고가 1995. 8. 2. 그 채권압류 신청을 취하하고, 추심권을 포기하여 그의 해제 및 포기신청서 등본이 1995. 8. 7. 피고 회사에게 송달된 사실, 그 후 원고는 1996. 1. 19. 또 다시 소외 회사가 피고 회사에 대하여 가지는 위의 공사대금채권 중 금 150,000,000원에 관하여 위의 채권가압류로부터 본압류로 전이하는 압류 및 추심명령을 받았고, 그 결정이 1996. 1. 25. 피고 회사에게 송달된 사실 등을 인정하였다.

원심은 나아가, 원고가 위의 채권가압류를 본압류로 전이하는 채권압류 및 추심명령을 받았다가 이를 해제·포기하였으므로 이로써 그 채권가압류는 그 효력이 소멸되었다는 피고의 주장에 대하여 그 본압류 및 추심명령이 취하·포기되었다고 하더라도 그 채권가압류의 효력에는 영향을 미치지 아니한다는 견지에서 피고의 그 주장을 배척하였다.

앞에서 본 법리와 기록에 비추어 볼 때, 원심의 그 판단은 정당하고 거기에 채권압류신청의 취하와 가압류의 효력에 관한 법리오해의 위법은 없다.

제3채무자의 피압류채권에 대한 항변 가능성(대법원 2001. 3. 9. 선고 2000다73490 판결)

판례해설

금전채권에 대한 압류 및 추심명령이 있는 경우, 이는 **강제집행절차에서 추심채권자에게 채무자의 제3채무자에 대한 채권을 추심할 권능만**

을 부여하는 것이므로, 이로 인하여 <u>채무자가 제3채무자에 대하여 가지는 채권이 추심채권자에게 이전되거나 귀속되는 것은 아니므로, 추심채무자로서는 제3채무자에 대하여 피압류채권에 기하여 그 동시이행을 구하는 항변권을 상실하지 않는다.</u>

이는 동시이행항변권 자체가 채권에 근거한 것이기 때문이다. 이와 마찬가지로, 어느 채권이 양도된 경우 제3채무자의 입장에서는 해당 채권에 기초한 동시이행항변권과 같은 권한은 그대로 행사할 수 있다. 이는 뒤에서 설명하는 전부명령의 경우에도 마찬가지이다.

### 법원판단

금전채권에 대한 압류 및 추심명령이 있는 경우라도 이는 강제집행절차에서 추심채권자에게 채무자의 제3채무자에 대한 채권을 추심할 권능만을 부여하는 것으로서, 이로 인하여 채무자가 제3채무자에 대하여 가지는 채권이 추심채권자에게 이전되거나 귀속되는 것은 아니므로(대법원 1997. 3. 14. 선고 96다54300 판결, 1988. 12. 13. 선고 88다카3465 판결 참조), <u>추심채무자로서는 제3채무자에 대하여 피압류채권에 기하여 그 동시이행을 구하는 항변권을 상실하지는 않는다고 할 것이고, 그 항변이 인용되어 동시이행 의무를 부담하게 되는 제3채무자로서는 위 압류추심명령의 효력에 의한 제한을 받는 데 불과하다 할 것</u>인바, 원고가 반환하여야 할 잔존 보증금의 범위를 그 임대차보증금인 1,600만 원에서 연체차임 등 금 1,245만 원 및 공과금 326,380원을 공제한 금 3,223,620원으로 확정하고, 피고에게 원고로부터 위 금원을 지급받음과 상환으로 이 사건 부동산의 명도를 명한 원심의 조치는 위 법리에 따른 것으로 정당하고(다만 기록에 비추어 살펴보면, 이 사건 임대차계약서상의 임차인으로 기재된 제1심 공동피고이자 이 사건 추심채무자인 신문기를 명의상의 임차인의 지위에 있었을 뿐이라고 본 원심의 사실인정 부분은 정확하지 않은 것으로 보이나 그 대항력은 별론으로 하고 원고도 위 신문기가 피고에게 그 지위를 이전하였음을 다투지 않고 있어 특히 이에 대하여 더 이상 판단하지 않는다.), 거기에 상고이유 주장과 같은 판단유탈, 법리오해 등의 위법이 있다고 할 수 없다.

제3채무자의 피압류채권에 대한 상계가능성 및 요건(대법원 2001. 3. 27. 선고 2000다43819 판결)

판례해설

같은 채권에 관하여 추심명령이 여러 번 발부되더라도 그 사이에는 순위의 우열이 없고, 추심명령을 받아 채권을 추심하는 채권자는 자기 채권의 만족을 위하여서 뿐만 아니라 압류가 경합되거나 배당요구가 있는 경우에는 집행법원의 수권에 따라 일종의 추심기관으로서 압류나 배당에 참가한 모든 채권자를 위하여 제3채무자로부터 추심을 하는 것이므로 그 추심 권능은 압류된 채권 전액에 미치며, 제3채무자로서도 정당한 추심권자에게 변제하면 그 효력은 위 모든 채권자에게 미치므로 압류된 채권을 경합된 압류채권자 및 또 다른 추심권자의 집행채권액에 안분하여 변제하여야 하는 것도 아니다.

문제는 압류 채권자 중 일부에 대하여 제3채무자가 자동채권을 가지고 있었고 거기에 더하여 자동채권이 가압류 이후에 발생한 채권일 경우 자동채권을 가지고 상계를 주장할 수 있을까.

원심은 추심채권자들 사이에 우열관계가 존재하지 않은 상황에서 만약 상계를 인정하게 된다면 그것도 가압류 이후에 발생한 채권을 가지고 상계를 인정하게 된다면 특정 추심채권자(가압류채권자)에 대하여 우선권을 주는 결과가 발생하기 때문으로서 이와 같은 이유로 원심에서는 상계가 인정되지 않는다고 판시하였다.

그러나 **상계가 금지된 채권도 아니고 더 나아가 가압류 결정 이후에 발생하기는 하였으나 그 이전에 이미 채권의 기초가 존재하였던 채권이라고 한다면 굳이 막을 이유가 없다**는 이유로 원심 판결을 파기하였다.

결론적으로 본 사안은 특이한 사안이기는 하지만 법리가 타당하고 상계를 위한 자동채권의 요건으로서 가압류 결정 이전에 채권의 기초가 형성되어야 본 법리를 적용할 수 있다고 할 것이다.

### 법원판단

1. 같은 채권에 관하여 **추심명령이 여러 번 발부되더라도 그 사이에는 순위의 우열이 없고**, 추심명령을 받아 채권을 추심하는 채권자는 자기채권의 만족을 위하여서 뿐만 아니라 압류가 경합되거나 배당요구가 있는 경우에는 집행법원의 수권에 따라 일종의 추심기관으로서 압류나 배당에 참가한 모든 채권자를 위하여 제3채무자로부터 추심

을 하는 것이므로 그 추심권능은 압류된 채권 전액에 미치며, 제3채무자로서도 정당한 추심권자에게 변제하면 그 효력은 위 모든 채권자에게 미치므로 압류된 채권을 경합된 압류채권자 및 또 다른 추심권자의 집행채권액에 안분하여 변제하여야 하는 것도 아니다(대법원 1986. 9. 9. 선고 86다카988 판결 참조). 같은 취지의 원심의 판단은 정당하고, 거기에 상고이유의 주장과 같은 법리오해의 위법이 없다. 따라서 이 부분 상고이유는 받아들이지 아니한다.

2. <u>금전채권에 대한 가압류로부터 본압류로 전이하는 압류 및 추심명령이 있는 때에는 제3채무자는 채권이 가압류되기 전에 압류채무자에게 대항할 수 있는 사유로써 압류채권자에게 대항할 수 있으므로, 제3채무자의 압류채무자에 대한 자동채권이 수동채권인 피압류채권과 동시이행의 관계에 있는 경우에는, 그 가압류명령이 제3채무자에게 송달되어 가압류의 효력이 생긴 후에 자동채권이 발생하였다고 하더라도 제3채무자는 동시이행의 항변권을 주장할 수 있고, 따라서 그 상계로써 압류채권자에게 대항</u>할 수 있다. 이 경우에 자동채권 발생의 기초가 되는 원인은 수동채권이 가압류되기 전에 이미 성립하여 존재하고 있었으므로, 그 자동채권은 민법 제498조 소정의 "지급을 금지하는 명령을 받은 제3채무자가 그 후에 취득한 채권"에 해당하지 아니한다( 대법원 1993. 9. 28. 선고 92다55794 판결 참조). 또한 **동시이행의 항변권은 당사자 쌍방이 부담하는 각 채무가 고유의 대가관계에 있는 쌍무계약상의 채무가 아니더라도 구체적 계약관계에서 당사자 쌍방이**

부담하는 채무 사이에 대가적인 의미가 있어 이행상 견련관계를 인정하여야 할 사정이 있는 경우에는 이를 인정하여야 한다(대법원 1993. 2. 12. 선고 92다23193 판결 참조).

이 사건에서 보면, 당초 매수인인 피고의 이 사건 매매잔대금 지급채무와 매도인인 유소자의 이 사건 대지에 대한 원고 명의의 가압류기입등기말소의무는 동시이행의 관계에 있었는데, 유소자가 위 가압류기입등기말소의무를 이행하지 않고 있는 동안 이 사건 대지에 관한 원고의 가압류에서 비롯한 강제경매절차가 진행되자 이 사건 대지의 소유명의자로서 제3취득자인 피고가 부득이 집행채무자인 유소자를 대위하여 위 강제경매의 집행채권액과 집행비용을 변제공탁한 결과 유소자가 피고에 대하여 구상채무를 부담하게 되었으므로, **이 구상채무는 위 가압류기입등기말소의무의 변형으로서 피고의 이 사건 매매잔대금 지급채무와는 여전히 대가적인 의미가 있어 그 이행상의 견련관계가 인정되므로 두 채무는 서로 동시이행의 관계에 있다고 봄이 옳다.** 따라서 비록 제3채무자인 피고의 집행채무자인 유소자에 대한 이 사건 구상금채권이 이 사건 가압류명령이 피고에게 송달된 후에 발생하였어도 피고는 이 사건 구상금채권에 의한 상계로 압류채권자인 원고에게 대항할 수 있으므로, 이 사건 가압류에서 본압류로 전이하는 압류 및 추심명령에 의하여 원고가 그 추심권능을 취득한 이 사건 매매잔대금채권은 이 사건 구상금채권액의 대등액 범위 안에서 상계되어 소멸한 것으로 보아야 한다.

그럼에도 불구하고, 원심은 피고의 이 사건 구상금채권과 원고의 피압류채권이 동시이행의 관계에 있는지의 여부를 살펴보지 아니하고 판시와 같은 이유만으로 피고의 상계항변을 배척하였으니, 원심판결에는 판결에 영향을 미친 채무의 동시이행과 상계에 관한 법리를 오해한 위법이 있다. 따라서 이 점을 지적하는 상고이유는 이유가 있다.

제3채무자의 집행채권의 하자에 대한 항변가능성 (대법원 1996. 9. 24. 선고 96다13781 판결)

> **판례해설**
>
> 채권자가 압류 및 추심명령 결정을 받아 채무자의 제3채무자에 대하여 추심금 청구 소송을 할 때 과연 압류 및 추심명령의 기초가 되는 집행채권의 존부 여부에 대하여 다툴 수 있을까.
>
> 추심금 청구 소송의 기초가 되는 집행권원의 하자 여부는 이미 압류 및 추심명령 결정을 통하여 확정된 이상 더 이상 다툴 수 없고 이를 다투기 위해서는 압류 및 추심명령 자체를 다투어야 하며 구체적으로 집행권원을 다투기 위해서는 채무자가 청구이의의 소를 진행하여야 한다.
>
> 따라서 제3채무자가 추심금 청구소에서 다툴 수 있는 경우는 채무자와 제3채무자 사이에 발생한 피압류채권의 존부 등에 한해서만 가능하다.

## 법원판단

집행채권의 부존재나 소멸은 집행채무자가 청구이의의 소에서 주장할 사유이지 추심의 소에서 제3채무자인 피고가 이를 항변으로 주장하여 채무의 변제를 거절할 수 있는 것이 아니므로(당원 1994. 11. 11. 선고 94다34012 판결 참조), 같은 취지의 원심판단은 정당하고, 거기에 상고이유로 주장하는 바와 같은 신의칙이나 소권의 남용에 관한 법리를 오해한 위법이 있다 할 수 없다. 상고이유에서 들고 있는 판례(당원 1960. 11. 3. 선고 4292민상656 판결, 1984. 7. 24. 선고 84다카572 판결)는 사안을 달리하는 것이어서 이 사건에 원용할 것이 못 된다.

이 사건 추심의 소가 피고에 대하여 직접 원고에게 지급을 명할 수는 없고 공탁을 명하여야 하는 경우에 해당한다고 볼 아무런 근거가 없다. 그리고 이 사건 피압류채권에 대하여 압류의 경합이 있어 피고가 원고의 추심금청구를 거절하였다는 주장은 상고심에서 처음으로 하는 것이므로 적법한 상고이유가 되지 아니할 뿐 아니라, 위 주장과 같은 사유만으로 피고에 대하여 직접 원고에게 지급할 것을 명할 수 없고 공탁을 명할 수밖에 없는 것이라고 할 수도 없다. 이와 다른 견해에서 원심판결에 추심의 소의 법리를 오해한 위법이 있다는 취지의 주장은 받아들일 수 없다.

## III. 전부명령 관련 사례

### 1. 전부명령 일반 요건

피전부채권의 문제/ 양도금지특약이 존재하는 채권(가능) (대법원 1976. 10. 29. 선고 76다1623 판결)

> **판례해설**
>
> 뒤에서 언급하겠지만 압류 및 전부명령의 효과는 기본적으로 채권양도로 인한 변제의 효과인바 어떤 채권에 관하여 당사자 사이에 양도금지 특약이 존재하는 경우 전부명령이 인정될 수 있을 것인지가 문제이다.
>
> 대상판결은 양도금지 특약이 있는 채권이라고 하더라도 이는 <u>당사자 사이의 약정에 불과할 뿐</u> 제3자의 권리행사를 막을 수 없으므로 양도금지 특약이 존재하는 채권이라고 하더라도 압류 및 전부명령이 가능하다고 판시하였다.

**법원판단**

<u>당사자 사이에 양도금지의 특약이 있는 채권이라도 압류 및 전부명령에 의하여 이전할 수 있고 이 양도금지의 특약이 있는 사실에 관하여 압류채권자가 선의인가 악의인가는 전부명령의 효력에 영향을 미치지 못한</u>다 할 것이다.

원심이 같은 취지에서 양도금지의 특약이 있다 하더라도 본건 예금 등 채권이 전부명령에 의하여 이전되는데는 장애사유가 될 수 없다고 판단하였음은 정당하고 원심이 피고주장과 같이 본건 채권에 양도금지의 특약이 있음을 전제하여 위와 같이 판단하고 있는 이상 특약사실을 입증하기 위하여 제출된 을 제6호증의 1,2에 대하여 아무런 판단을 하지 아니하였더라도 이는 본 판결결과에 영향이 없으므로 논지는 이유없다.

## 피전부채권의 문제 / 장래 채권이 피전부채권으로서 유효하기 위한 요건 (대법원 2002. 11. 8. 선고 2002다7527 판결 [배당이의] )

### 판례해설

법원은 채권에 대한 압류 및 전부명령이 유효하기 위한 요건으로서 채권압류 및 전부명령이 제3채무자에게 송달될 당시 반드시 피압류 및 전부채권이 현실적으로 존재하고 있어야 하는 것은 아니고, **장래의 채권이라도 채권 발생의 기초가 존재하고 특정이 가능할 뿐 아니라 권면액 또한 존재하고 가까운 장래에 채권이 발생할 것이 상당한 정도로 기대되는 경우에는 채권압류 및 전부명령의 피대위채권이 될 수 있다**고 하였다.

대상판결에서도 압류 및 전부명령이 송달될 당시 정식 공사 계약이 체결되지는 않았으나 채권 발생의 기초가 확정되어 있고 특정이 가능하다는 등 위 요건을 충족하였으므로 해당 압류 및 전부명령이 유효하다고 판단하였다.

## 법원판단

　관련 법령들의 내용 및 취지에 비추어 볼 때, 건설업자가 지방자치단체가 지방재정법과 그 시행령 및 그에 의하여 준용되는 국가를당사자로하는계약에관한법률이나 그 시행령에 따라 시행하는 공사의 경쟁입찰에 참가하여 낙찰자로 결정된 경우 계약담당공무원은 반드시 그 낙찰자와 사이에 공사도급계약을 체결하도록 되어 있으므로 공사도급계약의 경쟁입찰에 참가하여 낙찰자로 결정된 건설업자는 지방자치단체에 대하여 공사도급계약의 체결을 청구할 권리가 있어 공사도급계약의 당사자인 수급인으로서의 지위를 이미 확보하고 있다고 할 것이어서 다른 특별한 사정이 없는 한, **낙찰자와 지방자치단체 사이에 조만간 공사도급계약이 체결될 것이 예정되어 있다고 볼 수 있을 뿐 아니라, 장래 체결될 공사도급계약의 내용이 되는 공사대금, 공사기간, 공사내용 역시 낙찰자가 결정된 시점에서 이미 확정되어 있어 장래에 낙찰자와 지방자치단체 사이에 체결될 공사도급계약의 당사자와 그 내용이 확정되어 있다고 할 것**이다.

　그러하니 위의 법령에 따라 시행되는 공사도급계약의 입찰에 있어 낙찰자가 결정된 후 당해 낙찰자의 채권자가 낙찰자를 채무자로 하고, 지방자치단체를 제3채무자로 하여 낙찰자가 지방자치단체와 장차 공사도급계약을 체결하고 공사를 시공함에 따라 지방자치단체로부터 지급받게 될 공사대금채권에 관하여 **채권압류 및 전부명령을 받아 그 채권**

압류 및 전부명령 정본이 지방자치단체에 송달된 경우 비록 그 때까지 아직 낙찰자와 지방자치단체 사이에 공사도급계약서 작성에 의한 계약이 체결되지 아니하였다고 하더라도 <u>피압류 및 전부채권인 공사대금채권은 그 발생의 기초가 이미 확정되어 있어 채권의 특정이 가능할 뿐 아니라, 공사대금이 확정되어 있어 권면액도 있으며, 또한 가까운 장래에 채권이 발생할 것이 상당한 정도로 확실시된다</u>고 할 것이므로 그 공사대금채권에 대한 채권압류 및 전부명령은 유효하다고 할 것이다.

그런데 원심이 인정한 사실관계에 따르니, 소외 회사와 전라북도 간의 이 사건 공사도급계약은 국가를당사자로하는계약에관한법률 및 지방재정법에 의하여 체결되었고, 소외 회사는 위의 법령이 정한 절차에 따라 이루어진 전라북도 수산시험연구소 시설공사에 대한 경쟁입찰에 참가하여 1999. 6. 17. 낙찰자로 결정되고 계약체결일자가 공고되었으며, 피고가 소외 회사에 대한 약속어음공정증서 정본에 기하여 받은 위의 채권압류 및 전부명령 정본이 1999. 6. 25. 11:00.경 전라북도에 송달되었고, 그 날 12:50경 이후에 전라북도와 소외 회사간에 이 사건 공사도급계약이 체결되었다는 것이므로 비록 피고가 받은 <u>채권압류 및 전부명령 정본이 전라북도에 송달될 당시 소외 회사와 전라북도 간에 이 사건 공사도급계약서가 작성되지 아니하였다고 하더라도 소외 회사가 위의 공사에 대한 경쟁입찰절차에서 이미 낙찰자로 결정됨에 따라 피압류 및 전부채권인 이 사건 공사대금채권은 그 발생의 기초가 이미 확정되어 있어 채권의 특정이 가능할 뿐 아니라, 공사금액이 확정되어</u>

있어 권면액도 있었고, 그로부터 불과 몇 시간 후에 실제로 공사도급계약이 체결됨으로써 가까운 장래에 채권이 발생할 것이 상당한 정도로 확실시되었다고 할 것이어서 이에 대한 채권압류 및 전부명령은 유효하다고 할 것이다.

그럼에도 견해를 달리하여 피고가 받은 채권압류 및 전부명령 정본이 전라북도에 송달될 당시 소외 회사와 전라북도 간에 이 사건 공사도급계약서 작성이 아직 이루어지지 아니함에 따라 피압류 및 전부채권이 현실적으로 발생하지 않았다는 사정을 들어 그 채권압류 및 전부명령이 무효라고 판단한 원심판결에는 장래채권의 압류 및 전부명령의 효력에 관한 법리를 오해한 나머지 판결의 결과에 영향을 끼친 잘못이 있으며, 이를 지적하는 상고이유의 이 주장은 정당하기에 이 법원은 그 주장을 받아들인다.

압류금지채권에 대한 전부명령 결정/ 불복방법 (대법원 1987. 3. 24. 선고 86다카1588 판결)

> **판례해설**
>
> 법원이 압류가 금지된 채권에 대하여 착오로 압류 및 전부명령을 내리고, 그 명령이 제3채무자와 채무자에게 송달되어 집행절차를 종료시키는 효과가 발생하였다면 **집행방법에 관한 이의 등으로는 그 효력을 다툴**

수 없다. 대신 제3채무자로서는 피전부채권 자체가 압류 금지채권이라는 이유로 전부금 청구 소송에서 다툴 수 있을 뿐이다.

### 법원판단

원심판결 이유에 의하면, 원심은 소외 팔봉종합건설주식회사가 피고로부터 서울신문성국민학교 교사신축등 공사를 도급받아 그 공사금채권이 금 452,833,000원으로 확정된 사실과 위 소외 회사 및 판시 소외인들을 채무자로 하고, 피고를 제3채무자로 한 판시 각 압류 및 전부명령이 발하여져 그 명령들이 각 그무렵 피고에게 송달된 사실들을 당사자간에 다툼이 없는 사실로 확정한 다음 **소외 회사에게 지급할 위 공사대금중 금 168,254,641원은 위 공사의 근로자에게 지급할 노임으로서 이에 대하여는 건설업법 제55조의 규정에 의하여 압류가 금지되어 있으므로 <u>그에 대한 압류 및 전부명령은 강행법규에 위반되어 무효라는 피고의 항변을 다음과 같은 이유로 배척</u>**하고 있다.

즉 위 공사금 452,833,000원중 금 168,245,641원이 위 공사의 근로자에게 지급하여야 할 노임이고 건설업법 제55조, 같은법시행령 제40조가 건설공사로 인한 노임상당의 공사금채권에 대하여 압류를 금지하고 있음은 피고의 주장과 같으나, 노임상당금액에 해당하는 공사금채권은 그 성질상 압류할 수 없는 것이 아니고 법이 사회정책적 고려에 의하여 그 압류를 금지하고 있는 것이라 할 것이므로 위 법규정에 위반하여 이루어진 채권압류 및 전부명령이라도 <u>이는 그 집행방법을 그르친 위법의 있는 것에 불과하여 당연무효가 되는 것이 아니고 채무자 또는 제3채무자의 집행방법에 관한 이의 또는 그 재판에 대한 즉시항고에 의하여 취소되지 않는한 유효하다 할 것인데 이 사건에 있어서는 당해 강제집행절차에서 이러한 불복방법에 의하여 시정을 받았다는 자료를 찾아볼 수 없는 이상 판시 김광아, 강신현의 채권압류 및 전부명령과 원고의 채권압류 및 전부명령은 위 건설업법에 의하여 압류가 금지된 노임상당 공사금채권에 대하여도 그 효력을 미친다</u>는 것이다.

생각컨대 우선 건설업법 제55조, 같은법시행령 제52조(이 사건에 있어서는 전부명령이 발부된때 시행중이던 구 건설업법 제36조의8, 같은법시행령 제40조가 적용되다)에 의하여 **압류가 금지된 채권에 대한 압류명령은 강행법규에 위반되어 무효라 할 것이고 전부명령은 압류채권의 지급에 가름하여 피전부채권이 채무자로부터 압류채권자에 이전하는 효력을 갖는 것이므로 전부명령의 전제가 되는 압류자체가 무효라면 이에 기한 전부명령 역시 무효라고 하지 않을 수 없다 할 것이며 한편 이와 같은 무효는 압류 및 전부명령도 하나의 재판인 이상 이를 당연무효라고는 할 수 없으므로 <u>다만 실체법상 효과를 발생하지 아니하는 뜻의 무효라고 보아 제3채무자는 압류채권자의 전부금 지급소송 중에 위와 같은 실체법상의 무효를 들어 항변</u>할 수 있다고 하여야 할 것이다.**

왜냐하면, 건설업법 제55조가 노임에 상당하는 금액에 대하여 압류를 금지한 것은 근로자의 생존권을 최소한도로 보장하려는 헌법상의 사회보장적 요구( 헌법 제32조)에서 비롯된 것이므로 이와 같은 압류금지채권을 압류하는 것은 강행법규에 위반되는 무효의 것이라 아니할 수 없고 법원으로서는 채권자의 압류신청이 있을 때 그것이 압류금지된 채권인가의 여부를 직권으로 조사하여 그것이 압류가 금지된 것이라면 **그 압류신청을 각하할 것이지만 압류채권자는 압류명령을 신청할때 그 채권이 압류할 수 있다는 것을 적극적으로 설명할 의무가 없고 법원으로서도 채무자나 제3채무자를 심문함이 없이( 민사소송법 제560조)압류명령을 내기 때문에 결국 압류채권자의 신청만을 가지고 조사하여 판단할 수 밖에 없고 그렇게 하여 압류가 금지된 채권에 대하여 압류 및 전부명령이 내려지고 그것이 제3채무자와 채무자에게 송달되면 집행절차를 종료시키는 효과를 갖게 되어 집행방법에 관한 이의 등으로는 그 효력을 다툴 수 없다 함이 당원의 견**해(당원 1980.6.30. 고지, 80마131 결정 등 참조)이고 보면 이러한 압류금지채권에 대한 채권압류 및 전부명령이 강행법규에 위반되어 무효임에도 불구하고 집행법상 불복할 수 없어 언제나 유효하게 되는 불합리한 결과를 초래하기 때문이다.

따라서 소외 김광아, 강신현의 이 사건 채권압류 및 전부명령의 피보전채권인 소외 회사의 피고에 대한 공사금채권 금 452,833,000원중 금 168,254,641원이 당해공사의 노무자에게 지급할 노임에 해당하는 채권으로서 건설업법의 관계규정에 의하여 압류가 금지되는 채권임이 원심

인정과 같은 이상 위 김광아, 강신현의 이 사건 압류 및 전부명령은 위 압류가 금지된 노임에 상당한 공사금채권에 대하여는 **실체법상 강행법규에 위반되는 무효의 채권에 대하여 한 것이 되고 따라서 위 김광아, 강신현의 피고에 대한 전부금채권을 피전부채권으로 하는 원고의 이 사건 전부명령 또한 위와 같다 할 것이므로 피고는 원고의 이 사건 전부금지급청구에 대하여 위와 같은 실체법상 무효임을 내세워 항변할 수 있다** 할 것이다.


압류채권 부존재 사유로 인한 전부명령에 대한 제3채무자 항변 가능성 ( 대법원 2004. 1. 5.자 2003마1667 결정)

> 판례해설
>
> 채권압류 및 전부명령의 결정을 위한 재판에서 **법원은 채무명의의 송달, 선행하는 압류명령의 존부, 피전부적격의 유무 등의 요건을 심리하면 되고, 실제로 채무자가 제3채무자에게 압류 및 전부명령의 대상이 되는 채권을 가지고 있는지 여부는 따질 필요가 없는 것이 원칙이다.** 따라서 채무자가 제3채무자에 대하여 가지는 채권이 존재하지 않는다는 사유의 항변은 할 수 없고, 제3채무자가 채무자에 대하여 부담하는 채권.채무관계의 문제는 추후 전부명령 결정 이후 전부금 청구 소송에서 이미 변제하였다는 점등을 이유로 한 제3채무자의 항변 사유에 불과할 뿐이다.

### 법원판단

채권의 압류 및 전부명령은 금전채권의 채무명의를 가지는 채권자가, 그 채무명의상의 채무자가 제3채무자에 대하여 가지는 금전채권을 대상으로 하는 강제집행으로서, 법원은 압류 및 전부명령의 결정을 함에 있어서는 채무명의의 송달, 선행하는 압류명령의 존부, 피전부적격의 유무 등의 요건을 심리하면 되고, 실지로 채무자가 제3채무자에게 압류 및 전부명령의 대상이 되는 채권을 가지고 있는지 여부는 따질 필요가 없는 것이 원칙이고, 만일 채무자의 제3채무자에 대한 그와 같은 채권이 존재하지 아니하는 경우에는 전부명령이 확정되더라도 변제의 효력이 없는 것이며, 채무자로서는 제3채무자에게 그와 같은 채권을 가지고 있지 않다고 하더라도 특별한 사정이 없는 한 이로 인하여 어떠한 불이익이 있는 것이 아니므로, 이것을 이유로 하여서는 스스로 불복의 사유로 삼을 수 없다고 할 것이다(대법원 1992. 4. 15. 자 92마213 결정 참조).

그럼에도 불구하고 원심은 채무자가 제3채무자에게 이 사건 채권압류 및 전부명령의 대상이 되는 채권을 가지고 있지 아니하다는 이유만으로 제1심법원의 이 사건 채권압류 및 전부명령을 취소하고 채권자의 **신청을 기각**하고 말았으니 이러한 원심의 판단에는 채권압류 및 전부명령에 대한 항고사유에 관한 법리를 오해하여 재판결과에 영향을 미친 위법이 있다고 할 것이므로 원심결정은 파기를 면할 수 없다.

## 전부명령 결정 후 가집행 취소시 항고법원의 판단 방법 (대법원 2004. 7. 9.자 2003마1806 결정)

> **판례해설**
>
> 압류 및 전부명령의 기초가 되는 가집행 판결이 취소된 경우 해당 압류 및 전부명령의 재판부는 어떻게 판단을 해야 할까.
>
> 이 사건에서 원심은 압류 및 전부명령의 재판은 **집행권원의 송달 등 강제집행의 개시요건과 선행하는 압류명령의 존부, 피보전채권의 전부 적격 여부 등만을 심리하는 것에 불과하기 때문에 가집행 취소의 재판은 영향을 미치지 않는다**고 판시하였으나 대법원에서는 가집행 취소 재판은 <u>민사집행법 제49조 제1호 소정의 집행취소서류에 해당하는 것이라는 이유로 정본이 제출될 경우 즉시항고를 받아들여야 한다고 판단하였다.</u>
>
> 원심이 이와 같이 오인한 이유는 <u>압류 및 전부명령의 기초가 확정된 판결인 경우에는 청구이의의 소를 통해서 다투어야 할 뿐 집행법원의 판단 사항은 아니라는 법리 때문에 위와 같이 판단</u>하였는데, 대상판결에서는 확정된 판결이 아닌 가집행 판결이 취소되었기 때문에 위와 같이 해석한 것으로 보인다.

### 법원판단

1. 원심은, 제1심법원이 2003. 8. 1. 주식회사 영진화학의 재항고인에 대한 판시 가집행의 선고가 있는 판결에 기초하여 채권자를 주식회사

영진화학, 채무자를 재항고인, 제3채무자를 대한민국으로 하여, 재항고인의 대한민국에 대한 판시 채권에 대한 채권압류 및 전부명령을 발한 사실, 판시 가집행의 선고가 있는 판결이 항소심에서 취소된 사실을 인정한 후, 집행법원이 채권압류 및 전부명령의 결정을 함에 있어서는 집행권원의 송달 등 강제집행의 개시요건과 선행하는 압류명령의 존부, 피보전채권의 전부적격 여부 등 채권압류 및 전부명령의 요건을 심리하여 결정하면 되고, <u>그 집행채권의 소멸 또는 소멸가능성이 있다는 사유는 즉시항고사유가 되지 못한다</u>고 하면서, 이 사건 채권압류 및 전부명령은 판시 가집행의 선고가 있는 판결이 취소됨으로써 무효가 되었다는 재항고인의 주장을 배척하고, 제1심법원의 채권압류 및 전부명령을 유지하였다.

2. 그러나 원심의 위와 같은 판단은 다음과 같은 이유에서 수긍하기 어렵다.

기록에 의하면, 재항고인이 즉시항고를 제기한 후 원심법원에 판시 가집행의 선고가 있는 판결을 취소한 항소심 판결의 사본을 제출하였던 사실을 알 수 있는바, <u>이 사건 채권압류 및 전부명령의 기초가 된 판시 가집행의 선고가 있는 판결을 취소한 상소심 판결의 정본은 민사집행법 제49조 제1호 소정의 집행취소서류에 해당하는 것이므로, 이러한 경우 원심으로서는 재항고인으로 하여금 그 정본을 제출하도록 한 후, 즉시항고를 받아들여 이 사건 채권압류 및 전부명령을 취소하여야</u>

**할 것**임에도 불구하고 (대법원 1999. 8. 27. 자 99마117, 118 결정, 2004. 1. 29. 자 2003마1492 결정 등 참조), 판시와 같은 이유로 재항고인의 주장을 배척하고 제1심법원의 채권압류 및 전부명령을 유지한 것은 항고심에서 집행취소서류가 제출된 경우에 항고법원이 취할 조치에 관한 법리를 오해한 위법을 저지른 것이고, 이는 재판에 영향을 미친 것으로 보아야 할 것이다(원심이 들고 있는 대법원의 결정은 이 사건과는 사안을 달리 하는 것으로서 이 사건에 원용할 수 없는 것이다).

### 수인의 채무자에 대한 채권 불특정/ 압류미경합일 경우 효력 여부 (대법원 2014. 5. 16. 선고 2013다52547 판결 [추심금])

> **판례해설**
>
> 채무자가 수인이거나 제3채무자가 수인인 경우에는 집행채권액을 한도로 하여 가압류 또는 압류로써 **각 채무자나 제3채무자별로 어느 범위에서 지급이나 처분의 금지를 명하는 것인지를 가압류 또는 압류할 채권의 표시 자체로 명확하게 인식할 수 있도록 특정**하여야 한다.
>
> 만일 이를 특정하지 아니한 가압류결정이나 압류명령은 집행의 범위가 명확하지 아니하여 특별한 사정이 없는 한 무효이고, **전부명령 결정에 대하여 수인의 채권액이 집행채권액을 초과하지 않는다고 하더라도 유효로 되지 않는다. 이는 전부명령 특유의 법리가 아니라 압류결정의 기본적인 법리이기 때문이다.**

### 법원판단

채권에 대한 가압류 또는 압류를 신청하는 채권자는 신청서에 압류할 채권의 종류와 액수를 밝혀야 하고(민사집행법 제225조, 제291조), **채무자가 수인이거나 제3채무자가 수인인 경우에는 집행채권액을 한도로 하여 가압류 또는 압류로써 각 채무자나 제3채무자별로 어느 범위에서 지급이나 처분의 금지를 명하는 것인지를 가압류 또는 압류할 채권의 표시 자체로 명확하게 인식할 수 있도록 특정**하여야 하며, 이를 특정하지 아니한 경우에는 집행의 범위가 명확하지 아니하여 특별한 사정이 없는 한 그 가압류결정이나 압류명령은 무효라고 보아야 한다. 각 채무자나 제3채무자별로 얼마씩의 압류를 명하는 것인지를 개별적으로 특정하지 않고 단순히 채무자들의 채권이나 제3채무자들에 대한 채권을 포괄하여 압류할 채권으로 표시하고 그중 집행채권액과 동등한 금액에 이르기까지의 채권을 압류하는 등으로 금액만을 한정한 경우에, 각 채무자나 제3채무자는 자신의 채권 혹은 채무 중 어느 금액 범위 내에서 압류의 대상이 되는지를 명확히 구분할 수 없고, 그 결과 각 채무자나 제3채무자가 압류의 대상이 아닌 부분에 대하여 권리를 행사하거나 압류된 부분만을 구분하여 공탁을 하는 등으로 부담을 면하는 것이 불가능하기 때문이다.

그리고 압류의 대상인 수인의 채무자들의 채권 합계액이나 수인의 제3채무자들에 대한 채권 합계액이 집행채권액을 초과하지 않는다

하더라도, 개별 채무자 및 제3채무자로서는 자신을 제외한 다른 모든 채무자들의 채권액이나 모든 제3채무자들의 채무액을 구체적으로 알고 있는 특별한 경우가 아니라면 자신에 대한 집행의 범위를 알 수 없음은 마찬가지이므로 달리 볼 것은 아니다.

가압류 존재하는 채권에 대한 전부명령/ 가압류 집행 해제된 경우 전부명령 효력(대법원 2001. 10. 12. 선고 2000다19373 판결)

### 판례해설

**압류가 경합된 상태에서 신행된 선부명령은 부효**에 해당하고 판시에서 보는 바와 같이 일단 무효로 된 전부명령은 추후 경합된 가압류권자가 취하를 한다고 하더라도 무효로 된 전부명령이 재차 부활하지 않는다.

### 법원판단

원심판결 이유에 의하면 원심은, 채권가압류에 있어서 채권자가 채권가압류신청을 취하하면 채권가압류결정은 그로써 효력이 소멸되지만, 채권가압류결정정본이 제3채무자에게 이미 송달되어 채권가압류결정이 집행되었다면 그 취하통지서가 제3채무자에게 송달되었을 때에 비로소 그 가압류집행의 효력이 장래를 향하여 소멸되므로, 이 사건에 있어서 소외 왕성중기건설 주식회사 및 유한회사 대영판유리상사의 채권가압류 집행의 효력은 채권가압류신청의 취하통지서가 제3채무자인 대한민국에 송달된 1998. 7. 31. 소멸되고, 원고가 채권자인 채권압류 및 전부명령정본이 제3채무자인 대한민국에 송달된 같은 달 28일에는 이 사건 공사대금채권에 위 회사들의 채권가압류와 원고의 이 사건 채권압류의 집행이 경합상태에 놓여 있었다 할 것이라고 설시하면서, 원고의 이 사건 전부명령은 압류가 경합된 상태에서 발령된 경우에 해당하여 무효이고, 한 번 무효로 된 전부명령은 일단 경합된 가압류 및 압류가 그 후 채권가압류의 집행해제로 경합상태를 벗어났다고 하여 되살아나는 것은 아니라는 이유로 원고의 청구를 받아들이지 않고 있는바, 관계 법령 및 기록에 비추어 살펴보면, 원심의 위와 같은 사실인정과 판단은 옳고, 거기에 상고이유에서 주장하는 바와 같은 법리오해의 위법이 없다.


채무자의 청산절차 또는 파산신청 (대법원 1999. 8. 13.자 99마2198,2199 결정)

> **판례해설**
>
> 전부금 청구의 소에서 제3채무자가 다툴 수 있는 항변 사유는 <u>자신이 채무자에 대하여 부담하고 있는 채무(피전부채권)와 관련된 내용에 한</u>하므로 <u>압류 및 전부 채권자가 이미 전부명령 결정을 받은 경우</u>에는 더 이상 적법한 항변 사유가 아니고 특별히 채무자가 파산선고를 받았다고 하더라도 달리 볼 것은 아니다.

### 법원판단

재항고인은, 그 회사가 해산에 따른 청산절차를 진행하던 중, 파산신청을 하여 현재 그 절차가 진행 중이므로 특정 채권자에 대하여만 변제하는 결과에 이르는 이 사건 전부명령은 모든 채권자에게 공평한 만족을 도모하여야 하는 청산 내지 파산절차의 제도적 취지에 어긋나는 것으로서 허용되어서는 아니되고, 또한 이 사건 집행채권의 대부분이 채권자의 상계로 소멸되었으므로 그 전액을 구하는 이 사건 전부명령은 부당하다는 취지의 주장을 하나, **채무자에 대한 청산절차가 진행 중이라거나 파산신청이 되어 있다는 사정만으로는 집행에 장애사유가 된다고 할 수 없고, 집행채권이 변제나 상계 등에 의하여 소멸되었다는 것과 같은 실체상의 사유는 적법한 항고이유가 되지 아니하므로**(대법원 1997. 4. 28.자 97마360, 361 결정 참조), 위 주장은 어느 모로 보나 받아들일 수 없다.


압류의 경합/ 채권의 준점유자에 대한 변제 1 (대법원 1995. 4. 7. 선고 94다59868 판결)

### 판례해설

채권가압류나 압류가 경합된 경우에 있어서는 그 압류채권자의 한 사람이 전부명령을 얻으면 그 전부명령은 무효가 되지만, 이 경우에도 그 전부채권자는 채권의 준점유자에 해당한다고 할 것인바 제3자가 전부채권자에게 선의.무과실로 변제를 하였다면 이는 채권의 준점유자에 대한 변제로서 민법 제470조에 의하여 유효한 변제가 될 수 있다.

다만 대상판결에서는 **전부금 결정문 송달 전 이미 가압류 결정문이 송달되어 압류의 경합이 발생한 사실을 이미 알았거나 알 수 있었음에도 이를 무시하고 만연히 변제한 것은 부적법한 변제로서 유효하지 않다**고 판단하였는바 채무자로서는 전부명령이 송달되기 이전 특히 가압류나 압류 등의 결정문이 송달되었는지 필수적으로 확인을 해야 할 것이다.

### 법원판단

채권가압류나 압류가 경합된 경우에 있어서는 그 압류채권자의 한 사람이 전부명령을 얻더라도 그 전부명령은 무효가 되지만, 이 경우에도 그 전부채권자는 채권의 준점유자에 해당한다고 보아야 할 것이므로 제3채무자가 그 전부채권자에게 전부금을 변제하였다면 제3채무자가 선의 무과실인 때에는 민법 제470조에 의하여 그 변제는 유효하고 제3채무자는 다른 압류채권자에 대하여 이중변제의 의무를 부담하지 아니하는 반면에 제3채무자가 위 전부금을 변제함에 있어서 선의 무과실이 아니었다면 제3채무자가 전부채권자에게 한 전부금의 변제는 **효력이 없는 것**이다(대법원 1988.8.23. 선고 87다카546 판결 참조).

원심이 채택한 증거들과 기록에 비추어 살펴보면, 피고는 위 전평규의 전부명령을 송달받기 이전에 이미 원고의 가압류결정을 송달받았을 뿐 아니라, 원고가 전부명령을 받고 변호사를 선임하여 전부금 청구 소송을 제기하였다가 그 소송계속중에 새로이 압류 및 추심명령을 받아 추심절차를 취할 의사를 명백히 한 후에야 위 전부금소송을 취하하였고, 그 소송과정에서 피고는 변호사의 자문을 받아 작성한 답변서(갑 제5호증)에서 원고의 전부명령은 압류 또는 가압류가 경합한 상태에서 발하여진 것으로 무효라는 주장을 스스로 제기한 바 있으며, 그 이후 피고는 원고가 모르는 사이에 진행된 위 전평규와의 전부금소송절차에서 원고의 압류가 경합되어 있다는 주장은 내세우지도 아니함으로써 패소판결을 받고 바로 그 전부금을 변제하여 버린 사실을 알아볼 수 있는 바, 그렇다면 피고로서는 원고의 전부명령은 물론 위 전평규의 전부명령 또한 원고의 가압류와 경합된 상태에서 발하여진 것으로서 무효라는 것을 알았거나 알 수 있었다고 할 것이고, 그럼에도 불구하고 피고가 위 전평규의 전부명령이 유효한 것으로 속단하고 위 전평규와의 소송과정에서 그 무효 여부를 다투어 보지도 아니한 채 패소판결을 받고 전부금을 바로 변제하여 버렸다면 피고에게는 과실이 있었다고 보아야 할 것이다.

그럼에도 원심은 그 설시와 같은 이유로 피고에게 아무런 과실이 없었다고 하여 원고의 청구를 기각하고 말았으니 원심판결에는 채권의 준점유자에 대한 변제에 있어서 변제자의 과실에 관한 법리를 오해한 위법이 있다 할 것이고, 이러한 위법은 판결에 영향을 미쳤음이 분명하므로 이 점을 지적하는 논지는 이유 있다.

압류의 경합 / 채권의 준점유자에 대한 변제 2 (대법원 2000. 10. 27. 선고 2000다23006 판결)

> **판례해설**
>
> 수 개의 가압류 및 압류가 경합된 상태에서 진행된 압류 및 전부명령은 무효이기 때문에 무효의 결정에 의한 변제의 효력 역시 무효로 될 수 밖에 없다. 다만 **무효라고 하더라도 채권자로서의 외관을 가지고 있는 경우 민법 제470조 채권의 준점유자에 대한 변제로서 유효할 수 있는바** 변제가 유효하기 위한 요건은 채무자가 변제에 있어서 선의 무과실이어야 하는바 대상판결에서는 과실이 인정되어 유효한 변제로 인정받지 못하였다.

### 법원판단

원심판결 이유에 의하면, 원심은 그 판결에서 채용하고 있는 증거들을 종합하여, 소외 강원종합건설 주식회사(이하 '소외 회사'라 한다)의 채권자인 소외 정재식, 심효섭, 주식회사 보람상호신용금고, 강장규 등이 1998. 6. 15.부터 같은 해 7월 4일까지 사이에 소외 회사의 원고에 대한 이 사건 공사대금채권 중 합계 금 516,027,634원에 관하여 채권가압류 또는 압류 및 추심명령을 받아 그 결정이 제3채무자인 원고에게 그 무렵 송달되고, 피고가 같은 해 7월 30일 소외 회사의 원고에 대한 이 사건 공사대금채권 중 금 7,500,130,780원에 관하여 채권압류 및 전부명령(이하 '이 사건 전부명령'이라 한다)을 받아 같은 해 8월 3일 원고에게 이 사건 전부명령이 송달되었는데, 원고가 같은 해 8월 28일 피고에게 이 사건 전부명령에 의한 전부금의 변제로 금 284,395,866원을 지급한 사실을 인정한 다음, **이 사건 전부명령이 제3채무자인 원고에게 송달된 1998. 8. 3. 당시 소외 회사의 원고에 대한 공사대금채권은 총 공사대금 10,111,588,000원에서 이미 지급된 금 2,511,433,442원을 공제한 나머지 금 7,600,154,558원인데, 이 사건 전부명령이 송달됨으로써 압류 또는 가압류된 채권의 총액이 금 8,016,158,414원이 되어 잔여 공사대금채권액을 초과함으로써 압류가 경합되었으므로 이 사건 전부명령은 무효**라고 판단하고 나서, 그 판결에서 채용하고 있는 증거들을 종합하여 원고는 이 사건 전부명령을 송달받은 후 소외 회사에게 기성공사대금을 지급하지 아니하고 있다가 소외 회사의 하도급업자들이 원고 공사에 찾아와 항의하는 상황이 벌어지자 원고 공사 경기지역본부 총무부 조달과장인 소외 임동균이 원고 공사 경기지역본부의 고문변호사에게 전화로 법률관계를 문의한 후 원고 공사 내부의 결재를 거쳐서 그 때까지 원고 공사가 소외 회사에게 지급하여야 할 총 공사대금 3,471,433,442원 중 소외 회사가 1998. 6. 12.까지 지급한 공사대금 2,511,433,442원, 원고가 소외 회사 인부들에게 직접 지급한 노임 금 159,576,500원과 소외 회사의 다른 채권자들이 압류 및 가압류한 채권액 금 516,027,634원을 공제한 나머지 금 284,395,866원을 피고에게 지급한 사실을 인정하고, **원고가 위 금원을 지급할 당시 무효인 전부명령의 채권자인 피고에게 선의, 무과실로 변제하므로써 채권의 준점유자에 대한 변제로서 유효하고 따라서 원고의 소외 회사에 대한 채무는**

소멸하여 원고가 이로 인하여 어떤 손해를 입었다고 할 수 없는 이상 원고는 피고에 대하여 이 사건 전부명령의 무효를 주장하여 부당이득 반환청구를 할 수 없다고 판단하고 있다.

그러나 기록에 의하면, 원고 공사의 임동균 과장이 원고 공사의 고문변호사에게 전화로 문의할 당시는 상당히 급박한 상황이어서 채권가압류의 경합상태 등에 관하여 제대로 설명을 하지 못하고 소외인들의 가압류 및 압류금액을 제외하고도 원고 공사가 지급해야 할 공사대금이 남아 있다는 취지로 질의를 하고 이러한 질의를 기초로 하여 답변을 들은 후 내부적인 결재를 거쳐 위 금원을 지급한 사정을 알 수 있는바(기록 153, 157면), 사정이 이와 같다면 원고 공사로서는 그 전화 문의과정에서 고문변호사에 대하여 사실관계에 대한 설명과 자료의 제공 등을 제대로 하지 못하였다고 할 것이고 그로 인하여 고문변호사도 충분한 자료검토와 신중한 판단을 하지 못하게 되어 결과적으로 잘못된 답변을 하게 되었으며 원고 공사도 이를 참고하여 위 금원을 지급하기로 결정하기에 이르게 된 것이므로, 이러한 일련의 과정에서의 잘못은 결국 원고측의 과실이라고 보아야 할 것이므로, 고문변호사에게 전화로 문의하였다는 등의 사정만으로 원고가 무효인 이 사건 전부명령의 채권자인 피고에게 위 금원을 지급한 데에 과실이 없다고 할 수는 없을 것이다.

그럼에도 불구하고, 원심이 이와 달리 원고가 무효인 전부명령의 채권자인 피고에게 선의, 무과실로 위 금원을 변제하여 채권의 준점유자에 대한 변제로서 **유효하다고 판단한 조치**는 원고의 과실 유무에 대한 심리를 다하지 아니하였거나 변제자의 무과실에 관한 법리를 오해함으로써 판결에 영향을 미친 위법을 저지른 것이라고 하지 않을 수 없다. 상고이유 중 이 점을 지적하는 부분은 이유 있다.

집행채권 소멸 / 제3채무자의 지위 (대법원 2004. 5. 28. 선고 2004다6542 판결)

> **판례해설**
>
> 일단 압류 및 전부명령이 결정되어 확정된 경우에는 집행채권이 소멸하였다거나 실제 채무액을 초과하였다는 사정만으로 채권압류 및 전부명령의 효력이 상실되지 않는다. 따라서 **제3채무자로서는 채무자에 대하여 부담하고 있는 채무액의 한도 내에서 집행채권자에게 변제하면 완전히 면책되게 된다.**
>
> 다만 이러한 경우에 집행채무자의 입장에서는 자신의 채권이 소멸하였으므로 집행채권자에 대한 부당이득반환청구를 통하여 구제를 받을 수 있을 뿐이다.

**법원판단**

집행력 있는 집행권원에 기하여 채권압류 및 전부명령이 적법하게 이루어진 이상 피압류채권은 집행채권의 범위 내에서 당연히 집행채권자에게 이전한다 할 것이어서 그 집행채권이 이미 소멸하였거나 실제 채무액을 초과하더라도 그 채권압류 및 전부명령에는 아무런 영향이 없고, 제3채무자로서는 채무자에 대하여 부담하고 있는 채무액의 한도 내에서 집행채권자에게 변제하면 완전히 면책되는 것이다(대법원 1976. 5. 25. 선고 76다626 판결, 1989. 9. 12. 선고 88다카34117 판결, 1996. 6. 28. 선고 95다45460 판결 참조).

원심은, 원고가 법원으로부터 채권압류 및 전부명령을 받은 채권은 피해자 박형근의 피고에 대한 전체 손해배상청구채권 중 청구금액인 금 62,274,984원으로 기왕치료비 항목에 국한하여 전부받은 것이 아니고, 전부명령의 효력 발생 당시 피해자 박형근의 피고에 대한 전체 손해배상청구채권의 수액이 위 청구금액을 훨씬 초과하여 존재하고 있었던 사실을 인정한 다음, 위 전부명령의 피전부채권인 피해자 박형근의 피고에 대한 손해배상청구채권 중 기왕치료비 항목은 보험수가를 적용하여야 함에도 일반진료수가를 기준으로 계산되었으므로 보험수가를 초과한 금원 상당의 피전부채권은 처음부터 존재하지 않는다는 피고의 주장을 배척하였는바, 원심이 채용한 증거들을 기록에 비추어 살펴보면, 원심의 위와 같은 사실인정은 정당한 것으로 수긍이 되고, 한편 <u>피고가 피해자 박형근에 대하여 부담하고 있는 채무액이 피전부채권액인 청구금액을 초과하고 있는 이상 피고는 전부채권자인 원고에게 청구금액 전액을 변제하여야 면책</u>되는 것이므로 이 점에 관한 원심의 판단도 정당하며, 거기에 채증법칙을 위배하여 사실을 오인하거나 보험수가에 관한 법리를 오해한 위법이 있다고 할 수 없다. 이 점에 관한 상고이유의 주장도 받아들일 수 없다.

집행권원의 하자/ 절차 종료/ 전부채권자의 부당이득반환가능성 및 방법 (대법원 2005. 4. 15. 선고 2004다70024 판결)

판례해설

압류 및 전부명령 채권자의 집행채권이 무효인 경우 당사자는 청구이의의 소등을 통해서만 해당 무효를 디툴 수 있고 만약 압류 및 전부명령 신청이 결정되고 제3채무자에게 송달되어 이의하지 않는다면 압류 및 전부명령 결정은 확정되고 더 이상 청구이의의 소 등으로 다툴 수 없다.

다만 대상판결은 이런 경우 채권자는 채무자에 대한 관계에서 부당이득한 것이므로 그 집행채권자는 집행채무자에게, 위 전부명령에 따라 전부받은 채권 중 실제로 추심한 금전 부분에 관하여는 그 상당액을 반환하여야 하고, 추심하지 아니한 나머지 부분에 관하여는 그 채권 자체를 양도하는 방법에 의하여 반환하여야 한다.

법원판단

채무자 또는 그 대리인의 유효한 작성촉탁과 집행인낙의 의사표시에 터잡아 작성된 공정증서를 집행권원으로 하는 금전채권에 대한 강제집행절차에서, 비록 그 공정증서에 표시된 청구권의 기초가 되는 법률행위에 무효사유가 있다고 하더라도 그 강제집행절차가 청구이의의 소 등을 통하여 적법하게 취소·정지되지 아니한 채 계속 진행되어 채권압류 및 전부명령이 적법하게 확정되었다면, 그 강제집행절차가 반사회적 법률행위의 수단으로 이용되었다는 등의 특별한 사정이 없는 한, 단지 이러한 법률행위의 무효사유를 내세워 확정된 전부명령에 따라 전부채권자에게 피전부채권이 이전되는 효력 자체를 부정할 수는 없고, **다만 위와 같이 전부명령이 확정된 후 그 집행권원인 집행증서의 기초가 된 법률행위 중 전부 또는 일부에 무효사유가 있는 것으로 판명된 경우에는 그 무효 부분에 관하여는 집행채권자가 부당이득을 한 셈이 되므로, 그 집행채권자는 집행채무자에게, 위 전부명령에 따라 전부받은 채권 중 실제로 추심한 금전 부분에 관하여는 그 상당액을 반환하여야 하고, 추심하지 아니한 나머지 부분에 관하여는 그 채권 자체를 양도하는 방법에 의하여 반환**하여야 한다. 한편, 이러한 집행채무자의 채권자가 그 집행채권자를 상대로 위 부당이득금 반환채권을 대위행사하는 경우 집행채무자에게 그 반환의무를 이행하도록 청구할 수도 있지만, 직접 대위채권자에게 이행하도록 청구할 수도 있다고 보아야 하는데(대법원 1962. 1. 11. 선고 4294민상195 판결 참조), 이와 같이 **채권자대위권을 행사하는 채권자에게 변제수령의 권한을 인정하더라도 그것이 채권자 평등의 원칙에 어긋난다거나 제3채무자를 이중 변제의 위험에 빠뜨리게 하는 것이라고 할 수 없다.**

압류 및 전부명령 확정/ 피전부채권 부존재(적극) (대법원 1996. 11. 22. 선고 96다37176 판결)

> **판례해설**
>
> 압류 및 전부명령이 제3채무자에게 송달되고 1주일의 즉시항고기간이 경과하거나 즉시항고가 제기되어 그 항고기각 또는 각하결정이 확정된 경우에는 **집행채권에 관하여 변제의 효과가 발생하고 그 때에 강제집행절차는 종료하는 것이며** 이 경우 피전부채권이 존재하지 아니하는 경우라 하더라도 더 이상 다툴 수 없다.
>
> 다만 피전부채권이 존재하지 않는다면 집행채권의 소멸 효과는 발생하지 않고 전부채권자는 새로운 집행문을 부여받아 재차 다른 채무자의 재산에 집행을 들어갈 수 있다.

### 법원판단

1. 제3자이의의 소는 강제집행의 목적물에 대하여 소유권이나 양도 또는 인도를 저지하는 권리를 가진 제3자가 위 권리를 침해하여 현실적으로 진행되고 있는 강제집행에 대하여 이의를 주장하고 집행의 배제를 구하는 소이므로 당해 강제집행이 종료된 후에 제3자이의의 소가 제기되거나 제3자이의의 소가 제기된 당시 존재하였던 강제집행이 소송계속 중 종료된 경우에는 소의 이익이 없어 부적법하다 할 것이다.

한편 현행 민사소송법 제561조와 제563조는 금전채권의 압류 및 전부명령의 신청에 관한 재판에 대하여는 즉시항고를 할 수 있도록 규정하고 전부명령은 확정되어야 효력이 있다고 규정하며, 같은 법 제564조는 전부명령이 확정된 경우에는 전부명령이 제3채무자에게 송달된 때에 채무자는 채무를 변제한 것으로 보고, 다만 채권이 존재하지 아니한 때에는 그러하지 아니하다고 규정하고 있으므로, <u>금전채권의 압류 및 전부명령이 집행절차상 적법하게 발부되어 채무자 및 제3채무자에게 적법하게 송달되고 1주일의 즉시항고기간이 경과하거나 즉시항고가 제기되어 그 항고기각 또는 각하결정이 확정된 경우에는 집행채권에 관하여 변제의 효과가 발생하고 그 때에 강제집행절차는 종료하는 것</u>인바, 가사 피전부채권이 존재하지 아니하는 경우라 하더라도 같은 법 제564조 단서의 규정에 따라 집행채권 소멸의 효과는 발생하지 아니하나, 강제집행절차는 피전부채권이 존재하는 경우와 마찬가지로 전부명령의 확정으로 종료하는 것이고, 단지 **전부채권자는 집행채권이 소멸하지 아니한 이상 피전부채권이 존재하지 아니함을 입증하여 다시 집행력 있는 정본을 부여받아 새로운 강제집행을 할 수 있을 뿐**이라 할 것이다.

따라서 피전부채권이 채무자가 아니라 자신에게 귀속되는 것임을 주장하는 자가 그 채무자의 제3채무자에 대한 채권의 압류 및 전부명령에 대하여 제기한 제3자이의의 소는 그 소가 채권압류 및 전부명령이 확정된 뒤에 제기되었거나 그 소의 제기 이후 채권압류 및 전부명령이 확정된 경우에는 그 피전부채권의 존재 여부나 그 귀속 주체에 관한 다툼이 있는지의 여부에 관계없이 소의 이익이 없어 부적법하다 할 것이다.

상속포기자/ 집행 채무자 적격 (대법원 2002. 11. 13., 선고, 2002다41602, 판결)

> **판례해설**
>
> 상속인이 상속 포기를 하였음에도 피상속인의 채권자가 피상속인에 대하여 가지고 있는 채권으로 승계집행문을 받아 압류 전부 명령 신청하여 확정된 경우 그 법률효과는 어떻게 될 것인지 문제된다.
>
> 이에 대하여 원심은 이미 승계집행문을 부여받아 압류 및 전부명령신청을 하고 확정된 경우 더 이상 다툴 수 없다고 하여 압류 및 전부명령신청을 유효하다고 판단하였으나 **대법원은 상속포기는 상속 시로 소급하여 상속이 부정된다는 점에서 집행채무자 적격이 없는 자에 대한 압류 및 전부명령의 결정이 되고, 결국 그 명령은 소급하여 무효로 되며 이런 법률관계는 전부명령이 확정되었다고 하더라도 달리 볼 것은 아니라고 판단하였다.**

**법원판단**

원심이 그 판시 채권압류 및 전부명령의 확정에 따라 원고의 이 사건 임대차보증금 반환채권 중 35,431,217원에 관한 부분이 피고보조참가인에게 이전되었다고 본 것은 수긍할 수 없다.

채무명의에 표시된 채무자의 상속인이 상속을 포기하였음에도 불구하고, 집행채권자가 동인에 대하여 상속을 원인으로 한 승계집행문을 부여받아 동인의 채권에 대한 압류 및 전부명령을 신청하고, 이에 따라 집행법원이 채권압류 및 전부명령을 하여 그 명령이 확정되었다고 하더라도, **채권압류 및 전부명령이 집행채무자 적격이 없는 자를 집행채무자로 하여 이루어진 이상, 피전부채권의 전부채권자에게의 이전이라는 실체법상의 효력은 발생하지 않는다고 할 것**이다. 이는 집행채무자가 상속포기 사실을 들어 집행문부여에 대한 이의신청 등으로 집행문의 효력을 다투어 그 효력이 부정되기 이전에 채권압류 및 전부명령이 이루어져 확정된 경우에도 그러하다고 할 것이다.

그럼에도 불구하고, **원심이 상속포기로 인하여 집행채무자 적격이 없는 원고를 집행채무자로 하여 이루어진 채권압류 및 전부명령에 의하여 이 사건 임대차보증금 반환채권 중 35,431,217원에 관한 부분이 피고보조참가인에게 이전되었다고 보았으니**, 원심에는 집행채무자 적격이 없는 자를 집행채무자로 하여 실시된 강제집행의 실체법상의 효력에 관한 법리를 오해함으로써 판결에 영향을 미친 위법이 있다고 할 것이다. 따라서 이 점을 지적하는 상고이유의 주장은 이유 있다.

## 2. 전부명령 효력

소급효, 변제효 발생 요건/ 전부명령이 확정되지 않을 경우의 문제(대법원 1992. 4. 15.자 92마213 결정)

> **판례해설**
>
> 민사집행법에서는 금전채권의 압류 및 전부명령의 신청에 관한 재판에 대하여 즉시항고를 할 수 있고 더불어 확정되어야 효력이 있다고 규정하면서 **동법 제564조는 전부명령이 확정된 경우에는 전부명령이 제3채무자에게 송달된 때에 채무자는 채무를 변제한 것으로 본다고 규정**하고 있는바 결국 전부명령은 송달되고 채무자가 그 기간 내에 이의가 없어야 비로소 확성된다.
>
> 법원은 채권자의 전부명령신청을 결정함에 있어 **채무명의(=집행권원)의 송달, 선행하는 압류명령의 존부, 피전부적격의 유무등의 요건을 심리하면 되고, 실재 채무자가 제3채무자에게 압류 및 전부명령의 대상이 되는 채권을 가지고 있는지 여부는 따질 필요가 없는 것이 원칙이고, 만일 채무자의 제3채무자에 대한 그와 같은 채권이 존재하지 아니하는 경우에는 전부명령이 확정되더라도 변제의 효력이 없는 것**이며, 채무자로서는 제3채무자에게 그와 같은 채권을 가지고 있지 않다고 하더라도 특별한 사정이 없는 한 이로 인하여 어떠한 불이익이 있는 것이 아니므로, 이것을 이유로 하여서는 스스로 불복의 사유로 삼을 수 없다고 할 것이다.
>
> 대상판결에서 원심은 이미 제3채무자에게 송달된 이상 **집행채권에**

관하여 변제의 효과가 발생하고 강제집행절차는 종료되므로 그 이후에는 이에 대하여 집행법상의 이의로 불복하는 길은 없다고 판시하였으나, 대법원은 전부명령 결정문이 송달되었다고 하더라도 채무자가 이의하였다면 확정의 효력을 발생하지 않는다고 하였다. 다만 피전부채권이 존재하지 않는다는 사유는 전부금청구 소송에서 다툴 수 있고, 피전부채권이 존재하지 않는다면 무효에 불과할 뿐 이를 이의사유로 다툴 수 없다고 하여 전부명령의 효력이 확정되는 시기 및 전부명령의 채무자가 전부명령 결정에 대하여 다툴 수 있는 범위 등에 관하여 명확하게 판시하였다.

### 법원판단

1. 기록에 의하면, 이 사건 채권압류 및 전부명령은 채권자 박성희의 신청에 의하여 재항고인(채무자)의 제3채무자 대한민국에 대한 채권, 즉 신청외 박성인, 조성자가 채무자(재항고인)에게 1992.1.15. 광주지방법원 92년 금제131호로서 변제공탁한 채무자의 제3채무자에 대한 공탁금출급청구채권중 금 50,000,000원의 채권을 압류 및 전부명령한 것임을 알 수 있는바, 원심결정 이유에 의하면 원심은 이 사건 압류 및 전부명령의 대상이 된 공탁금출급청구채권의 채권자는 신청외 유한회사 효성콘크리트이고 재항고인은 그 대표이사에 불과함에도 불구하고 위 채권에 대하여 채무자를 재항고인, 제3채무자를 대한민국으로 하여 압류 및 전부명령을 한 것은 위법하다는 재항고인의 주장에 대하여, **전부명령은 그 방식에 있어서 적법한 이상 설사 그 내용이 위법무효 하더라도 그것이 발부되어 채무자와 제3채무자에게 송달되면 집행채권에 관하**

여 변제의 효과가 발생하고 강제집행절차는 종료되므로 그 이후에는 이에 대하여 집행법상의 이의로 불복하는 길은 없다고 판단하여, 제3채무자에게 이 사건 압류 및 전부명령이 송달된 후에 제기된 재항고인의 항고는 더 나아가 살펴볼 필요없이 이유없다고 배척하였다.

2. 살피건대 현행 민사소송법 제561조와 제563조는 구 민사소송법과는 달리 금전채권의 압류 및 전부명령의 신청에 관한 재판에 대하여 즉시항고를 할 수 있도록 규정하고, 또 전부명령은 확정되어야 효력이 있다고 규정하고, 같은법 제564조는 전부명령이 확정된 경우에는 전부명령이 제3채무자에게 송달된 때에 채무자는 채무를 변제한 것으로 본다고 규정하고 있으므로, <u>확정되지 아니한 전부명령에 의하여 변제의 효과가 발생하고 강제집행절차가 종료할리는 없고 , 따라서 원심의 이 부분 설시는 적절하다고 할 수 없다.</u>

3. 그러나 채권의 압류 및 전부명령은 금전채권의 채무명의를 가지는 채권자가 그 채무명의상의 채무자가 제3채무자에 대하여 가지는 금전채권을 대상으로 하는 강제집행으로서, <u>법원은 압류 및 전부명령의 결정을 함에 있어서는 채무명의의 송달, 선행하는 압류명령의 존부, 피전부적격의 유무등의 요건을 심리하면 되고, 실지로 채무자가 제3채무자에게 압류 및 전부명령의 대상이 되는 채권을 가지고 있는지 여부는 따질 필요가 없는 것이 원칙이고, 만일 채무자의 제3채무자에 대한 그와 같은 채권이 존재하지 아니하는 경우에는 전부명령이 확정되더라</u>

도 변제의 효력이 없는 것이며, 채무자로서는 제3채무자에게 그와 같은 채권을 가지고 있지 않다고 하더라도 특별한 사정이 없는 한 이로 인하여 어떠한 불이익이 있는 것이 아니므로, 이것을 이유로 하여서는 스스로 불복의 사유로 삼을 수 없다고 보아야 할 것이다.

뿐만 아니라 기록을 살펴보면 광주지방법원 92년금 131호의 공탁서(기록113면)에는 공탁물을 수령할 자의 주소 성명이 재항고인의 주소 성명 그대로되어 있으므로, 재항고인과 위 회사와의 내부관계가 어떻게 되어 있는 것은 별론으로 하고 대한민국에 대하여 위 변제공탁금의 출급을 청구할 채권자는 재항고인이라고 할 것이니, 이로 미루어 보더라도 재항고인의 항고논지는 이유 없는 것이다.

## 전부명령 경정결정 허용범위 및 효력발생 시기(대법원 1998. 2. 13., 선고, 95다15667, 판결)

### 판례해설

압류 및 전부명령에서의 제3자 송달시기는 채권의 우열관계 판단에 아주 중요하다. 특히 **이미 결정된 압류 및 전부명령의 경정신청을 하여 결정될 경우 소급하여 유효로 되는지 아니면 경정결정처분이 송달된 경우에 비로소 유효로 되는 지**가 문제될 수 있다.

대상판결에서는 압류 및 전부명령 경정신청은 동일성이 유지되는 한도 내에서 결정되고 <u>동일성이 유지되는 한도 내에서 경정 결정이 허용되기 때문에 원래의 송달 시로 소급하여 그 효력을 유지한다</u>고 판단하고 있다.

### 법원판단

채권집행에 있어서 압류 및 전부명령은 결정의 일종이므로 압류 및 전부명령에 위산, 오기 기타 이에 유사한 오류가 있는 것이 명백한 때에는 법원은 직권 또는 당사자의 신청에 의하여 경정결정을 할 수 있고(민사소송법 제210조 제1항, 제197조), 다만 <u>경정결정으로 인하여 압류 및 전부명령의 동일성의 인식이 저해되는 경우에는 당초의 압류 및 전부명령의 내용이 실질적으로 변경되는 것으로서 허용되지 아니한다</u>고 할 것이다. 그리고 압류 및 전부명령의 경정결정이 확정되는 경우 당초의 압류 및 전부명령은 그 경정결정과 일체가 되어 처음부터 경정된 내용의 압류 및 전부명령이 있었던 것과 같은 효력이 있으므로(대법원 1962. 1. 25.자 4294민재항674 결정 참조), 당초의 압류 및 전부명령 정본이 제3채무자에게 송달된 때에 소급하여 경정된 내용의 압류 및 전부명령의 효력이 발생한다고 할 것이다.

그런데 <u>채권자가 이미 사망한 자를 그 사망 사실을 모르고 제3채무자로 표시하여 압류 및 전부명령을 신청하였을 경우 채무자에 대하여 채무를 부담하는 자는 다른 특별한 사정이 없는 한 이제는 사망자가 아니라 그 상속인이므로 사망자를 제3채무자로 표시한 것은 명백한</u>

오류이고, 또한 압류 및 전부명령에 있어서 그 제3채무자의 표시가 이미 사망한 자로 되어 있는 경우 그 압류 및 전부명령의 기재와 사망이라는 객관적 사정에 의하여 누구라도 어느 채권이 압류 및 전부되었는지를 추인할 수 있다고 할 것이어서 그 제3채무자의 표시를 사망자에서 그 상속인으로 경정한다고 하여 압류 및 전부명령의 동일성의 인식을 저해한다고 볼 수는 없으므로, **그 압류 및 전부명령의 제3채무자의 표시를 사망자에서 그 상속인으로 경정하는 결정은 허용된다고 할 것**이다. 그리고 채권집행 절차에 있어서 제3채무자는 집행당사자가 아니라 이해관계인에 불과하여 그 압류 및 전부명령을 신청하기 이전에 제3채무자가 사망하였다는 사정만으로는 채무자에 대한 강제집행요건이 구비되지 아니하였다고 볼 수 없으므로, 이미 사망한 자를 제3채무자로 표시한 압류 및 전부명령이 있었다고 하더라도 이러한 오류는 위와 같은 경정결정에 의하여 시정될 수 있다고 할 것이다. 따라서 그 후 제3채무자의 표시를 사망자에서 그 상속인으로 경정하는 결정이 있고 그 경정결정이 확정되는 경우에는 당초의 압류 및 전부명령 정본이 제3채무자에게 송달된 때에 소급하여 제3채무자가 사망자의 상속인으로 경정된 내용의 압류 및 전부명령의 효력이 발생한다고 할 것이다.

압류 및 전부명령 결정/ 압류 및 전부명령 결정 불복 사건의 판단범위(대법원 1976. 5. 25. 선고 76다626 판결)

### 판례해설

　　압류 및 전부명령을 신청하기 위해서는 기본적으로 집행권원이 존재하여야 하고 집행권원이 전제된 상태에서 압류 및 전부명령 결정이 될 수 있다. 따라서 결정이 된 이후에 제3채무자는 채권자가 제3채무자에 대하여 청구하는 전부금 청구의 소에서 자신의 채무에 대한 항변 사유로만 대항할 수 있고, 그 외 **집행채권의 전제가 되는 집행권원의 근거**에 대하여는 **다툴 수 없고 법원이 판단할 수도 없다.**

### 법원판단

　　**집행력있는 채무명의에 기하여 채권의 압류 및 전부명령이 적법**하게 이루어진 이상 피압류채권은 집행채권의 범위내에서 당연히 집행채권자에게 이전하는 것이어서 그 집행채권이 이미 소멸하였거나 소멸할 가능성이 있다고 하더라도 위 채권의 압류 및 전부명령의 효력에는 아무런 영향이 없다 할 것이므로 **채권압류 및 전부명령이 일단 적법하게 이루어진 이상 전부금 청구사건에 있어서는 특별한 사정이 없는 한 그 집행채권의 소멸 또는 소멸가능성에 대한 심리판단이 필요없다**고 할 것인바, 원심이 이러한 취의 아래 본건 채권압류 및 전부명령의 기본이 되는 채무명의는 소외 이주제의 피고보조참가인 서울시를 피고로 한 서울민사지방법원 73가합 515호 부당이득금 반환청구사건의 가집행선고부 승소판결이나 위 판결은 피고인 서울시의 항소로 원판결이 취소될 것이고 위 사건 원고의 청구가 기각될 것이며 따라서 위 채무명의가 실효될 것이 확실하므로 **본건 원고의 청구는 부당하다는 피고의 주장에**

대하여 집행력 있는 채무명의에 기하여 채권의 압류 및 전부명령이 적법하게 된 이상 압류당한 채권은 그가 존재하는 한도내에서 당연히 집행채권자에게 이전하는 것이므로 채무명의의 내용인 채권이 이미 소멸하였거나 소멸할 가능성이 있는때라고 할지라도 위 채권압류 및 전부명령의 효력의 발생을 방해할 수 없는 것이라고 판단</u>하고 나아가 위 이주재의 가집행선고부 1심승소판결이 항소심에서 취소되었는가 또는 취소될 가능성이 확실한가 등에 관하여 심리판단하지 않았음은 정당하고 거기에 소론과 같이 피고의 주장사실을 오해하여 심리를 다하지 아니하고 가집행선고부판결의 효력과 채권압류 및 전부명령의 효력에 관한 법리를 오해한 이유불비의 위법이 있다 할 수 없다.

제3채무자의 항변 사유 / 기존 채권에 대하여 가지고 있는 항변 사유 가능 (대법원 1984. 8. 14., 선고, 84다카545, 판결)

> **판례해설**
>
> 압류 및 전부명령 신청이 결정되어 제3채무자에게 송달될 경우 채무자의 제3채무자에 대한 채권은 동일성을 유지하면서 채권자에게 양도된다. 따라서 **해당 채권의 동일성이 유지되면서 전부채권자에게 이전되기 때문에 채권에 기하여 발생하는 제3채무자의 항변권도 당연히 이전되고 그와 같은 이유로 제3채무자는 채권자의 청구에 대하여 항변할 수 있는 것이다.**

### 법원판단

1. 원심판결 이유에 의하면, 원심은 피고가 소외 금영기계공업주식회사에게 피고회사 부천 공장의 설비해체 철거공사를 도급하고 그 공사대금 중 23,134,500원의 지급 채무를 부담하고 있는 사실과 원고는 위 소외 회사에 대한 집행력있는 약속어음 공정증서정본에 기하여 1982. 11. 25 위 소외 회사의 피고에 대한 위 공사대금 채권에 대하여 압류 및 전부명령을 받아 그 명령이 그 다음날 제3채무자인 피고에게 송달된 사실을 확정한 후, 피고는 위 전부명령이 있기 전에 위 회사와 사이에 위 공사대금을 위 회사의 종업원들에 대한 노임으로 직접 지급하기로 약정하고 그 약정대로 모두 지급하였으므로 원고에게 전부될 채권이 없다는 피고의 항변을 배척하면서 그 이유를 다음과 같이 판시하고 있다.

즉 피고와 위 소외 회사는 공사도급계약에서 위 소외 회사가 그 종업원들에 대한 노임을 체불하여 공사에 지장을 초래할 경우에는 소외 회사의 확인을 받아 피고가 공사대금중에서 체불노임을 그 종업원들에게 직접 지급할 수 있도록 약정하였는데, 공사착수후 공사가 부진하고 종업원들에 대한 노임이 체불되자 1982.11.1 피고는 소외 회사와 사이에 위 공사작업중 발생되는 소외 회사 산하 종업원의 노임채권을 피고가 직접 지급하기로 합의하고 이에 따라 같은해 12.13 피고가 소외 회사의 종업원들에게 위 공사기성고액인 금 23,134,500원을 공사노임으로 전액 지급한 사실은 인정할 수 있으나, 소외 회사와 피고사이에 이루어진 위 노임지급약정은 채권자와 채권양수인 사이가 아닌 채무자인 피고와 채권자인 소외 회사사이에 체결된 것일 뿐 아니라 그 내용도 소외 회사가 공사기성고 상당의 공사대금 채권을 그의 종업원들에게 양도한다는 것이 아니므로 이에 의하여 위 공사금 채권양도의 효력이 생길 수 없고, 또 위 약정은 피고의 소외 회사에 대한 공사대금 지급방법에 관한 약정에 지나지 아니하여 위 약정후에도 위 공사대금 채권은 여전히 소외 회사에 남아 있는 것인데, 이 사건 채권압류 및 전부명령을 송달받음으로써 제3채무자인 피고로서는 위 공사대금 지급방법에 관한 약정에 따른 위 소외 회사의 종업원들에 대한 위 공사대금지급이 금지되는 것이므로 비록 위 명령을 송달받은 이후에 피고가 위 공사기성고 금액 금 23,134,500원을 소외 회사의 종업원들에게 노임으로 지급하였다 할지라도 원고에게 이를 대항할 수 없다는 것이다.

2. 그러나 **전부명령에 의하여 피전부채권은 동일성을 유지한 채로 집행채무자로부터 집행채권자에게 이전되고 제3채무자는 채권압류 전에 피전부채권자에 대하여 가지고 있었던 항변사유로서 전부채권자에게 대항할 수 있다고 할 것인바, 원심이 확정한 바와 같이 공사도급계약에서 수급인의 종업원들에 대한 노임체불로 공사가 지연되는 경우에 도급인이 그 노임을 수급인에게 지급할 공사대금중에서 종업원들에게 직접 지급하기로 약정하였다면, 도급인은 체불노임 상당의 공사대금에 대하여는 수급인에게 그 지급을 거부할 수 있고 따라서 전부채권자인 원고에 대하여도 위와 같은 계약에 의한 공사대금 지급거**

**부의 항변사유를 가지고 대항할 수 있다**고 보아야 할 것이다(이 사건 노임이 건설업법 제36조의 8 에 규정된 노임에 해당한다면 압류금지의 대상이 된다는 점도 유념할 필요가 있다).

그렇다면 이 사건 피전부채권액인 23,134,500원이 원심확정과 같이 이미 위 약정에 따른 체불노임으로 지급된 이상 원고의 이 사건 전부금 청구는 인용될 여지가 없음에도 불구하고 이와달리 해석한 원심판결은 전부명령의 효과에 관한 법리를 오해하여 판결에 영향을 미친 잘못을 저지른 것이라고 하겠고, 이는 소송촉진등에 관한 특례법 제12조 제2항에 규정된 파기사유에 해당하므로 이 점에 관한 논지는 이유있다.

제3채무자의 상계가능성/ 압류효력 이후 발생한 채권으로 가능한지 여부(대법원 2010. 3. 25., 선고, 2007다35152, 판결)

판례해설

금전채권에 대한 압류 및 전부명령이 있는 때에는 압류된 채권은 동일성을 유지한 채로 압류채무자로부터 압류채권자에게 이전되고, 제3채무자는 채권이 압류되기 전에 압류채무자에게 대항할 수 있는 사유로써 압류채권자에게 대항할 수 있는 것이므로, 제3채무자의 압류채무자에 대한 자동채권이 수동채권인 피압류채권과 동시이행의 관계에 있는 경우에는, **압류명령이 제3채무자에게 송달되어 압류의 효력이 생긴 후에 자동채**

> 권이 발생하였다고 하더라도 제3채무자는 동시이행의 항변권을 주장할 수 있고 이는 채권의 기초가 이미 존재하고 있었기 때문에 상계 역시 가능하다고 할 것이다.

### 법원판단

(1) 금전채권에 대한 압류 및 전부명령이 있는 때에는 압류된 채권은 동일성을 유지한 채로 압류채무자로부터 압류채권자에게 이전되고, 제3채무자는 채권이 압류되기 전에 압류채무자에게 대항할 수 있는 사유로써 압류채권자에게 대항할 수 있는 것이므로, 제3채무자의 압류채무자에 대한 자동채권이 수동채권인 피압류채권과 동시이행의 관계에 있는 경우에는, <u>압류명령이 제3채무자에게 송달되어 압류의 효력이 생긴 후에 자동채권이 발생하였다고 하더라도 제3채무자는 동시이행의 항변권을 주장</u>할 수 있다.

이 경우에 <u>자동채권이 발생한 기초가 되는 원인은 수동채권의 압류되기 전에 이미 성립하여 존재</u>하고 있었던 것이므로, 그 자동채권은 민법 제498조 소정의 "**지급을 금지하는 명령을 받은 제3채무자가 그 후에 취득한 채권**"에 해당하지 않는다고 봄이 상당하고, 제3채무자는 그 자동채권에 의한 상계로 압류채권자에게 대항할 수 있다(대법원 1993. 9. 28. 선고 92다55794 판결, 대법원 2005. 11. 10. 선고 2004다37676 판결 등 참조).

한편, 동시이행의 항변권은 당사자 쌍방이 부담하는 각 채무가 고유의 대가관계에 있는 쌍무계약상의 채무가 아니더라도 구체적 계약관계에서 당사자 쌍방이 부담하는 채무 사이에 대가적인 의미가 있어 이행상 견련관계를 인정하여야 할 사정이 있는 경우에는 이를 인정하여야 하고, 또한 하나의 계약 혹은 그 계약에 추가된 약정으로 둘 이상의 민법상의 전형계약 내지 민법상의 채권적 권리의무관계(이하 '민법상의 전형계약 등'이라 한다)가 포괄되어 있고, 이에 따른 당사자 사이의 여러 권리의무가 동일한 경제적 목적을 위하여 서로 밀접하게 연관되어 있는 경우에는, 이를 민법상의 전형계약 등에 상응하는 부분으로 서로 분리하여 그 각각의 전형계약 등의 범위 안에서 대가관계에 있는 의무만을 동시이행관계에 있다고 볼 것이 아니고, **당사자 일방의 여러 의무가 포괄하여 상대방의 여러 의무와 사이에 대가관계에 있다고 인정되는 한, 이러한 당사자 일방의 여러 의무와 상대방의 여러 의무는 동시이행의 관계에 있다고 볼 수 있다**(대법원 1995. 8. 22. 선고 95다1521 판결, 대법원 2001. 6. 26. 선고 99다47501 판결 등 참조).

## 제3채무자의 항변 사유/ 가압류 명령 결정 이후에 자동채권 취득시 요건
(대법원 1987. 7. 7. 선고 86다카2762 판결)

> **판례해설**
>
> 원칙적으로 가압류명령을 받은 제3채무자가 가압류채무자에 대한

반대채권을 가지고 있는 경우에 가압류채권자에게 상계로써 대항하기 위하여는 가압류의 효력 발생 당시에 양 채권이 상계적상에 있거나 반대채권이 압류 당시 변제기에 달하지 아니한 경우에는 피압류채권인 수동채권의 변제기와 동시에 또는 보다 먼저 변제기에 도달하는 경우이어야 비로소 상계로 인하여 변제가 가능하다.

다만 자동채권의 기초가 이미 존재하였다면 그 채권이 가압류의 효력 발생 이후에 발생하였다고 하더라도 상계가 유효하다는 판례들이 있으나 이는 예외적인 판례로서 일단 대상판결과 같은 원칙적인 판례를 기억해 두어야 한다.

### 법원판단

위와 같이 확정된 사실에 기하여 원심은 판시하기를 **가압류명령을 받은 제3채무자가 가압류채무자에 대한 반대채권을 가지고 있는 경우에 가압류채권자에게 상계로써 대항하기 위하여는 가압류의 효력 발생 당시에 양채권이 상계적상에 있거나 반대채권이 압류당시 변제기에 달하지 아니한 경우에는 피압류채권인 수동채권의 변제기와 동시에 또는 보다 먼저 변제기에 도달하는 경우이어야 한다고** 할 것인바, 위 인정사실에 의하면 피고의 소외 회사에 대한 위 각 대여금채권은 위 약정에 따라 소외 회사가 거래정지처분을 당한 1985.6.12자로 기한의 이익이 상실되어 변제기가 도래하였고 소외 회사의 피고에 대한 위 피사취보증금반환채권은 위 어음교환소 규약에 따라 거래정지처분되고 입금후 일개월후인 1985.6.16 변제기가 도래하였다고 할 것이고, 따라서 양채권을 피고의 상계특약권의 행사에 따라 소멸하였다 할 것이어서 피고의 상계항변은 이유있다는 뜻의 설시를 하고 있는 바, 이와 같은 원심판단은 옳고 여기에는 소론과 같은 위법이 있다고 할 수 없다.

압류 경합 / 장래 발생하는 조건부 채권을 피압류채권으로 할 경우 압류 경합 판단 기준시점/ 제3채무자 송달 시 (대법원 2000. 10. 6. 선고 2000다31526 판결)

> **판례해설**
>
> 전부명령이 결정되더라도 전부명령 확정 당시 압류가 경합된 경우라고 한다면 이는 무효로서 효력이 발생하지 않는다. 문제는 장래 조건부 채권일 경우 전부명령 확정 당시 아직 그 채권에 관하여 효력이 확정되지 않았는 바 압류의 경합 여부를 전부명령 송달 및 확정시로 해야할지 아니면 장래 조건부 채권이 확정될 경우를 기준으로 소급해야 하는지 여부가 문제가 된다. 이에 대하여 <u>**대상판결은 일단 전부명령 송달 및 확정시를 기준으로 압류의 경합 여부를 파악해야 한다고 판시**</u>하였다.

**법원판단**

매매계약이 해제되는 경우 발생하는 매수인의 매도인에 대한 기지급 매매대금의 반환채권은 매매계약이 해제되기 전까지는 채권 발생의 기초가 있을 뿐 아직 권리로서 발생하지 아니한 것이기는 하지만 일정한 권면액을 갖는 금전채권이라 할 것이므로 전부명령의 대상이 될 수 있고, 나아가 **전부명령은 그 명령이 확정되면 그 명령이 제3채무자에게 송달된 때에 소급하여 피압류채권이 집행채권의 범위 안에서 당연히 전부채권자에게 이전되고 동시에 집행채권 소멸의 효력이 발생되는 것**이므로, 전부명령이 제3채무자에게 송달될 당시를 기준으로 압류가 경합되지 않았다면 그 후에 이루어진 채권압류가 그 전부명령의 효력에 영향을 미칠 수 없으며 이러한 법리는 피압류채권이 장래에 발생하는 조건부채권이라 하더라도 달라질 수 없다(대법원 1984. 6. 26.자 84마13 결정, 1995. 9. 26. 선고 95다4681 판결, 2000. 4. 21. 선고 99다70716 판결 등 참조).

원심판결 이유에 의하면, 원심은 소외 세원산업개발 주식회사(이하 '소외 회사'라 한다)가 1990. 4. 18. 피고로부터 그 판시 각 토지를 매수하는 매매계약을 체결하고, 1991. 2. 5.까지 계약금 85,000,000원과 중도금 및 잔금의 일부로 합계 금 240,000,000원을 지급하였는데, 원고가 소외 회사에 대한 집행력 있는 공정증서정본에 기하여 1994. 12. 27. 위 매매계약이 해제되는 경우 소외 회사가 피고에 대하여 가지는 매매대금 반환청구권 중 청구금액 금 250,000,000원 상당에 관하여 압류 및 전부명령을 받아, 그 결정이 1995. 1. 23. 피고에게 송달되고 그 무렵 확정되었으며, 한편 위 매매계약은 소외 회사의 잔금지급 불이행을 원인으로 한 피고의 해제 의사표시에 의하여 1996. 12. 10.경 적법하게 해제되었다고 인정한 다음, 피고는 위 매매계약의 해제로 인한 매매대금 반환청구권을 압류 및 전부받은 원고에게, 소외 회사로부터 지급받은 매매대금 중 계약금을 제외한 금 240,000,000원을 지급할 의무가 있다고 판단하고, 나아가 피고의 다음과 같은 주장, 즉 원고가 이 사건 채권압류 및 전부명령을 받을 당시에는 이 사건 토지의 매매계약 해제 여부가 불확실한 상태이어서 위 매매계약 해제로 인한 중도금반환채권의 존부가 확정되지 아니하였으므로 그 채권을 대상으로 한 이 사건 전부명령은 무효라거나 이 사건 전부명령 송달 후 위 매매계약 해제 이전에 다른 채권자들이 위 매매대금 반환청구권에 대하여 채권가압류 등을 받음으로써 위 매매계약 해제 당시에는 압류의 경합이 발생하여 이 사건 전부명령은 무효로 되었다는 주장에 대하여, **이 사건 전부명령 당시 위 매매계약 해제가 이루어지지 않았다는 것만으로 이 사건 전부명령을 무효라고 할 수 없고, 설사 이 사건 전부명령 효력 발생 이후 매매계약 해제 이전에 다른 채권가압류 등이 있었다고 하여도 이 사건 전부명령의 효력에는 아무런 영향을 미칠 수 없다고 하여 이를 배척하고 있는** 바, 위에서 본 법리와 기록에 비추어 살펴보면 원심의 위와 같은 사실인정과 판단은 모두 정당하다고 수긍이 가고, 거기에 전부명령의 대상과 효력에 관한 법리를 오해하여 판결에 영향을 미친 위법이 없다.

압류의 경합/ 장래 불확정 채권의 효력발생시기 2 (대법원 1995. 9. 26. 선고 95다4681 판결)

### 판례해설

압류 및 전부명령 송달 시 피전부채권액이 총 압류 채권액을 초과한다면 해당 전부명령은 무효로 되기 때문에 채권액 특정이 중요하다. 문제는 장래 채권이라고 하더라도 피전부채권의 대상이 되는데 그렇다면 **과연 장래 채권액수를 특정하는 시기를 전부명령 송달 시를 기준으로 할 것인지 아니면 특정된 그 시기를 기준으로 할 것인지 여부**이다.

대상판결은 일단 장래 채권이라고 하더라도 기본적으로 피전부채권으로 유효하지만 압류가 경합 되어 전부명령이 무효로 되는지의 여부는, 나중에 확정된 피압류 채권액을 기준으로 판단할 것이 아니라 전부명령이 제3채무자에게 송달된 당시의 **계약상의 피압류채권액을 기준**으로 한다.

### 법원판단

원심은, 소외 중경종합건설주식회사(이하 소외 회사라 한다)는 1992.6.5. 피고와 사이에 공사대금을 금 2,960,418,000원으로 하되 이를 기성고에 따라 분할지급받기로 하는 공사도급계약을 체결하고 공사를 진행하던 중, 1993.9.27.경 부득이한 사정으로 공사를 중단하게 됨으로써 위 공사도급계약은 1993.12.11.경 적법하게 해제된 사실, 피고가 위 공사중단시까지의 기성고에 따라 소외 회사에게 지급하여야 할 공사대금채무는 금 2,631,065,593원으로 확정되었는데, 피고는 1992.10.15.부터 1993.2.25.까지 사이에 4차례에 걸쳐 합계 금 1,356,873,100원을 소외 회사에 지급함으로써 피고의 소외 회사에 대한 공사대금채무는 금 1,274,192,493원이 남게 된 사실, 원고는 위 공사대금 채권액이 위와 같이 확정되기 전인 1993.3.6. 소외 회사에 대한 금 20,287,803원의 채권의 보전을 위하여 소외 회사의 피고에 대한 위 공사대금 채권 중 같은 금액의 채권에 대하여 가압류결정을 받았고( 같은 달 9. 소외 회사에 송달됨), 소외 이기인도 같은 달 15. 위 공사도급 계약상의 공사대금 채권 금 2,960,418,000원 중 금 1,300,000,000원에 대하여 채권압류 및 전부명령을 받았는데 그 결정은 같은 달 16. 피고에게 송달된 사실, 위 전부명령의 송달후에도 소외 희만건설주식회사와 국가 등 다수의 채권자들이 위 공사대금 채권 중 도합 금 502,061,203원의 채권을 압류한 사실 등을 인정한 다음, 위 이기인의 채권압류 및 전부명령이 제3채무자인 피고에게 송달된 위 1993.3.16.을 기준으로 하여 볼 때, **원고의 가압류 금액과 위 이기인의 압류 및 전부 금액을 합한 금액이 소외 회사의 피고에 대한 공사도급 계약상의 공사대금 채권에서 소외 회사가 그 때까지 피고로부터 지급받은 공사대금을 공제한 잔액보다 적으므로, 위 전부명령은 압류가 경합되지 않은 상태에서 발하여진 것으로서 유효**하고, 그 후 공사계약이 해제됨으로써 실제로 확정된 공사잔대금 채권액이 위 가압류 금액과 전부채권의 합계에 미달하게 되었다고 하더라도, 그로 인하여 압류의 경합이 있는 것으로 되어 전부명령이 소급하여 무효로 된다고는 볼 수 없다고 판단하였다.

**전부명령이 확정되면 피압류채권은 제3채무자에게 송달된 때에 소**

급하여 집행채권의 범위 안에서 당연히 전부채권자에게 이전하고 동시에 집행채권 소멸의 효력이 발생하는 것이므로, 전부명령이 제3채무자에게 송달될 당시를 기준으로 하여 압류가 경합되지 않았다면 그 후에 이루어진 채권압류가 위 전부명령의 효력에 영향을 미칠 수는 없는 것이고, 이러한 이치는 피압류채권이 공사 완성 전의 공사대금 채권과 같이 장래의 채권액의 구체적인 확정에 불확실한 요소가 내포되어 있는 것이라 하여 달라질 수 없다 할 것이며(당원 1984.6.26. 자 84마13 결정 참조), 위와 같이 채권액의 확정에 불확실한 요소가 내포된 **공사 완성 전의 공사대금 채권에 대하여 전부명령을 허용하면서 동시에 그 전부명령의 효력이 장래의 채권 확정시가 아니라 전부명령이 제3채무자에게 송달된 때 발생된다고 해석**하는 이상, 압류 및 전부명령을 받은 자 보다 먼저 당해 피압류채권을 압류한 자가 있을 경우에 압류가 경합되어 전부명령이 무효로 되는지의 여부는, **나중에 확정된 피압류 채권액을 기준으로 판단할 것이 아니라 전부명령이 제3채무자에게 송달된 당시의 계약상의 피압류채권액을 기준으로 판단하여야** 할 것이므로, 같은 취지로 판단하여 위 이기인의 전부명령이 유효하다고 본 원심 판결은 정당하고, 이와 반대되는 견해를 전제로 한 논지는 모두 이유가 없다.

압류 경합/ 중복된 장래 불확실한 채권 확정시기 (대법원 2004. 9. 23. 선고 2004다29354 판결)

**판례해설**

전부명령이 확정되면 피압류채권은 전부명령이 제3채무자에게 송달된 때에 소급하여 집행채권의 범위 안에서 당연히 전부채권자에게 이전하고 동시에 집행채권 소멸의 효과가 발생하는 것이며, 이 점은 장래의 채권인 경우에도 마찬가지이다. 문제는 장래 채권일 경우 채권액의 확정 전에 이미 전부채권의 효력으로 인하여 소멸의 효과가 발생하게 되는 바 동일한 장래의 채권에 관하여 다시 압류 및 전부명령이 발하여졌다고 하더라도 압류의 경합은 더 이상 생기지 않고 다만 <u>장래의 채권 중 선행 전부채권자에게 이전된 부분을 제외한 나머지 중 해당 부분 피압류채권이 후행 전부채권자에게 이전</u>된다.

## 법원판단

1. 원심은 그 채택 증거를 종합하여 다음과 같은 사실을 인정하였다.

가. 한편, 원고의 위 각 가압류, 각 압류 및 추심명령이 피고에게 송달되기 이전에, ① 이규갑은 1997. 10. 24. 창원지방법원 97타기 5463, 5464호로 공정기에 대한 경남공증인합동사무소 작성 97년 증서제5505호 집행력 있는 공정증서정본에 기하여 청구금액을 금 28,097,680원으로 하여 공정기가 피고에 대하여 가지는 1997. 11월 분부터의 임금 및 퇴직금채권의 2분의 1 중 위 청구금액에 달할 때까지의 부분에 대하여 압류 및 전부명령을 받아 그 결정정본이 1997. 10. 28. 피고에게 송달되어 그 무렵 확정되었고, ② 이형철은 1997. 11.

21. 창원지방법원 97타기6080, 6081호로 공정기에 대한 경남공증인합동사무소 작성 97년증서제5937호 집행력 있는 공정증서정본에 기하여 청구금액을 금 33,106,480원으로 하여 공정기가 피고에 대하여 가지는 1997. 11월분부터의 임금 및 퇴직금채권의 2분의 1 중 위 청구금액에 달할 때까지의 부분에 대하여 압류 및 전부명령을 받아 그 결정정본이 1997. 11. 24. 피고에게 송달되어 그 무렵 확정되었으며, ③ 이재웅은 1999. 5. 1. 창원지방법원 99타기25375호로 공정기에 대한 경남법무법인 작성 99년증서제1588호 집행력 있는 공정증서정본에 기하여 청구금액을 금 16,608,900원으로 하여 공정기가 피고에 대하여 가지는 1999. 4월분부터의 임금 및 퇴직금채권의 2분의 1 중 위 청구금액에 달할 때까지의 부분에 대한 압류 및 전부명령을 받아 그 결정정본이 1999. 5. 6. 피고에게 송달되어 그 무렵 확정되었다.

나. 공정기는 1982. 4.경 피고 회사에 입사하여 근무하다가 2000. 12. 31. 정년퇴직하였는데, 1997. 11월분부터 2000. 12. 31.까지 발생한 공정기의 피고에 대한 임금 및 퇴직금의 2분의 1은 합계 금 34,880,494원이다.

다. 피고는, 이규갑에게 1997. 12. 26.부터 1999. 4. 29.까지 금 14,661,953원을, 2000. 11. 25.부터 2001. 1. 29.까지 금 3,609,641원을, 이재웅에게 1999. 5. 17.부터 2000. 11. 25.까지 금 16,608,900원을 각 지급함으로써, 위 금 34,880,494원 전액을 지급하였다.

2. 원고가 위 각 압류 및 추심명령을 받은 추심채권자로서 피고에 대하여, 공정기의 피고에 대한 1997. 11월분부터 2000. 12. 31.까지의 임금 및 퇴직금의 2분의 1인 금 34,880,494원에서 이규갑의 채권압류 및 전부명령의 대상이 된 금 28,097,680원을 제외한 나머지 금 6,782,814원 부분 가운데 이형철, 이재웅, 원고의 각 압류금액의 합계 중 원고의 압류금액 금 52,870,080원(= 금 24,779,636원 + 금 28,090,444원)이 차지하는 비율에 따른 금 3,495,727원{= 금 6,782,814원 × 금 52,870,080원 ÷ (금 33,106,480원 + 금 16,608,900원 + 금 52,870,080원), 이를 계산하면 금 3,495,699원이 되는데, 원고는 금 **3,495,727원으로 잘못 계산하였다.**} 및 이에 대한 지연손해금의 지급을 구하고 있음에 대하여, 원심은 위 금 6,782,814원 부분에 관하여는 이형철, 이재웅, 원고의 각 압류가 경합되어 있어 이형철, 이재웅의 각 전부명령은 효력이 없고 따라서 피고가 이재웅에게 위 금원을 지급하였다고 하더라도 이는 원고에게 대항할 수 없으므로, 피고는 추심권자인 원고에게 원고가 구하는 금 3,495,727원 및 이에 대한 지연손해금을 지급할 의무가 있다고 판단하였다.

3. 그러나 이러한 원심의 판단은 수긍하기 어렵다.

전부명령이 확정되면 피압류채권은 전부명령이 제3채무자에게 송달된 때에 소급하여 집행채권의 범위 안에서 당연히 전부채권자에게 이전하고 동시에 집행채권 소멸의 효력이 발생하는 것이며, 이 점은 피압류채권이 그 존부 및 범위를 불확실하게 하는 요소를 내포하고 있는 장래의 채권인 경우에도 마찬가지라고 할 것이고(대법원 2000. 4. 21. 선고 99다70716 판결, 2001. 9. 25. 선고 99다15177 판결 등 참조), 따라서 장래의 채권에 관하여 압류 및 전부명령이 확정되면 그 부분 피압류채권은 이미 전부채권자에게 이전된 것이므로 그 이후 동일한 장래의 채권에 관하여 다시 압류 및 전부명령이 발하여졌다고 하더라도 압류의 경합은 생기지 않고, <u>다만 장래의 채권 중 선행 전부채권자에게 이전된 부분을 제외한 나머지 중 해당 부분 피압류채권이 후행 전부채권자에게 이전</u>될 뿐이다.

압류의 경합 / 장래 불확정 채권에 대한 압류 경합/ 압류 경합의 판단 기준이 되는 금액의 기준/ 계약상의 피압류채권액(대법원 2010. 5. 13. 선고 2009다98980 판결)

**판례해설**

이전 해설에서도 보는 바와 같이 압류 및 전부명령의 피압류채권은 장래의 불확정채권에 대해서도 가능하고 다만 송달 당시 압류가 중복된 상태인 경우 압류의 경합과 관련된 기준은 전부명령 송달시를 기준으로 압류 경합 여부를 판단한다.

이에 더하여 <u>압류 경합을 판단 하는 기준 금액은 아직 발생하지는</u>

> 않았지만 이미 그 기초가 형성된 계약상의 금액을 피압류채권액의 기준 금액으로 판단하여야 한다.

## 법원판단

원심이 이 사건 전부명령 송달 당시 피고가 공매절차에서 받아 보유하고 있던 위약금 상당의 수입액만을 기준으로 압류의 경합 여부를 판단한 것은 다음과 같은 이유로 수긍하기 어렵다.

<u>장래의 불확정채권에 대하여 압류가 중복된 상태에서 전부명령이 있는 경우 그 압류의 경합으로 인하여 전부명령이 무효가 되는지의 여부는 나중에 확정된 피압류채권액을 기준으로 판단할 것이 아니라 전부명령이 제3채무자에게 송달된 당시의 계약상의 피압류채권액을 기준으로 판단</u>하여야 하고( 대법원 1998. 8. 21. 선고 98다15439 판결 참조), 장래의 불확정채권에 대한 전부명령을 허용하는 것은 가까운 장래에 채권이 발생할 것이 상당한 정도로 기대되기 때문이므로, **전부명령 송달 당시 피압류채권의 발생 원인이 되는 계약에 그 채권액이 정해지지 아니하여 그 채권액을 알 수 없는 경우에는 그 계약의 체결 경위와 내용 및 그 이행 경과, 그 계약에 기하여 가까운 장래에 채권이 발생할 가능성 및 그 채권의 성격과 내용 등 제반 사정을 종합하여 그 계약에 의하여 장래 발생할 것이 상당히 기대되는 채권액을 산정한 후 이를 그 계약상의 피압류채권액으로 봄이 상당**하다.

기록에 의하면, 이 사건 신탁계약에는 위탁자인 소외 1 등이 우선수익자인 외환은행에 대한 대출원리금 채무를 이행하지 아니하여 피고가 이 사건 부동산을 공매하는 경우 그 매각대금 등 수입금에서 대출원리금에 해당하는 선순위 배당금과 환가수수료 등 공매비용을 공제한 잔액이 남아있으면 이를 위탁자들에게 교부하기로 하는 약정이 포함되어 있고, 이 사건 부동산의 처분은 경쟁입찰을 원칙으로 하되, **예정가격은 원칙적으로 감정평가 전문기관의 감정평가액 이상으로 수탁자가 결정하기로 한** 사실, 이 사건 신탁계약에는 이 사건 부동산이 공매되는 경우 위탁자인 소외 1이 피고에 대하여 가지는 이 사건 배당금교부채권의 액수가 정해지지 아니하였으며, 이 사건 전부명령 송달 당시 이 사건 부동산이 매각되지 아니하여 그 액수가 확정되지 아니한 사실, 피고는 공매절차를 진행하면서 이 사건 전부명령을 송달받기 이전에 두 차례에 걸쳐 각 매매대금을 6,526,000,000원으로 한 매매계약을 체결하였다가 매수인들의 대금지급채무 불이행으로 이를 모두 해제한 사실, 이 사건 전부명령 송달 당시 피고는 위 각 매매계약의 해제로 인하여 몰취한 위약금에 그 금융이자를 합한 금액에서 당시까지의 공매비용을 뺀 1,166,161,285원(이 중 소외 1의 지분액은 583,080,642원이다) 상당의 수입을 얻고 있었던 사실, 이 사건 부동산이 2006. 7. 18. 최종 매각된 후 원심 변론 종결 당시 피고가 산정한 소외 1에 대한 배당예상액은 1,044,518,349원인 사실을 알 수 있다.

사실관계가 이와 같다면 앞서 본 법리에 비추어 볼 때, **이 사건 전부**

명령의 피압류채권인 소외 1의 피고에 대한 이 사건 배당금교부채권은 그 채권 발생의 기초가 되는 이 사건 신탁계약에 그 액수가 정해지지 아니하였으나, 그 채권 발생의 요건이 명확히 되어 있을 뿐만 아니라, 이 사건 전부명령 당시 공매절차가 진행 중이고 그 무렵 소외 1 등이 외환은행에 대한 대출원리금 채무를 변제할 만한 사정이 있다고 볼 아무런 자료가 없어 이 사건 전부명령 당시 가까운 장래에 채권의 발생이 상당히 기대되었으며, 또한 이 사건 배당금교부채권은 이 사건 부동산의 매각대금 등 수입금에서 선순위 배당금과 공매비용을 공제하는 것을 당연한 전제로 하여 발생하는 것이므로, 이 사건 전부명령 송달 당시 이 사건 신탁계약에 의하여 장래 발생할 것이 상당히 기대되는 이 사건 배당금교부채권액은 이 사건 전부명령 송달 당시의 이 사건 부동산의 시가 상당액(위 사실관계에 비추어 볼 때, 위 해제된 매매계약상의 매매대금 6,526,000,000원 상당액이 이에 해당될 수도 있다)에 당시까지 얻은 위약금 등의 수입금을 합한 총 수입액에서 이 사건 전부명령 송달 당시에 이 사건 부동산의 매각과 배당이 진행될 것을 전제로 하여 **그 당시를 기준으로 산정한 우선배당금과 예상되는 환가수수료를 포함한 공매비용을 공제한 금액 중 소외 1의 지분에 해당하는 금액이라고 봄이 상**당하고, 따라서 이 사건 전부명령이 압류경합으로 인하여 무효가 되는지 여부는 이 사건 전부명령 송달 당시의 이 사건 신탁계약상의 피압류채권액인 위 금액을 기준으로 판단하여야 한다.

장래 불확정 채권의 경합/ 장래 불확정 채권액이 이후 확정된 경우 압류 경합 발생시 처리(대법원 1998. 8. 21. 선고 98다15439 판결 [전부금])

> **판례해설**
>
> 압류 및 전부명령의 피압류채권이 되는 채권의 종류에는 장래 발생한 채권이나 조건부 채권이 포함되고 이와 같은 이유로 전부명령 결정문 송달시 확정되지 않았다거나 조건이 성취되지 않았다는 등의 사유로 전부명령이 무효로 되지 않으며 다만 <u>압류의 경합은 송달시를 기준으로 하는 것이 아니라 추후 장래 발생시 또는 조건의 성취시를 기준으로 판단</u>하게 되는 바 결국 송달시와 채권의 확정시와의 시간적인 간격으로 인하여 압류의 경합 문제가 발생할 수도 있다.
>
> 대상판결은 추후 압류 경합이 확정된 경우라고 하더라도 무효로 볼 수 없으며 전부명령 채권자는 금액 전부에 관하여 지급받을 권한이 존재하며 다만 제3채무자의 입장에서는 이중 변제의 위험을 회피하기 위하여 공탁하여야 한다고 판시하고 있다.

### 법원판단(채권압류 및 전부명령에 관한 법리오해의 점에 대하여)

전부명령이 확정되면 피압류채권은 제3채무자에게 송달된 때에 소급하여 집행채권의 범위 안에서 당연히 전부채권자에게 이전하고 동시에 집행채권 소멸의 효력이 발생하는 것이므로 장래의 불확정채권에 대하여 압류가 중복된 상태에서 전부명령이 있는 경우 그 압류의 경합으로 인하여 전부명령이 무효가 되는지의 여부는 나중에 확정된 피압류채권액을 기준으로 판단할 것이 아니라 전부명령이 제3채무자에게 송달된 당시의 계약상의 피압류채권액을 기준으로 판단하여야 할 것이다(대법원 1995. 9. 26. 선고 95다4681 판결, 1998. 4. 24. 선고 97다56679 판결 참조). 따라서 수개의 전부명령이 존재하고, 그 후 확정된 피압류채권액이 각 전부금액의 합계액에 미달하는 경우에도 각 전부명령이 그 송달 당시 압류의 경합이 없어 유효한 이상 각 전부채권자는 확정된 피압류채권액의 범위 안에서 자신의 전부금액 전액의 지급을 제3채무자에 대하여 구할 수 있고, <u>제3채무자로서는 전부채권자 중 누구에게라도 그 채무를 변제하면 다른 채권자에 대한 관계에서도 유효하게 면책되며</u>, 한편 제3채무자는 이중지급의 위험이 있을 수 있으므로 민법 제487조 후단을 유추적용하여 채권자를 알 수 없다는 이유로 변제공탁을 함으로써 법률관계의 불안으로부터 벗어날 수 있다고 보아야 할 것이다.

따라서, 전부명령에 있어서 압류의 경합이 있는지의 여부를 임대차계약이 종료한 후 확정된 임대차보증금반환채권액을 기준으로 판단하여야 한다는 전제 아래 원고의 전부명령이 압류가 경합된 상태에서 이루어진 것으로서 무효라는 논지는 이유 없다.

압류의 경합 / 다른 채권자로부터 채권자 대위 소송이 진행되어 대위권 행사사실이 통지된 경우 전부명령의 효력 여부 (대법원 2016. 8. 29. 선고

2015다236547 판결)

> **판례해설**
>
> 채권자 대위권 행사 중에 채무자가 대위권 행사 사실을 알게 되면 피대위채권에 대한 처분행위를 할 수 없다. 그렇다면 채무자가 스스로 한 것이 아니라 채무자의 또 다른 채권자가 피대위채권에 대한 압류 및 전부명령을 신청하면 그 결정은 어떻게 되는지가 문제 된다.
>
> 전부명령의 기본적인 특징은 **전부채권자에 대하여 우선적 효력을 인정하고 있는바**, 채권자 대위권이 행사되어 채무자에게 송달되었음에도 전부명령이 인정된다면 이는 채권자 평등의 원칙에 반하게 된다. 결국, 전부명령은 대위 사실에 대하여 채무자가 이를 알게 된 이후에는 민사집행법 제229조 제5항이 유추적용되기 때문에 그 이후 진행된 피대위채권에 대한 전부명령이 우선권 있는 채권에 기초한 것이라는 등의 특별한 사정이 없는 한 무효라고 봄이 타당하다.
>
> 결론적으로 <u>**특정 채권자가 채권자 대위소송 진행 중 채무자에게 통지를 하였거나 채무자가 알게 된 경우 압류 및 전부명령은 불가능하고 대신 채권자 평등의 원칙에 부합한 압류 및 추심명령만이 가능하다**</u>고 할 것이다.

### 법원판단

상고이유(상고이유서 제출기간이 경과된 후에 제출된 상고이유보충서의 기재는 상고이유를 보충하는 범위 내에서)를 판단한다.

1. 가. 채권자가 자기의 금전채권을 보전하기 위하여 채무자의 금전채권을 대위행사하는 경우 제3채무자로 하여금 채무자에게 그 지급의무를 이행하도록 청구할 수도 있지만, 직접 대위채권자 자신에게 이행하도록 청구할 수도 있다(대법원 2005. 4. 15. 선고 2004다70024 판결 등 참조).

그런데 채권자대위소송에서 제3채무자로 하여금 직접 대위채권자에게 금전의 지급을 명하는 판결이 확정되더라도, 대위의 목적인 권리, 즉 채무자의 제3채무자에 대한 피대위채권이 그 판결의 집행채권으로서 존재하는 것이고 대위채권자는 채무자를 대위하여 피대위채권에 대한 변제를 수령하게 될 뿐 자신의 채권에 대한 변제로서 수령하게 되는 것이 아니므로(대법원 2015. 7. 23. 선고 2013다30301 판결 등 참조), 그 피대위채권이 변제 등으로 소멸하기 전이라면 채무자의 다른 채권자는 이를 압류·가압류할 수 있다.

그러나 채권자대위소송이 제기되고 대위채권자가 채무자에게 대위권 행사사실을 통지하거나 채무자가 이를 알게 되면 민법 제405조 제2항에 따라 채무자는 피대위채권을 양도하거나 포기하는 등 채권자의 대위권행사를 방해하는 처분행위를 할 수 없게 되고 이러한 효력은 제3채무자에게도 그대로 미치는데, 그럼에도 그 이후 대위채권자와 평등한 지위를 가지는 채무자의 다른 채권자가 피대위채권에 대하여 전부명령을 받는 것도 가능하다고 하면, <u>채권자대위소송의 제기가 채</u>

<u>권자의 적법한 권리행사방법 중 하나이고 채무자에게 속한 채권을 추심한다는 점에서 추심소송과 공통점도 있음에도 그것이 무익한 절차에 불과하게 될 뿐만 아니라, 대위채권자가 압류·가압류나 배당요구의 방법을 통하여 채권배당절차에 참여할 기회조차 가지지 못하게 한 채 전부명령을 받은 채권자가 대위채권자를 배제하고 전속적인 만족을 얻는 결과가 되어, 채권자대위권의 실질적 효과를 확보하고자 하는 민법 제405조 제2항의 취지에 반</u>하게 된다.

따라서 채권자대위소송이 제기되고 <u>대위채권자가 채무자에게 대위권 행사사실을 통지하거나 채무자가 이를 알게 된 이후에는 민사집행법 제229조 제5항이 유추적용되어 피대위채권에 대한 전부명령은, 우선권 있는 채권에 기초한 것이라는 등의 특별한 사정이 없는 한, 무효라고 보는 것이 타당하다.</u>

나. 자기의 금전채권을 보전하기 위하여 채무자의 금전채권을 대위행사하는 대위채권자는 제3채무자로 하여금 직접 대위채권자 자신에게 그 지급의무를 이행하도록 청구할 수 있고 제3채무자로부터 그 변제를 수령할 수도 있으나, 이로 인하여 채무자의 제3채무자에 대한 피대위채권이 대위채권자에게 이전되거나 귀속되는 것이 아니므로, **대위채권자의 제3채무자에 대한 위와 같은 추심권능 내지 변제수령권능은 그 자체로서 독립적으로 처분하여 환가할 수 있는 것이 아니어서 압류할 수 없는 성질의 것이고, 따라서 이러한 추심권능 내지 변제수령권능에 대

한 압류명령 등은 무효이다. 그리고 채권자대위소송에서 제3채무자로 하여금 직접 대위채권자에게 금전의 지급을 명하는 판결이 확정되었더라도 그 판결에 기초하여 금전을 지급받는 것 역시 대위채권자의 제3채무자에 대한 추심권능 내지 변제수령권능에 속하는 것이므로, 채권자대위소송에서 확정된 판결에 따라 대위채권자가 제3채무자로부터 지급받을 채권에 대한 압류명령 등도 무효라고 보아야 한다(대법원 1997. 3. 14. 선고 96다54300 판결 등 참조).

2. 원심이 인용한 제1심판결 이유에 의하면, 다음과 같은 사실을 알 수 있다.

(생략)

3. 이러한 사실관계를 앞서 본 법리에 비추어 살펴보면, 우선 소외 1은 소외 2가 제기한 위 채권자대위소송의 제1심법원에 증인으로 출석하여 증언함으로써 소외 2의 대위권 행사사실을 알았다고 할 것이므로, 그때 민법 제405조 제2항에 따라 채무자 소외 1에 대한 처분권 제한의 효력이 생겼고, 따라서 소외 2와 평등한 지위를 가지는 소외 3이 그 이후에 피대위채권인 소외 1의 원고에 대한 위 부당이득금 반환채권에 대하여 받은 위 각 전부명령은 모두 무효이다.

그러나 이와 관계없이, 이 사건 판결에 따라 소외 2가 원고로부터 금전을 지급받는 것은 대위채권자의 제3채무자에 대한 추심권능 내지 변제수령권능에 속하는 것이므로, 이 사건 판결에 따라 소외 2가 원고로부터 지급받을 채권을 피압류채권으로 한 이 사건 압류 및 전부명령은 무효이고, 그렇다면 이 사건 압류 및 전부명령에 기한 원고의 피고에 대한 채무는 존재하지 않는다고 할 것이다.

그런데도 원심은 이와 달리, 소외 3이 받은 위 각 전부명령이 모두 유효하므로 이에 따라 소외 1의 원고에 대한 부당이득금 반환채권 전부와 이에 대한 2013. 8. 15.(소외 3이 받은 최초의 전부명령이 원고에게 송달된 다음날이다)부터의 지연손해금 채권은 소외 3에게 이전되었고, 한편 이 사건 압류 및 전부명령도 위와 같이 소외 3에게 이전되지 아니한 부분에 관하여는 유효하므로 이에 따라 2013. 8. 14.까지의 지연손해금 채권은 피고에게 이전되었다고 보아, 이 부분 지연손해금은 이 사건 압류 및 전부명령에 기한 원고의 피고에 대한 채무로서 존재한다고 판단하였으니, 이러한 원심의 판단에는 피대위채권에 대한 전부명령의 효력이나 대위채권자의 추심권능 내지 변제수령권능에 대한 압류명령 등의 효력에 관한 법리를 오해한 잘못이 있다. 그러나 피고만이 상고한 이 사건에서 불이익변경금지의 원칙상 원심판결을 파기하여 피고에게 더 불리한 판결을 선고할 수는 없으므로, 원심의 위와 같은 잘못은 판결 결과에 영향이 없다.

# 토지수용금에 대한 배당이의

# 토지수용금에 대한 배당이의

## I. 수용 토지상의 근저당권자의 지위

저당권자의 물상대위권의 행사방법 및 시기(대법원 2000. 5. 12. 선고 2000다4272 판결)

> **판례해설**
>
> 토지가 수용될 경우 민법 제187조에 따른 원시취득의 효과로서 해당 토지상의 모든 권리가 소멸하게 되고 다만 토지 위의 권리자들은 이를 위하여 적절한 절차를 진행하여야 한다.
>
> 근저당권자로서는 사실상 물상대위를 통해 토지 수용으로 인하여 토지의 변형물인 토지 보상금에 대하여 권리를 행사할 수 있고 다만 다른 채권자의 보호를 위하여 법원은 물상대위를 위해 채권압류 추심 또는 전부 명령 등으로 근저당권이 특정되도록 요구하고 있다.
>
> 대상판결에서는 근저당권자가 배당요구 종기 전에 가압류의 조치(다른 판례해설에서 언급하겠지만 가압류권자는 물상대위와 관련된 규정이 없기 때문에 토지 수용당시 아무런 권리를 갖지 못한다)만을 하고 공탁신고 즉 배당요구 종기가 되어서야 비로소 물상대위에 의한 압류

> 등의 조치를 취하였는바, 결국 근저당권자는 근저당권자의 지위에서의 권리를 행사하지 못하다고 판시하였다.

### 법원판단

민법 제370조, 제342조에 의한 저당권자의 물상대위권의 행사는 민사소송법 제733조에 의하여 담보권의 존재를 증명하는 서류를 집행법원에 제출하여 채권압류 및 전부명령을 신청하거나, 민사소송법 제580조에 의하여 배당요구를 하는 방법에 의하여 하는 것이고, 이는 늦어도 민사소송법 제580조 제1항 각 호 소정의 배당요구의 종기까지 하여야 하는 것으로 그 이후에는 물상대위권자로서의 우선변제권을 행사할 수 없다고 하여야 할 것이고, 위 물상대위권자로서의 권리행사의 방법과 시한을 위와 같이 제한하는 취지는 물상대위의 목적인 채권의 특정성을 유지하여 그 효력을 보전하고 평등배당을 기대한 다른 일반 채권자의 신뢰를 보호하는 등 제3자에게 불측의 손해를 입히지 아니함과 동시에 집행절차의 안정과 신속을 꾀하고자 함에 있다고 할 것이다(대법원 1990. 12. 26. 선고 90다카24816 판결, 대법원 1994. 11. 22. 선고 94다25728 판결, 대법원 1998. 9. 22. 선고 98다12812 판결, 대법원 1999. 5. 14. 선고 98다62688 판결 등 참조).

따라서 원심도 인정하는 바와 같이 원고가 1998. 1. 20. 채무자인 박문일에 대한 대여금 채권자로서 이 사건 공탁금 출급청구권을 가압류하였을 뿐이고, 이 사건 배당요구의 종기 즉, 제3채무자인 대한민국이 공탁의 사유신고를 한 1998. 10. 19.까지 집행법원에 저당권의 존재를 증명하는 서류를 제출하고 저당권에 기한 배당요구나 이에 준하는 저당권 행사의 신청을 하지 않고, 다만 그 배당요구의 종기가 지난 1998. 11. 27.에야 비로소 물상대위에 기한 채권압류 및 전부명령을 받고 그 즈음 위 명령이 제3채무자에게 송달되었을 뿐이라면, 위 법리에 따라 원고는 위 배당절차에서 우선변제를 받을 수 없다고 할 것이다(원고는 이 사건 배당요구의 종기까지 집행법원에 물상대위권자로서 우선변제권을 행사한 바가 없으므로, 압류채권자로서 배당에 참가한 피고들은 자신들이 원고와 평등하게 배당받을 수 있을 것이라는 신뢰를 가지게 되었다고 할 것이고, 앞서 본 바와 같이 이 같은 신뢰는 보호받아야 할 것이다.).

물상대위 채권자의 권한 행사 기한 / 배당요구 종기(공탁사유신고) 전(대법원 2003. 3. 28. 선고 2002다13539 판결)

> **판례해설**
>
> 수용된 토지 위의 저당권자는 저당권을 보호받기 위하여 **물상대위에 의한 압류를 하여야 하고** 해당 결정문은 배당요구 종기 즉 공탁 사유신고 이전까지 제3채무자에게 송달되어야 한다.

법원판단

민법 제370조, 제342조에 의한 저당권자의 물상대위권의 행사는 구 민사소송법 제733조(2002. 1. 26. 법률 제6626호로 전문 개정되어 2002. 7. 1.부터 시행되기 전의 것, 이하 같다)에 의하여 담보권의 존재를 증명하는 서류를 집행법원에 제출하여 채권압류 및 전부명령을 신청하거나, 구 민사소송법 제580조에 의하여 배당요구를 하는 방법에 의하여 하는 것이고, 이는 늦어도 구 민사소송법 제580조 제1항 각 호 소정의 배당요구의 종기까지 하여야 하는 것으로 그 이후에는 물상대위권자로서의 우선변제권을 행사할 수 없다고 하여야 할 것인바, 물상대위권자로서의 권리행사의 방법과 시한을 위와 같이 제한하는 취지는 물상대위의 목적인 채권의 특정성을 유지하여 그 효력을 보전하고 평등배당을 기대한 다른 일반 채권자의 신뢰를 보호하는 등 제3자에게 불측의 손해를 입히지 아니함과 동시에 집행절차의 안정과 신속을 꾀하고자 함에 있다고 할 것이고(대법원 2000. 5. 12. 선고 2000다4272 판결 참조), 저당권자의 물상대위권 행사로서의 압류 및 전부는 그 명령이 제3채무자에게 송달됨으로써 효력이 생기며, 위에서 본 '특정성의 유지'나 '제3자의 보호'는 물상대위권자의 압류 및 전부명령이 효력을 발생함으로써 비로소 달성될 수 있는 것이므로, 배당요구의 종기가 지난 후에 물상대위에 기한 채권압류 및 전부명령이 제3채무자에게 송달되었을 경우에는, 물상대위권자는 배당절차에서 우선변제를 받을 수 없다.

원심판결에 의하면 원심은, 그 판결에서 채용하고 있는 증거들을 종합하여 원고가 이 사건 부동산들에 대한 수용보상금이 공탁될 사실을 알고 있었음에도 이 사건 배당요구의 종기 즉, 피고 부산광역시 해운대구가 위 수용보상금을 공탁하고 사유신고를 한 2000. 11. 30.이 지난 2000. 12. 1.에야 비로소 물상대위에 기한 채권압류 및 전부명령을 받고 2000. 12. 5. 위 명령이 제3채무자인 대한민국에 송달된 사실을 인정한 다음, '저당권자는 배당요구의 종기가 아니라 배당기일 전까지 물상대위권을 행사하면 우선변제를 받을 수 있고, 적어도 원고가 이 사건 배당요구의 종기인 공탁사유신고일 이전에 채권압류 및 전부명령을 신청하여 구 민사소송법 제733조에 의한 권리를 행사한 이상 위 채권압류 및 전부명령의 송달에 관계없이 물상대위권자로서 우선변제 받아야 한다.'는 원고의 주장에 대하여, **물상대위권의 행사는 이 사건 배당요구의 종기인 공탁사유신고일까지 하여야 되고, 그 방법으로 원고가 이 사건 배당요구의 종기 이전에 물상대위권에 기한 채권압류 및 전부명령을 신청하였다 하여도 이 사건 배당요구의 종기가 지나 위 채권압류 및 전부명령이 제3채무자에게 송달된 이상 원고**로서는 위 배당절차에서 우선변제를 받을 수 없다는 이유로 원고의 주장을 배척하였는바, 앞에서 본 법리 및 기록에 비추어 살펴보면, 원심의 위와 같은 사실인정과 판단은 정당한 것으로 수긍이 되고, 거기에 상고이유에서 주장하는 바와 같이 저당권자의 물상대위권에 관한 법리오해의 위법이 있다고 할 수 없다.

근저당권자의 물상대위를 요구하는 규정의 취지(대법원 1996. 7. 12. 선고 96다21058 판결)

### 법원판단

민법 제370조에 의하여 저당권에 준용되는 제342조 후문이 "저당권자가 물상대위권을 행사하기 위하여서는 저당권 설정자가 지급받을 금전 기타 물건의 지급 또는 인도 전에 압류하여야 한다."라고 규정한 취지는 **물상대위의 목적이 되는 금전 기타 물건의 특정성을 유지하여 제3자에게 불측의 손해를 입히지 아니하려는 데 있는 것**이므로(대법원 1994. 11. 22.선고 94다25728 판결 참조), **저당목적물의 변형물인 금전 기타 물건에 대하여 이미 제3자가 압류하여 그 금전 또는 물건이 특정된 이상 저당권자는 스스로 이를 압류하지 않고서도 물상대위권을 행사할 수 있다**고 할 것이다. 같은 취지의 원심의 판단은 정당하고, 거기에 물상대위에 관한 법리를 오해한 잘못이 없다. 이 점에 관한 상고이유는 받아들일 수 없다.

물상대위권에 기한 압류 및 전부채권자와 토지수용금에 대한 압류 및 전부 채권자의 우열관계(대법원 1998. 9. 22. 선고 98다12812 판결)

### 판례해설

원칙적으로 하나의 채권에 관하여 여러 명의 채권자가 있고 거기에 더하여 압류 및 전부 명령이 있거나 채권양도가 있는 경우 그 이후 결정된 압류 및 전부명령은 무효로 되고 재차 추심 명령 형태로 진행하여야 한다. 다만 **토지 위에 근저당권자가 이미 물상대위에 의하여 압류 및 추심 또는 전부명령을 해둔 경우에는 토지 수용금에 이미 채권양도나 그밖에 압류 및 전부명령이 있다고 하더라도 이미 물상대위를 진행하였던 근저당권에 대항할 수 없다고 할 것이다.**

대상판결에서는 수용된 토지 위의 **근저당권자가** "**물상대위에 의하여 압류.전부명령**"**을 신청한 경우 이미 토지보상금에 대하여 양도 또는 압류 및 전부명령이 존재한다고 하더라도 배당요구 종기까지 추급이 가능하다고 판시하였다.** 이는 **담보물권자의 물상대위권에 기한 효과**로서 일반채권자와는 다른 권리를 부여한 민법의 규정에 기인한 것으로서 당연한 법리이다.

### 법원판단

토지수용법 제61조, 제65조 및 제67조의 각 규정에 의하면, 기업자로서는 관할 토지수용위원회의 수용재결로 인하여 보상금채무가 발생한 이후라도 그 수용의 시기까지 사이에 보상금의 지급 시기나 공탁 여부 등을 자유롭게 결정할 수 있는 반면, <u>담보권자는 같은 법 제14조, 제16조 소정의 사업인정의 고시가 있으면 수용대상토지에 대한 손실보상금의 지급이 확실시되므로 토지수용의 재결 이전 단계에서도 물상대</u>

**위권의 행사로서 피수용자의 기업자에 대한 손실보상금 채권을 압류 및 전부**받을 수 있어(대법원 1998. 3. 13. 선고 97다47514 판결 참조), 설사 그 압류 전에 양도 또는 전부명령 등에 의하여 보상금 채권이 타인에게 이전된 경우라도 보상금이 직접 지급되거나 보상금지급청구권에 관한 강제집행절차에 있어서 배당요구의 종기에 이르기 전에는(대법원 1994. 11. 22. 선고 94다25728 판결 참조) 여전히 그 청구권에 대한 **추급이 가능하다**고 할 것이므로, 담보물권자가 같은 법 제25조 제1항, 제4조 제2항 및 같은법시행령 제15조의2에 의하여 사업인정의 고시 후 협의과정에서 기업자로부터 보상의 시기·방법 및 절차 등에 관하여 통지를 받은 이상, 특별한 사정이 없는 한 기업자가 담보권자로 하여금 물상대위권을 행사할 수 있도록 기회를 보장하기 위하여 보상금의 지급 또는 공탁의 시기를 늦추는 것과 같은 별도의 조치를 취하지 아니하였다고 하여 이를 두고 위법하다고 할 수 없을 것이다. 그러나 기업자가 보상금지급에 관한 사무처리지침을 정하고 그 내용을 담보권자에게 통지함으로써 그에 대한 담보권자의 신뢰가 형성되었음에도 후에 기업자 소속 담당공무원이 고의 또는 과실로 그 통지된 사무처리지침과 달리 보상금지급업무를 처리하여 담보권자로부터 물상대위권을 행사할 수 있는 기회를 박탈하여 결과적으로 담보권자로 하여금 우선변제권을 상실하게 하였다면 이는 공무원의 직무상 불법행위로 국가배상책임이 성립할 수 있다고 할 것이다.

기록에 의하면, 부산지방국토관리청이 1996. 3. 4.자로 작성하여 토지

소유자인 위 원창연 및 저당권자인 원고에게 보낸 각 공문은, 그 내용이 토지소유자에 대하여는 같은 해 3. 20.까지 위 보상금의 청구 여부에 관한 의사를 밝히도록 하면서, 그 때까지 그 지급을 청구하면 다른 공탁사유가 없는 한 같은 해 3. 21.부터 수용시기인 같은 해 3. 26. 사이에 그 보상금을 지급할 것이며, 만일 그 때까지 그 지급을 청구하지 아니하면 위 지급기간 내에 관할법원에 공탁하겠다는 보상금지급에 관한 사무처리 방침을 밝히는 것인 반면, 담보권자에 대하여는 빨라도 같은 해 3. 20.까지는 토지소유자에게 그 보상금을 지급 또는 공탁하지 않을 터이니 물상대위권을 행사하려면 늦어도 같은 해 3. 20.까지 그 압류절차를 마치도록 안내하는 취지인 점을 엿볼 수 있는바, 사정이 이와 같다면, 담보권자인 원고로서는 보상금이 피수용자에게 직접 지급되거나 변제공탁된 보상금이 출급되기 전에 또는 집행공탁의 경우에는 그 배당요구의 종기에 이르기 전에 그 보상금 지급청구권을 압류하여야만이 우선변제권을 보전할 수 있는 지위에 있음을 감안할 때, **부산지방국토관리청 소속 담당공무원으로서는 위 보상금 채권에 관하여 일반채권자의 가압류와 압류가 경합되어 있었으므로 그 보상금을 토지소유자인 위 원창연에게 직접 지급할 수 없고 토지수용법 제61조 제2항 제4호에 의하여 이를 공탁할 수밖에 없는 이상, 담보권자인 원고의 신뢰를 보호하기 위하여 위 공문의 사전 통지내용에 따라 1996. 3. 20. 경과한 후에 비로소 보상금을 공탁하여야 할 신의칙상의 의무가 있다고 볼 것이고, 이를 위배하여 그 이전인 같은 달 18. 위 보상금을 공탁한 것은 특별한 사정이 없는 한 직무상 불법행위에 해당한다고 할 것이다.**

그러함에도 원심이 이와 달리 위 공문의 문언상으로는 부산지방국토관리청이 1996. 3. 20.까지는 보상금을 지급 또는 공탁하지 않겠다는 취지를 표시한 것이라고는 보기 어렵다고 보아 그 기간을 준수하지 아니한 것이 직무상의 의무위반에 해당하지 아니한다고 판단하였는바, 거기에는 공문에 나타난 문언의 해석 및 신의칙에 관한 법리오인 내지는 사실오인의 위법이 있다고 할 것이고 이 점을 지적한 논지는 이유 있다.

토지소유자가 이미 금전을 수령 한 경우 근저당권자의 물상대위권 행사 가능성(대법원 2015. 9. 10. 선고 2013다216273 판결)

### 판례해설

근저당권자로서는 토지수용금이 공탁되기 전에 소유자가 받을 금원에 관하여 물상대위에 의한 압류 추심 또는 전부명령을 제기하여 결정받아야 하고 실재 소유자가 해당 금원을 받은 후에는 더 이상 물상대위를 할 수 있는 어떠한 채권도 존재하지 않기 때문에 더 이상 물상대위에 의한 압류는 불가능하고 결국 부당이득반환 문제로 돌아가게 된다

대상판결 사안에서도 근저당권자가 이미 물상대위의 의한 압류 추심명령을 제기하여 결정을 받았으나 압류의 효력은 금전부분에만 미치고 그 외 채권 부분에는 미치지 않는다. 이와 같은 사정 때문에 기업자는 재차 압류 등을 할 것을 통보하였으나 결국 하지 못하였고 토지 수용금

에 대하여 물상대위 청구를 하지 못하였던 것이다.

특히 대상판결의 법리 중 압류 등의 신청을 할 때 채권의 표시를 정확히 해야할 필요성에 관하여 언급하였으니 참조하기 바란다.

### 법원판단

가. 근저당권자는 근저당권의 목적이 된 토지의 공용징수 등으로 인하여 토지의 소유자가 받을 금전이나 그 밖의 물건에 대하여 물상대위권을 행사할 수 있으나, 다만 그 지급이나 인도 전에 압류하여야 하고(민법 제370조, 제342조), 근저당권자가 위 금전이나 물건의 인도청구권을 압류하기 전에 토지의 소유자가 그 인도청구권에 기하여 금전 등을 수령한 경우 근저당권자는 더 이상 물상대위권을 행사할 수 없다(대법원 2009. 5. 14. 선고 2008다17656 판결 참조).

한편 채권에 대한 압류명령을 신청하는 채권자는 신청서에 압류할 채권의 종류와 액수를 밝혀야 하고(민사집행법 제225조), 채권에 대한 압류명령은 그 대상이 된 채권의 범위에서 효력이 발생한다(대법원 2012. 10. 25. 선고 2010다32214판결 참조). 그리고 압류명령의 대상이 되는 채권의 구체적인 범위는 '주문'과 '압류할 채권의 표시'등 압류명령에 기재된 문언의 해석에 따라 결정된다. 그런데 제3채무자는 순전히 타의에 의하여 다른 사람들 사이의 법률분쟁에 편입되어 압류명령에서 정한 의무를 부담하는 것이므로 이러한 제3채무자가 압류된 채권의 종류나 그 범위를 정함에 있어 과도한 부담을 지지 않도록 보호할 필요가 있다. 따라서 압류명령에 기재된 문언은 그 문언 자체의 내용에 따라 객관적으로 엄격하게 해석하여야 하고, 그 문언의 의미가 불명확한 경우 그로 인한 불이익은 압류명령을 신청한 채권자에게 부담시키는 것이 합당하므로, 제3채무자가 통상의 주의력을 가진 사회 평균인을 기준으로 그 문언을 이해할 때 포함 여부에 의문을 가질 수 있는 채권은 특별한 사정이 없는 한 압류명령의 대상에 포함된 것으로 볼 수 없다(대법원 2013. 12. 26. 선고 2013다26296 판결 등 참조).

나. 원심판결 이유와 원심이 인용한 제1심판결 이유 및 기록에 의하면, 아래와 같은 사실을 알 수 있다.

① 원고는 소외 1과 소외 2가 1/2지분씩 소유하는 원심 판시 이 사건 토지의 근저당권자였는데, 2010.1.6. 국토해양부고시 제2009-1307호로 이 사건 토지가 인천검단지구 택지개발사업지역에 편입되었다.

② 원고는 2010.6.3. 근저당권의 물상대위권에 기하여 수원지방법원 안양지원 2010타채4179호로 소외 1이 위 택지개발사업의 시행자인 피고 인천도시공사(이하 '피고 공사'라고 한다)로부터 수령할 보상금 중 950,000,000원에 이를 때까지의 금원에 대하여 이 사건 압류 및 추심명령을 받았고, 이는 2010.6.7. 피고 공사에 송달되었다.

③ 중앙토지수용위원회는 2011.8.12. '피고 공사로 하여금 이 사건 토지를 수용하게 하고, 손실보상금은 891,669,800원(소외 1 445,834,900원, 소외 2 445,834,900원)으로 하며, 수용의 개시일은 2011.10.5.로 한다'는 취지의 재결을 하였다.

④ 그런데 공익사업을 위한 토지 등의 취득 및 보상에 관한 법률 제63조 제8항과 같은 법 시행령 제27조 제1항, 제27조의2 등에 의하면 토지거래계약에 관한 허가구역에 속해 있는 지역에서 택지개발사업을 시행하는 공공기관은 부재부동산 소유자의 토지에 대한 보상금 중 1억 원을 초과하는 부분에 대하여는 그 사업시행자가 발행하는 채권(債券)으로 지급하도록 되어 있어 토지거래계약에 관한 허가구역에 속해 있는 이 사건 토지에서 택지개발사업을 시행하는 피고 공사로서는 부재 부동산 소유자에 해당하는 소외 1에게 토지수용에 대한 보상으로 101,834,900원은 현금으로, 이를 제외한 나머지 344,000,000원 부분은 채권(債券)으로 지급하게 되었다.

⑤ 피고 공사는 2011. 8. 23. 원고에게 '재결보상금의 공탁예정일인 2011. 9. 30.까지 재결보상금의 압류 등 채권의 보전절차를 취하라'는 취지의 통보를 하였고, 나아가 2011. 9. 22. 원고에게 '수용재결보상금 중 100,000,000원을 초과하는 금액에 대하여는 채권(유가증권)으로 공탁하여야 하는데, 유가증권으로 공탁하는 부분은 금전채권 압류의 효력이 발생하지 아니하고 집행공탁을 할 수 없는 관계로, 2011.9.30.자로 인

천지방법원에 변제공탁(피공탁자 소외 1)할 예정이니 권리행사에 만전을 기하기 바란다'는 취지의 통보를 하였다.

⑥ 그러나 원고는 아무런 추가조치를 취하지 않았고, 이에 피고 공사는 2011. 9. 30. 소외 1에 대한 수용보상금 중 현금으로 지급해야 하는 101,834,900원은 인천지방법원 2011년 금 제8515호로 집행공탁하였고, 채권(債券)으로 지급해야 하는 344,000,000원 부분에 대하여는 인천지방법원 2011년 금제35호로 피공탁자를 소외 1로 하여 이 사건 유가증권을 변제공탁하였다.

⑦ 한편 이 사건 압류 및 추심명령의 '압류할 채권의 표시'는 "소외 1이 피고 공사로부터 지급받게 될 보상금 중 위 청구금액(950,000,000원)에 이를 때까지의 금원"이라고 기재되어 있고, 그 '주문'도 금전채권에 대한 전형적인 압류 및 추심명령과 같은 내용으로 기재되어 있으며, 유체동산 인도청구권에 대한 압류명령에 부수되는 인도명령에 관한 기재는 없고, 나아가 피고 공사가 위 변제공탁을 할 때까지 이러한 인도명령이 별도로 발령된 바도 없다.

다. 이러한 사실관계를 관계 법령과 앞서 본 법리에 비추어 살펴보면, 이 사건 토지의 수용에 대한 보상으로 소외 1은 피고 공사에 대하여 금전채권과 유가증권 인도청구권을 가지게 되었는데, 이 사건 압류 및 추심명령은 소외 1의 피고 공사에 대한 금전채권만을 대상으로 한다고 할 것이고, 한편 소외 1의 피고 공사에 대한 채권이 처음에는 그 전부가 금전채권으로 발생하여 이 사건 압류 및 추심명령의 대상에 포함되었다가 나중에 일부가 유가증권 인도청구권으로 변경된 것으로 볼 수도 없으므로, 이 사건 압류 및 추심명령이나 그 중 압류명령 부분의 효력이 소외 1의 피고 공사에 대한 유가증권 인도청구권에 대하여까지 미친다고 할 수 없다.

따라서 같은 취지에서 원고의 피고 공사에 대한 청구를 모두 기각한 원심의 판단은 정당하고, 거기에 수용보상금 채권에 대한 압류명령의 효력범위에 관한 법리를 오해한 잘못이 없다.

토지 위의 근저당권자/ 물상대위권 불행사/ 집행권원에 의한 압류 및 전부명령 신청 및 효력 (대법원 1990. 12. 26. 선고 90다카24816 판결)

> **판례해설**
>
> 만약 채권자가 근저당권을 설정한 토지가 수용된 경우, 근저당권자 겸 채권자가 집행권원까지 가지고 있다면 그 권리행사 방법은 어떻게 될까?
>
> 대상판결에서의 채권자는 근저당권에 의한 물상대위를 신청하는 대신 오히려 집행권원에 의한 압류 전부 명령을 신청하였으나 이에 대하여 법원은 압류 전부 명령은 일반 채권자에 불과하고 더욱이 전부명령일 경우에는 압류가 경합한 경우 무효로 될 수 있는 것이므로 압류까

지 경합 되어 압류 전부 명령이 무효라고 판시하였다.

즉 채권자로서는 근저당권자로서 물상대위에 의한 집행을 함으로써 담보물권자의 지위를 보전받아야 했음에도 잘못된 법률적 조언으로 인하여 집행권원에 의한 압류 전부명령을 신청하였는바, 근저당권의 지위도 취득하지 못하고 그 채권 역시 지급받지 못한 상황이 발생한 것이다.

이처럼 토지 수용금에 관한 배당 절차는 한 번의 실수로 인하여 당연히 지급받을 수 있는 금원을 받지 못할 수도 있는바 매우 중요하므로 특별한 주의를 필요로 한다.

### 법원판단

기록에 의하면 이 사건 근저당권은 국세인 위 부가가치세의 납부기한인 1986.9.30.보다 1년 전에 설정된 것이어서 국세기본법 제35조 제1항 제3호의 규정에 불구하고 이에 의하여 담보된 채권이 위 국세에 우선함은 명백하고, 한편 민법 제370조, 제342조 단서가 저당권자는 물상대위권을 행사하기 위하여 저당권설정자가 받을 금전 기타 물건의 지급 또는 인도 전에 압류하여야 한다고 규정한 것은 물상대위의 목적인 채권의 특정성을 유지하여 그 효력을 보전함과 동시에 제3자에게 불측의 손해를 입히지 않으려는 데 있는 것이므로 단지 일반채권자가 먼저 압류나 가압류의 집행을 함에 지나지 않은 경우에는 저당권자는 후에 목적채권에 대하여 물상대위권을 행사하여 우선변제를 받을 수가 있고 그 방법으로는 채권에 대한 강제집행절차에 준하여 채권의 압류 및

전부명령을 신청할 수도 있는 것이나, 이는 어디까지나 담보권의 실행
절차이므로 그 요건으로서 담보권의 존재를 증명하는 서류를 제출하
여 개시된 경우이어야 하는 바, 이 사건에서와 같이 물상대위권을 갖는
채권자가 동시에 채무명의를 가지고 있으면서 채무명의에 의한 강제집
행의 방법을 선택하여 채권의 압류 및 전부명령을 얻은 경우에는 비록
그가 물상대위권을 갖는 실체법상의 우선권자라 하더라도 원래 일반
채무명의에 의한 강제집행절차와 담보권의 실행절차와는 그 개시요건
이 다를 뿐만 아니라 **다수의 이해관계인이 관여하는 집행절차의 안정
과 평등배당을 기대한 다른 일반채권자의 신뢰를 보호할 필요가 있는
점에 비추어 압류가 경합된 상태에서 발부된 위 전부명령은 무효로 볼
수 밖에 없는 것**이다.

토지 위의 근저당권자/ 물상대위권 불행사/ 토지 위 다른 채권자에 대한
부당이득반환청구 가능성 (대법원 2010. 10. 28. 선고 2010다46756 판결)

> **판례해설**
>
> 　수용된 토지 위에 저당권이 설정되어 있는 경우라고 하더라도 토지가
> 수용될 경우 원시취득의 효과로서 근저당권은 소멸하므로, 근저당권자는
> 물상대위에 의한 압류를 하여야만 그 권리를 보장받을 수 있다. 즉 물건의
> 지급 또는 인도 전 압류 하도록 규정하는 취지는 물상대위의 목적인 특성
> 성을 유지하여 그 효력을 보전함과 동시에 제3자에 대하여 불측의 손해

를 입히지 않기 위함이다.

결국 위와 같은 압류 등을 하지 않아 결국 특정성을 유지하지 못할 경우, 토지수용으로 인한 원시취득의 효과가 그대로 발생되어 근저당권은 소멸하고 그 근저당권자는 자신이 근저당권을 가지고 있었다는 이유만으로 토지 보상금을 받았던 다른 채권자에 대하여 부당이득반환 청구조차 할 수 없다.

### 법원판단

민법 제370조, 제342조 단서가 저당권자는 물상대위권을 행사하기 위하여 저당권설정자가 받을 금전 기타 물건의 지급 또는 인도 전에 압류하여야 한다고 규정한 것은 물상대위의 목적인 채권의 특정성을 유지하여 그 효력을 보전함과 동시에 제3자에게 불측의 손해를 입히지 않으려는 데에 그 취지가 있다. 따라서 저당목적물의 변형물인 금전 기타 물건에 대하여 이미 제3자가 압류하여 그 금전 또는 물건이 특정된 이상 저당권자가 스스로 이를 압류하지 않고서도 물상대위권을 행사하여 일반 채권자보다 우선변제를 받을 수 있으나, 그 행사방법은 민사집행법 제273조에 의하여 담보권의 존재를 증명하는 서류를 집행법원에 제출하여 채권압류 및 전부명령을 신청하는 것이거나 민사집행법 제247조 제1항에 의하여 배당요구를 하는 것이므로, 이러한 물상대위권의 행사에 나아가지 아니한 채 단지 수용대상토지에 대하여 담보물권의 등기가 된 것만으로는 그 보상금으로부터 우선변제를 받을 수 없다

(대법원 1998. 9. 22. 선고 98다12812 판결 참조). 그렇다면 저당권자가 물상대위권의 행사에 나아가지 아니하여 우선변제권을 상실한 이상, **다른 채권자가 그 보상금 또는 이에 관한 변제공탁금으로부터 이득을 얻었다고 하더라도 저당권자는 이를 부당이득으로서 반환청구할 수 없다**(대법원 1994. 11. 22. 선고 94다25728 판결, 대법원 2002. 10. 11. 선고 2002다33137 판결 등 참조).

원심판결 이유에 의하면, 원심은 그 채택 증거를 종합하여 판시와 같은 사실을 인정한 다음, 저당목적물인 이 사건 부동산이 수용됨으로써 저당목적물의 변형물인 소외인의 토지수용보상금지급청구권이 물상대위의 대상이 되었다고 할 것이나, 근저당권자인 원고가 토지수용보상금지급청구권에 관하여 압류 및 전부명령을 신청하는 등의 방법으로 물상대위권을 행사하기 전에, 피고 산하 서대구세무서장이 국세징수법 제41조에 의하여 토지수용보상금지급청구권을 압류함으로써 소외인을 대위하여 추심권을 취득하고 이러한 추심권자의 자격으로 한국토지공사로부터 토지수용보상금을 지급받은 이상, 원고는 우선변제권을 상실하였으므로, 피고 산하 서대구세무서장이 위 보상금을 국세에 충당하는 것이 우선변제권을 상실한 원고와의 관계에서 법률상 원인 없는 이득에 해당한다고 볼 수 없다고 판단하였다.

저당권자 물상대위권 불행사/ 소유자가 보상금 취득/ 부당이득반환청구 가능 (대법원 2009. 5. 14. 선고 2008다17656 판결)

### 판례해설

대상판결은 판결문 자체에서도 언급한 바와 같이 대법원 2002. 10. 11. 선고 2002다33137 판결(이하, "관련판결"이라고만 함)과 구분하여야 한다. 즉 관련 판결은 <u>다른 채권자와의 관계</u>에서 <u>저당권자가 물상대위 등에 의한 압류를 하지 않으면 토지 보상금에 자신의 근저당권이 특정되지 않았고 결국 다른 채권자에게 대항하지 못하여 부당이득반환청구를 할 수 없다</u>는 것이다.

그러나 대상판결은 <u>저당권 채무자와 관련된 사례</u>인바 <u>물상대위 등으로 인하여 특정을 하지 못한 근저당권자의 상대방이 채무자이기 때문에 채무자는 근저당권이 없어짐으로 인하여 원인 없는 이득을 얻고 근저당권자는 그로 인하여 손해를 보았기 때문에 이러한 경우에는 부당이득법리에 따라 반환청구가 가능하다</u>는 것이다.

### 법원판단

저당권자(질권자를 포함한다)는 저당권(질권을 포함한다)의 목적이 된 물건의 멸실, 훼손 또는 공용징수로 인하여 저당목적물의 소유자가 받을 저당목적물에 갈음하는 금전 기타 물건에 대하여 물상대위권을 행사할 수 있으나, 다만 그 지급 또는 인도 전에 이를 압류하여야 하며 ('민법' 제370조, 제342조), 저당권자가 위 금전 또는 물건의 인도청구권을 압류하기 전에 저당물의 소유자가 그 인도청구권에 기하여 금전 등을 수령한 경우에는 저당권자는 더 이상 물상대위권을 행사할 수 없게 된다. 이 경우 저당권자는 저당권의 채권최고액 범위 내에서 저당목적물의 교환가치를 지배하고 있다가 저당권을 상실하는 손해를 입게 되는 반면에, 저당목적물의 소유자는 저당권의 채권최고액 범위 내에서 저당권자에게 저당목적물의 교환가치를 양보하여야 할 지위에 있다가 마치 그러한 저당권의 부담이 없었던 것과 같은 상태에서의 대가를 취득하게 되는 것이므로 그 수령한 금액 가운데 저당권의 채권최고액을 한도로 하는 피담보채권액의 범위 내에서는 이득을 얻게 된다 할 것이다. <u>저당목적물 소유자가 얻은 위와 같은 이익은 저당권자의 손실로 인한 것으로서 인과관계가 있을 뿐 아니라, 공평 관념에 위배되는 재산적 가치의 이동이 있는 경우 수익자로부터 그 이득을 되돌려받아 손실자와의 사이에 재산상태의 조정을 꾀하는 부당이득제도의 목적에 비추어 보면 위와 같은 이익을 소유권자에게 종국적으로 귀속시키는 것은 저당권자에 대한 관계에서 공평의 관념에 위배되어 법률상 원인이 없다고 봄이 상당하므로, 저당목적물 소유자는 저당권자에게 이를 부당이득으로서 반환할 의무가 있다고 할 것</u>이다(대법원 1975. 4. 8. 선고 73다29 판결 참조).

(생략)

원심이 원용한 <u>대법원 2002. 10. 11. 선고 2002다33137 판결은 물상대위권자가 저당목적물의 변형물인 수용보상금채권의 배당절차에서 배당요구를 하지 아니하여 우선변제권을 상실한 경우에는 같은 배당절차에서 배당을 받은 다른 채권자에 대하여 부당이득반환청구를 할 수 없다</u>는 것으로서, 이 사건과는 사안을 달리하여 이 사건에 원용하기에 적절하지 아니하다.

근저당권자 물상대위권 불행사/ 소유자 또는 제3취득자에 대한 부당이득반환청구권 행사 (대법원 2017. 7. 18. 선고 2017다218796 판결)

> 판례해설
>
> 원심은 이 사건 목적물의 소유자 또는 제3취득자가 아직까지 수용금에 관한 잉여금을 받지 못하였으므로 부당이득 한 것은 아니라고 판시하였으나 대상판결은 소유자 또는 제3취득자가 부당이득을 한 것이고 단지 실제 잉여금을 아직 받지 못하였을 경우 그자가 가지고 있는 채권의 양도 및 의사를 표시하는 판결을 하면 충분하다고 판시하였다.

## 법원판단

가. 근저당권자가 근저당목적물의 공용징수 등으로 인하여 근저당목적물의 소유자가 받을 금전의 지급청구권을 압류하기 전에 그 소유자가 지급청구권에 기하여 금전을 수령한 경우 근저당권자는 더 이상 물상대위권을 행사할 수 없다(민법 제370조, 제342조). 이 경우 근저당권자는 근저당권을 상실하는 손해를 입게 되는 반면에, 근저당목적물의 소유자는 그 수령한 금액 가운데 근저당권의 채권최고액을 한도로 하는 피담보채권액의 범위 내에서 이득을 얻게 되는데 그 이익을 소유자에게 종국적으로 귀속시키는 것은 근저당권자에 대한 관계에서 공평의 관념에 위배되어 법률상 원인이 없다고 보아야 하므로, **근저당목적물 소유자는 근저당권자에게 그 이익을 부당이득으로 반환할 의무가 있다**

(대법원 1975. 4. 8. 선고 73다29 판결, 대법원 2009. 5. 14. 선고 2008다17656 판결 등 참조). 이처럼 물상대위권을 상실한 근저당권자가 근저당목적물 소유자에 대하여 부당이득반환청구를 할 수 있다는 법리는 근저당목적물을 양수한 제3취득자에 대한 경우뿐만 아니라 근저당목적물의 소유자가 피담보채권의 채무자인 경우에도 마찬가지로 적용된다.

한편 법률상 원인 없이 제3자에 대한 채권을 취득한 경우 만약 채권의 이득자가 이미 그 채권을 변제받은 때에는 그 변제받은 금액이 이득이 되어 이를 반환하여야 한다. 그러나 **채권의 이득자가 그 채권을 현실적으로 추심하지 못한 때에는 손실자는 이득자에게 그 채권의 반환을 구하여야 하는데 이는 결국 부당이득한 채권의 양도와 그 채권 양도의 통지를 그 채권의 채무자에게 하여 줄 것을 청구하는 형태**가 된다(대법원 1995. 12. 5. 선고 95다22061 판결, 대법원 2013. 4. 26.자 2009마1932 결정 등 참조).

나. 그럼에도 불구하고 원심이 근저당목적물의 소유자는 물상대위권을 상실한 근저당권자에게 부당이득반환의무를 부담한다는 원고의 예비적 청구에 관한 주장을 판단하면서 위에서 본 법리와는 달리 **근저당목적물의 소유자와 피담보채권의 채무자가 같은 경우에는 물상대위권을 상실한 근저당권자에게 부당이득반환청구권이 성립하지 아니하고**, 설령 부당이득반환청구권이 성립하더라도 피고가 이 사건 잉여금

을 출급하지 않은 이상 부당이득을 취한 것으로 볼 수 없다고 판단하여 원심에서 추가된 원고의 예비적 청구를 배척하였다. 거기에는 부당이득에 관한 법리를 오해하여 판결에 영향을 미친 잘못이 있다. 이를 지적하는 상고이유 주장은 이유 있다.

## II. 수용된 토지에 대하여 점유취득시효한 자의 권리주장 관계

수용된 토지 위의 점유취득시효 완성자/ 대상청구권 행사 요건 (대법원 1996. 12. 10. 선고 94다43825 판결 [소유권이전등기등])

> **판례해설**
>
> 수용된 토지에 대하여 점유취득시효를 완성한 점유자가 그 토지에 대하여 대상청구권을 행사하기 위해서는 기본적으로 해당 채권이 특정되어야 하는바, 만일 그렇지 않고 토지 보상금이 지급되기 전까지 아무런 조치를 취하지 않았다면 보상금과 관련하여 어떠한 권리도 행사할 수 없다.
>
> 이는 토지수용 자체가 원시취득이고 대상청구권을 행사하기 위해서는 채권으로 변경되기 전에 특정성을 요한다는 기본적인 법리에 비추어 당연한 판결에 해당한다.

### 법원판단

원고는 1989년경 원고가 위 토지 부분을 점유로 인한 토지 소유권 취득기간이 완료되어 시효취득하였으므로, 원고에게 소유권이전등기청구권이 있고 따라서 원고에게 그 소유권이전등기가 경료되기 전에 소외 점촌시에 소유권이전등기가 되어 이행불능이 되었다 하더라도 원고는 피고에게 그에 대한 대상청구권이 있고, 따라서 피고가 수령한 보상금 중 일부를 부당이득반환의 법리에 따라 원고에게 반환하여야 한다는 주장에 대하여 **원심은 이 사건 협의매수 당시 피고는 법률상 소유자이므로, 그에 대한 보상금 수령이 부당이득이라 할 수 없고 취득시효로 인한 등기청구권이 보상금청구권에 전이 된다고 볼 수 없다**는 이유로 원고 청구를 배척하였다.

그러므로 살피건대 우리 민법상 이행불능의 효과로서 채권자의 전보배상청구권과 계약해제권 외에 별도로 대상청구권을 규정하고 있지 않으나, 해석상 대상청구권을 부정할 이유가 없다고 할 것이지만(당원 1992. 5. 12. 선고 92다4581, 4598 판결 참조), **점유로 인한 부동산 소유권 취득기간 만료를 원인으로 한 등기청구권이 이행불능으로 되었다고 하여 대상청구권을 행사하기 위하여는 그 이행불능 전에 등기명의자에 대하여 점유로 인한 부동산 소유권 취득기간이 만료되었음을 이유로 그 권리를 주장하였거나 그 취득기간 만료를 원인으로 한 등기청구권을 행사**하였어야 하고, 그 이행불능 전에 위와 같은 권리의 주장이나 행사에 이르지 않았다면 대상청구권을 행사할 수 없다고 봄이 공평의 관념에 부합한다고 할 것인바, 이 사건에서 원고가 이 사건 토지 부분에 대하여 점유로 인한 부동산 소유권 취득기간이 만료되어 이를 원인으로 한 소유권이전등기청구권을 취득하였다고 할지라도, 소외 점촌시 명의로 이 사건 토지 부분에 대한 소유권이전등기가 경료됨으로써 원고가 취득한 등기청구권이 이행불능으로 되기 전에 원고가 등기명의자인 피고에 대하여 점유로 인한 부동산 소유권 취득기간이 만료되었음을 근거로 그 권리를 주장하였다거나 그 취득기간 만료를 원인으로 한 등기청구권을 행사하였다고 볼 증거가 없으므로, 원고로서는 이 사건 토지 부분의 대금에 대하여 대상청구권을 행사하여 그 반환을 청구할 수 없는 것이다.

결국 원고가 구하는 이 사건 토지 부분의 대금에 대한 반환청구를 기각한 원심은 그 이유 설명이 다르다 하더라도 결론은 정당하고, 거기에 소론과 같은 법리오해 등의 위법이 있다고 할 수 없다. 논지도 이유 없다.

점유취득시효 완성자의 권리/ 보상금 수령권자 확인의 소 불가능(대법원 1995. 12. 5. 선고 95다4209 판결)

### 법원판단

....그러나, **원고 조합이 이 사건 수용 토지를 시효취득하였다고 하더라도 취득시효 기간 완성 당시의 소유권자는 피고 회사이고, 원고 조합은 피고 회사에 대하여 채권적 효력을 가진 소유권이전등기 청구권을 취득하게 될 뿐이므로, 그 이후 취득시효가 완성된 토지가 수용됨으로써 그 소유권이전등기 의무가 이행불능이 된 경우에는 원고 조합으**

로서는 이른바 대상청구권의 행사로서 피고 회사에 대하여 그가 토지 수용의 대가로 취득한 토지수용 보상금의 공탁금출급 청구권의 양도를 청구할 수는 있으나, 피고 회사를 상대로 공탁된 토지수용 보상금의 수령권자가 원고 조합이라는 확인을 구할 수는 없다고 할 것이다(대법원 1995. 7. 28. 선고 95다2074 판결, 1995. 8. 11. 선고 94다21559 판결 각 참조).

따라서 원심이 위와 같은 법률상의 사항을 명백히 하지 아니한 채 위의 사실관계하에서 위 공탁금출급 청구권이 원고에게 있음의 확인청구를 인용한 제1심판결을 그대로 유지하였음은 취득시효 완성의 효력과 대상청구권에 관한 법리를 오해한 위법이 있다고 할 것이므로, 이 점을 지적하는 논지는 이유 있다.

점유시효 취득자/ 토지수용보상금 수령권자 확인의 소 불가능 (대법원 1995. 7. 28. 선고 95다2074 판결)

법원판단

원고가 이 사건 토지를 시효취득하였다고 하더라도 취득시효기간이 완성된 시점에서의 이 사건 토지의 소유자는 피고가 아닌 소외 망 김용호의 상속인들로서 원고는 위 소외인의 상속인들에 대하여 취득시효 완성을 원인으로 하여 **채권적 효력을 가진 소유권이전등기청구권만을 취득하게 되는 것**이고, 취득시효가 완성된 토지가 수용됨으로써 취득시효완성을 원인으로 하는 소유권이전등기의무가 이행불능이 된 경우에 그 소유권이전등기 청구권자가 대상청구권의 행사로서 그 토지의 소유자가 토지의 대가로서 지급받은 수용보상금의 반환을 청구할 수 있다고 하더라도 **원고가 직접 피고를 상대로 공탁된 토지수용보상금의 수령권자가 원고라는 확인을 구할 수는 없는 것**이므로 원심은 원고가 명백히 간과하고 있는 위와 같은 법률상의 사항에 관하여 석명하여 원고의 청구가 무엇인지를 확정하여야 할 것이다.

점유취득 시효 완성자/ 토지소유자에 대하여 보상금 반환청구 가능성 (대법원 1994. 12. 9. 선고 94다25025 판결)

> **판례해설**
>
> 점유 취득시효 완성된 토지가 수용되었고 그 이전에 시효 취득자가 소유권이전등기청구를 한 경우 해당 토지는 수용되어 상대방은 더 이상 소유권이 존재하지 않기 때문에 청구할 수 없고 대신 **수용보상금에 관하여 대상청구권의 형태로 반환청구 또는 보상청구권의 양도**를 구할 수 있다.
>
> 대상판결에서 원심은 취득시효 완성된 토지가 수용되었으므로 수용금에 관하여 손해배상 청구가 가능하다고 판시하였으나, 대법원은 토지 수용은 어느 누구의 귀책이 존재하는 것은 아니므로 청구원인으로 민법 제

> 750조를 구하는 것은 법리상 맞지 않고 단지 양 당사자 귀책 없는 사유로 이행불능된 것인바, 결국 그에 대한 결과물에 대하여 대상청구권을 행사할 수 있는 조항을 인용하여 토지 보상금에 대한 대상청구권이 인정된다고 판시하였다.

## 법원판단

원심판결 이유에 의하면, 원심은 거시 증거에 의하여, 위 같은 리 381의 2 대 47㎡ 및 381의 3 대 33㎡에 관하여는 이 사건 원심 계속 중이던 1993. 7. 13.(1993.7.19.의 오기로 보인다) 토지수용을 원인으로 하는 소외 안성군 명의의 소유권이전등기가 경료된 사실을 인정한 다음 **위 토지에 관하여 위 안성군 명의의 소유권이전등기가 경료된 이상 위 각 도지에 관한** 피고 이석우, 이우언, 오윤탁, 정진철의 원고에 대한 취득시효 완성을 원인으로 하는 소유권이전등기의무는 이행불능이 되었다고 판단하여 위 토지에 대한 소유권이전등기를 구하는 주위적 청구는 기각하고, 나아가 위 토지에 대한 소유권이전등기의무가 이행불능됨으로써 위 피고들은 이로 인하여 원고가 입은 손해를 배상할 책임이 있다고 하면서, 적어도 위 이행불능 당시의 시가 상당액이라고 인정되는 위 피고들이 안성군으로부터 수령한 위 토지수용으로 인한 보상금 상당액의 배상을 구하는 원고의 예비적 청구를 인용하였는 바, 위 피고들이 <u>위 토지에 관하여 이 사건 취득시효 완성을 원인으로 하는 소유권이전등기의무가 이행불능이 된 이유가 원심 판시와 같이 토지수용 때문이</u>

**라면, 이러한 이행불능은 위 피고들의 고의 또는 과실에 기하여 발생한 것이라고 볼 수 없어**, 위 피고들은 위 이행불능으로 인하여 위 토지의 시가 상당액에 해당하는 손해를 배상할 책임이 있다고 할 수 없을 것이다. 따라서 위 피고들에게 이행불능으로 인한 손해배상책임을 인정한 원심판결에는 이행불능으로 인한 손해배상의 책임에 관한 법리를 오해한 위법이 있다고 할 것이고, 이를 지적하는 논지는 이유 있다.

다만, **이 사건에 있어서와 같이 취득시효가 완성된 토지가 수용됨으로써 취득시효 완성을 원인으로 하는 소유권이전등기의무가 이행불능이 된 경우에는, 그 소유권이전등기청구권자는 소위 대상청구권의 행사로서, 그 토지의 소유자가 그 토지의 대가로서 지급받은 수용보상금의 반환을 청구할 수 있다**고 보아야 할 것인데(당원 1992. 5. 12. 선고 92다4581,4598 판결 참조), 원고의 1994. 2. 18.자 예비적 청구취지 및 청구원인 변경신청서를 보면, 원고는 예비적 청구로, 부당이득 또는 이행불능으로 인한 손해배상의 책임에 기하여 위 보상금 상당의 금원의 지급을 선택적으로 청구하고 있으므로, 원심으로서는 위 선택적으로 청구하고 있는 나머지 하나인 부당이득이 무엇을 의미하는 것인지, 그 속에 대상청구권을 행사하여 위 보상금의 반환을 구하는 취지가 포함되어 있는지 밝혀 보아 이에 대하여 판단하여야 할 것이다.

## Ⅲ. 수용된 토지 위의 가압류권자의 지위

수용되는 토지 위의 가압류권자의 지위 (대법원 2004. 4. 16. 선고 2003다64206 판결)

---

**판례해설**

통상적으로 가압류가 먼저 되고 그 이후 근저당권이 설정되었다면 일반채권자라고 하더라도 집행권원을 얻은 후 근저당권자와 각 채권의 비율로 평등 배당을 받을 수 있다.

그러나 <u>토지 수용절차에서는 그와 다르게 판단하여 가압류권자 자신이 가지고 있는 순위를 상실하고 결국 자신보다 이후에 성립된 근저당권자에게도 대항하지 못하게 되며 가압류권자가 근저당권자와 같이 수용 전 수용보상금에 대하여 가압류를 했다고 하더라도 마찬가지이다.</u> 이는 토지 수용 자체가 187조에 따라 원시취득의 법률효과가 발생하고 결국 토지 위에 모든 권리를 그 즉시 소멸하기 때문이다.

다만 근저당권자를 이와 다르게 보는 이유는 근저당권자 등 담보물권자들은 민법상 별도의 규정이 있는 물상대위권 행사로 인한 보호 때문이다.

---

**법원판단**

구 토지수용법(2002. 2. 4. 법률 제6656호 공익사업을위한토지등의취득및보상에관한법률 부칙 제2조로 폐지) 제67조 제1항에 의하면, <u>기</u>

업자는 토지를 수용한 날에 그 소유권을 취득하고 그 토지에 관한 다른 권리는 소멸</u>하는 것인바, 수용되는 토지에 대하여 가압류가 집행되어 있더라도 토지수용으로 기업자가 그 소유권을 원시취득하게 됨에 따라 그 토지 가압류의 효력은 소멸하는 것이고, 이 경우에 그 토지 가압류가 수용보상금채권에 당연히 전이되어 그 효력이 미치게 된다고는 할 수 없다(대법원 2000. 7. 4. 선고 98다62961 판결 참조). 그러므로 수용 전 토지에 대한 가압류채권자가 다시 수용보상금채권에 대하여 가압류를 하였다고 하더라도, 수용 전 토지에 대하여 위 토지 가압류 이후 저당권을 취득하였다가 위 수용보상금채권에 대하여 물상대위에 따른 압류를 한 자에 대하여는, 수용 전 토지에 관하여 주장할 수 있었던 사유를 수용보상금채권에 대한 배당절차에서까지 주장할 수는 없다고 보아야 한다(조세체납압류에 관한 대법원 2003. 7. 11. 선고 2001다83777 판결 참조).

원심이 인정한 사실관계에 비추어 보면, <u>이 사건 토지의 수용으로 기업자가 그 소유권을 원시취득함으로써 당초의 부동산 가압류의 효력은 절대적으로 소멸되는 것</u>이지, 법률에 특별한 규정이 없는 한, 이 사건의 토지 가압류가 그 수용보상금채권에 당연히 전이되어 그 효력이 미치게 된다거나, 수용보상금채권에 대하여도 토지 가압류의 처분금지적 효력이 여전히 미친다고 볼 법률상의 근거가 없으므로, <u>새로이 위 수용보상금채권에 대한 가압류를 한 원고가, 위 근저당권에 터잡아 위 수용보상금채권에 대하여 물상대위권을 행사한 피고보다 우선하여</u>

**위 수용보상금을 배당받을 수는 없다**고 할 것이다.

수용된 토지 위의 가압류권자의 지위/ 수용금이 토지 소유자에게 귀속된 경우 부당이득반환청구 가능성(대법원 2009. 9. 10. 선고 2006다61536,61543 판결)

> 판례해설
>
> 가압류된 토지가 토지 수용되었을 경우 원시취득의 효과로 가압류등기는 자동으로 말소되고 더 나아가 **토지 보상금 청구권에 관하여 가압류권자가 가압류를 하였더라도 물상대위에 의한 압류 추심명령을 이미 신청한 근저당권자에게 대항할 수 없다**(대법원 2000. 7. 4. 선고 98다62961 판결)
>
> 대상판결은 더 나아가 가압류된 토지에 대하여 토지수용으로 등기가 말소된 뒤 기존 소유권자가 받았던 토지보상금에 관하여 가압류권자가 자신이 가압류권자임을 기화로 가압류 금액 상당에 대하여 부당이득반환청구권을 행사할 수 있는지 문제가 되었다.
>
> 이에 법원은 가압류와 관련된 기존 법리를 설시한 뒤 이미 가압류는 원시취득의 효과로서 소멸되었고 거기에 어떠한 권리도 남아있지 않기 때문에 토지소유자가 토지 보상금을 그대로 취득하였다고 하더라도 그에게 부당이득반환청구권도 행사할 수 없다고 판시하였다.

### 법원판단

'공익사업을 위한 토지 등의 취득 및 보상에 관한 법률'(이하 '공익사업법'이라 한다) 제45조 제1항에 의하면, 토지 수용의 경우 사업시행자는 수용의 개시일에 토지의 소유권을 취득하고 그 토지에 관한 다른 권리는 소멸하는 것인바, <u>수용되는 토지에 대하여 가압류가 집행되어 있더라도 토지 수용으로 사업시행자가 그 소유권을 원시취득하게 됨에 따라 그 토지 가압류의 효력은 절대적으로 소멸</u>하는 것이고, 이 경우 법률에 특별한 규정이 없는 이상 토지에 대한 가압류가 그 수용보상금채권에 당연히 전이되어 효력이 미치게 된다거나 수용보상금채권에 대하여도 토지 가압류의 처분금지적 효력이 미친다고 볼 수는 없으며, 또 가압류는 담보물권과는 달리 목적물의 교환가치를 지배하는 권리가 아니고, 담보물권의 경우에 인정되는 물상대위의 법리가 여기에 적용된다고 볼 수도 없다(대법원 2000. 7. 4. 선고 98다62961 판결, 대법원 2003. 7. 11. 선고 2001다83777 판결, 대법원 2004. 4. 16. 선고 2003다64206 판결 등 참조). 그러므로 토지에 대하여 가압류가 집행된 후에 제3자가 그 토지의 소유권을 취득함으로써 가압류의 처분금지 효력을 받고 있던 중 그 토지가 공익사업법에 따라 수용됨으로 인하여 기존 가압류의 효력이 소멸되는 한편 제3취득자인 토지소유자는 위 가압류의 부담에서 벗어나 토지수용보상금을 온전히 지급받게 되었다고 하더라도, 이는 공익사업법에 따른 토지 수용의 효과일 뿐이지 이를 두고 법률상 원인 없는 부당이득이라고 할 것은 아니다.

원심이 같은 취지에서, 이 사건 토지의 가압류채권자인 원고가 그 토지의 제3취득자이자 수용보상금채권자인 피고를 상대로 제기한 부당이득반환청구를 배척한 것은 정당하고, 거기에 상고이유로 주장하는 바와 같은 부당이득반환청구권의 발생 등에 관한 법리오해의 위법이 없다.

## IV. 기타 사례

토지수용 / 등기 권리자의 대상청구권의 내용 및 행사 방법(대법원 1996. 10. 29. 선고 95다56910 판결)

### 판례해설

토지수용의 효과는 토지 위의 모든 권리가 소멸하는 원시취득의 효과가 발생하며 기업자가 그 소유권을 취득하기 때문에 소유권과 관련 등기 권리자는 더 이상 기존 소유권자에 대하여 소유권이전등기 청구 소송을 제기할 수가 없다.

결국, 등기 권리자는 등기 의무자를 상대로 소유권이전등기청구를 할 수 없고 대신 등기 의무자가 소유자로서 기업자에게 청구할 수 있는 토지보상금청구권에 대한 양도와 통지를 구하는 방식으로 그 권리를 행하여야 한다.

### 법원판단

<u>원고 주장과 같은 등기청구권이 인정된다고 하더라도 등기의무자에게 대상청구권의 행사로써 등기의무자가 지급받은 수용보상금의 반환을 구하거나 또는 수용보상금청구권의 양도를 구할 수 있을 뿐이고, 그 수용보상금청구권 자체가 등기청구권자에게 귀속된다고 볼 수는 없으며</u>, 논지가 들고 있는 당원 1994. 12. 9. 선고 94다25025 판결은 등기

의무자가 수용보상금을 실제로 지급받은 경우에 관한 것으로서, 이 사건에 적절하지 아니하다.

따라서 원심판결에 소론과 같은 대상청구권에 관한 법리오해나 공탁된 수용보상금의 권리귀속에 관한 법리오해, 채증법칙 위배의 위법이 있다고 할 수 없으므로, 이 점을 다투는 논지도 이유 없다.

하나의 채권에 관하여 2인 이상이 서로 채권자라고 주장하는 경우에 어느 한쪽이 상대방에 대하여 그 채권이 자기에게 속한다는 채권의 귀속에 관한 확인을 구하는 청구는 그 확인의 이익이 있다 할 것이므로(당원 1988. 9. 27. 선고 87다카2269 판결 참조), 원심이 판시와 같은 이유를 들어 확인의 이익을 부정한 것은 잘못이나, **원고의 주장사실에 의하여도 수용보상금청구권이 원고에게 귀속된다는 청구는 이유 없음이 분명하고, 한편 원심은 확인청구를 기각한 제1심에 대한 원고의 항소를 기각하였으므로, 원심의 위와 같은 위법이 판결 결과에 영향을 미쳤다고 볼 수 없다.** 논지는 결국 이유 없다.

## V. 공탁 관련 쟁점

공탁의 일반적인 분류/ 변제공탁, 집행공탁 그리고 혼합공탁 (대법원 2008. 5. 15. 선고 2006다74693 판결)

**판례해설**

변제공탁, 집행공탁 그리고 혼합공탁은 공탁원인에 의한 분류와 개념이다.

즉 "변제공탁"이란 채무자가 변제를 하려고 해도 채권자가 변제를 받지 않거나, 변제를 받을 수 없는 경우 또는 과실 없이 채권자가 누구인지 알 수 없는 경우에 채무자가 채무이행을 하는 대신 채무의 목적물을 공탁소에 공탁하고 그 채무를 면할 수 있는 공탁을 의미하고,

"집행공탁"이란 강제집행 또는 보전처분절차에서 집행기관이나 집행당사자 또는 제3채무자가 「민사집행법」에 따른 권리·의무로서 집행목적물을 공탁소에 공탁하여 그 집행목적물의 관리와 집행법원의 지급위탁에 의한 공탁물 지급을 공탁절차에 따라 하는 것을 의미하며,

"혼합공탁"이란 공탁원인 및 공탁근거법령이 다른 실질상 두 개 이상의 공탁을 공탁자의 이익보호를 위해 하나의 공탁절차에 따라 하는 공탁을 의미하며 흔히 혼합공탁은 변제공탁이나 집행공탁 사이에서 발생하게 된다.

채권자의 압류. 추심명령 또는 압류.전부명령 자체가 제3채무자의

채무자에 대한 채권에 집행되어 이를 위하여 공탁한 경우 이는 집행공탁에 해당하게 되는바, 압류 추심 또는 전부 명령의 효력은 이와 같이 집행공탁의 금원에 한하여 미치고, 공탁금 중 집행공탁된 금원을 제외한 나머지가 채권자 불확지로서 변제공탁이라고 한다면, 변제공탁된 금액에 대해서는 압류 등의 효력이 미칠 수 없으므로 채무자의 또 다른 채권자가 변제공탁된 금원에 대하여 집행을 하게 되면 경합은 발생하지 않는다.

### 법원판단

공탁은 공탁자가 자기의 책임과 판단하에 하는 것으로서 공탁자는 나름대로 누구에게 변제하여야 할 것인지를 판단하여 그에 따라 변제공탁이나 집행공탁 또는 혼합공탁을 선택하여 할 수 있고, **제3채무자가 변제공탁을 한 것인지, 집행공탁을 한 것인지 아니면 혼합공탁을 한 것인지는 피공탁자의 지정 여부, 공탁의 근거조문, 공탁사유, 공탁사유신고 등을 종합적·합리적으로 고려하여 판단하는 수밖에 없다**(대법원 2005. 5. 26. 선고 2003다12311 판결 참조).

한편, 민사집행법 제248조 제1항은 "제3채무자는 압류에 관련된 금전채권의 전액을 공탁할 수 있다"고 규정하여 채권자의 공탁청구, 추심청구, 경합 여부 등을 따질 필요 없이 당해 압류에 관련된 채권 전액을 공탁할 수 있도록 규정하고 있는바, 이에 따라 금전채권의 일부만이 압류되었음에도 그 채권 전액을 공탁한 경우에는 그 공탁금 중 압류의 효력이 미치는 금전채권액은 그 성질상 당연히 집행공탁으로 보아야 하나, 압류금액을 초과하는 부분은 압류의 효력이 미치지 않으므로 집행공탁이 아니라 변제공탁으로 보아야 한다.

그리고 집행공탁은 공탁 이후 행해질 배당 등 절차의 진행을 전제로 한 것인데, 처분금지가처분은 그것이 설령 금전채권을 목적으로 하더라도 이러한 배당 등 절차와는 관계가 없으므로 제3채무자로서는 이를 이유로 집행공탁을 할 수는 없고, 다만 채권자불확지에 의한 변제공탁을 할 수 있다.

위 각 법리에 비추어 기록을 살펴보면, 이 사건 공탁의 공탁서에는 그 공탁사유로 피고 1 신용보증기금의 채권압류 및 추심명령과 피고 2 주식회사의 가처분 결정을 들면서 이로 인하여 채권자인 소외인에게 그 수용보상금을 지급할 수 없다는 취지가 기재되어 있고, 근거 법령으로 집행공탁사유에 해당하는 '공익사업을 위한 토지 등의 취득 및 보상에 관한 법률 제40조 제2항 제4호'가 기재되어 있으며, 피공탁자로는 소외인만이 기재되어 있으므로, **이 사건 공탁금 중 압류채권자인 피고 1 신용보증기금의 압류의 효력이 미치는 부분은 집행공탁에 해당하고, 그 압류의 효력이 미치지 않는 부분은 변제공탁에 해당한다고 봄이 상당하다.**

변제공탁과 집행공탁 사유가 함께 발생한 경우, 이른바 혼합공탁을 할 수 있는지 여부(적극) (대법원 1996. 4. 26. 선고 96다2583 판결)

### 판례해설

공탁이라고 함은 채무자가 채권자와 상관없이 자유롭게 할 수 있는 것이 아니라 각각의 그 사유가 존재하여야만 가능하다. 즉 집행공탁은 채무자의 제3채무자에 대한 채권이 여러 명의 집행채권자로 인하여 부득이 채무자에게 직접 지급할 수 없는 사정이 있으면 할 수 있고, 변제공탁은 변제자가 과실 없이 채권자를 알 수 없는 경우 진행할 수 있는 공탁절차이다. 이와 같은 이유로 <u>채무자는 이중 변제의 위험을 피하기 위하여 공탁을 하지만 공탁사유가 없는 상태에서 공탁을 하게 되면 오히려 지연배상책임을 부담</u>할 수 있다.

대상판결에서는 채권양도가 되었고 더 나아가 채권 가압류 등이 발생한 경우 채권양수인과 채무자와의 관계에서는 채권자 불확지를 원인으로 한 공탁의 사유가 존재하고 다른 한편 가압류 등으로 인한 집행공탁의 사유가 한꺼번에 발생하였는바 하나의 공탁에서 채권양수인에 대한 관계에서는 변제공탁으로서의 효과가, 채권 가압류권자 등에 대해서는 집행공탁으로서의 효과가 발생한 것이다.

### 법원판단

특정 채권에 대하여 채권양도의 통지가 있었으나 그 후 통지가 철회되는 등으로 채권이 적법하게 양도되었는지 여부에 관하여 의문이 있어 민법 제487조 후단의 채권자 불확지를 원인으로 하는 "변제공탁" 사유가 생기고, 그 채권양도 통지 후에 그 채권에 관하여 다수의 채권 가압류 또는 채권압류 결정이 동시 또는 순차로 내려짐으로써 위 채권양도의 효력이 발생하지 아니한다면 압류경합으로 인하여 민사소송법 제581조 제1항 소정의 집행공탁의 사유가 생긴 경우에, 채무자는 민법 제487조 후단 및 민사소송법 제581조 제1항을 근거로 하여 채권자불확지를 원인으로 하는 변제공탁과 압류경합 등을 이유로 하는 "집행공탁"을 아울러 할 수 있고, 이러한 공탁은 변제공탁에 관련된 채권양수인에 대하여는 변제공탁으로서의 효력이 있고, 집행공탁에 관련된 압류채권자 등에 대하여는 집행공탁으로서의 효력이 있다고 할 것이다.


혼합공탁/ 변제공탁의 남은 부분에 배당이의 가능성(대법원 2008. 5. 15. 선고 2006다74693 판결)

### 판례해설

이전 사례에서 집행공탁과 변제공탁 그리고 혼합공탁의 내용에 관하여 살펴보았다. 대상판결의 쟁점은 **혼합공탁 된 이후 집행공탁 부분에 관하여 공탁 사유신고가 발생한 경우 변제공탁의 금액까지 배당가입 차단효가 발생하는지 여부**인데 그 차단 여부에 따라 배당이의의 소의 적격이 인정되는지가 문제될 수 있다.

이에 대하여 대상판결은 제3채무자가 혼합공탁을 하고 그 공탁사유신고가 된 이후 채무자의 공탁금출급청구권에 대하여 압류 및 추심명령을 받은 채권자는, "집행공탁"에 해당하는 부분에 대하여는 배당가입차단효로 인하여 적법한 배당요구를 하였다고 볼 수 없지만 **"변제공탁"에 해당하는 부분에 대하여는 적법한 배당요구를 하였다**는 이유로, 집행공탁에 해당하는 부분으로부터 배당받은 사람에 대하여는 배당이의의 소를 제기할 원고적격이 없고, 변제공탁에 해당하는 부분으로부터 배당받은 사람에 대하여는 배당이의의 소를 제기할 원고적격이 있다고 판단하였다.

즉 압류 등으로 인하여 제3채무자가 부득이 공탁할 수밖에 없었으나 공탁된 금액 전부가 아니라 일부만이 집행공탁의 해당부분이라고 한다면 압류등으로 인하여 발생한 공탁 사유 신고의 효력은 집행공탁에 대해서만 미치고 <u>그 외 남아있는 금원 즉 변제공탁 부분은 아직까지 압류 등이 들어오는 왔던 부분은 아니기 때문에 공탁사유신고의 효력과 상관없이 별도의 압류 추심명령 신청을 할수 있고 그와 같은 절차를 진행한 채권자는 배당이의 소를 제기할 수 있는 적격이 존재</u>하게 되는 것이다.

### 법원판단

한편, 민사집행법 제247조 제1항은 "민법·상법, 그 밖의 법률에 의하여 우선변제청구권이 있는 채권자와 집행력 있는 정본을 가진 채권자는 다음 각 호의 시기까지 법원에 배당요구를 할 수 있다"고 규정하고 제1호에서 '제3채무자가 제248조 제4항에 의한 공탁의 신고를 한 때'를 들고 있는바, 압류채권자 이외의 채권자가 배당요구의 방법으로 채권에 대한 강제집행절차에 참가하여 압류채권자와 평등하게 자신의 채권의 변제를 받는 것을 허용하면서도, 다른 한편으로 **그 배당요구의 종기를 제3채무자의 공탁사유 신고시까지로 제한하고 있는 이유는** 제3채무자가 채무액을 공탁하고 그 사유 신고를 마치면 배당할 금액이 판명되어 배당절차를 개시할 수 있는 만큼 늦어도 그 때까지는 배당요구가 마쳐져야 배당절차의 혼란과 지연을 막을 수 있다고 본 때문이다(대법원 1999. 5. 14. 선고 98다62688 판결 참조). 따라서 민사집행법 제247조 제1항에 의한 배당가입차단효는 배당을 전제로 한 집행공탁에 대하여만 발생하므로, 집행공탁과 변제공탁이 혼합된 소위 혼합공탁의 경우 <u>변제공탁에 해당하는 부분</u>에 대하여는 제3채무자의 공탁사유신고에 의한 배당가입차단효가 발생할 여지가 없다.


공탁자의 공탁종류 선택 여부/ 제3채무자의 공탁의 종류에 관하여 판단방법 (대법원 2010. 6. 24. 선고 2007다63997 판결)

> **판례해설**
>
> 공탁은 공탁자가 자기의 책임과 판단하에 하는 것으로서 공탁자는 나름대로 누구에게 변제하여야 할 것인지를 판단하여 그에 따라 변제공탁이나 집행공탁 또는 혼합공탁을 선택하여 공탁할 수 있다.
>
> 다만 당사자의 의사가 명확하지 않을 경우 비로소 해석에 의하여야 하고 제3채무자가 변제공탁을 한 것인지, 집행공탁을 한 것인지 아니면 혼합공탁을 한 것인지는 피공탁자의 지정 여부, 공탁의 근거조문, 공탁사유, 공탁사유신고 등을 종합적·합리적으로 고려하여 판단하는 수밖에 없다.

> 법원판단

공탁은 공탁자가 자기의 책임과 판단하에 하는 것으로서 공탁자는 나름대로 누구에게 변제하여야 할 것인지를 판단하여 그에 따라 변제공탁이나 집행공탁 또는 혼합공탁을 선택하여 할 수 있고, 제3채무자가 변제공탁을 한 것인지, 집행공탁을 한 것인지 아니면 혼합공탁을 한 것인지는 피공탁자의 지정 여부, 공탁의 근거조문, 공탁사유, 공탁사유신고 등을 종합적·합리적으로 고려하여 판단하는 수밖에 없다(대법원 2008. 5. 15. 선고 2006다74693 판결 등 참조).


채무자의 혼합공탁의 효력/ 공탁 사유 선택 가능성(대법원 2005. 5. 26. 선고 2003다12311 판결)

> 판례해설
>
> 변제공탁 사유와 집행공탁 사유에 관하여 혼합된 경우에는 각각의 사유를 작성하여 공탁하여야 변제공탁과 집행공탁의 혼합된 혼합공탁으로서의 효과가 발생한다. 그와 같이 **변제공탁, 집행공탁의 효과가 동시에 발생한 경우**에는 변제공탁과 관련된 채권자 그리고 집행공탁과 관련된 집행채권자 각각이 구분되는바, 각각의 채권자들은 공탁 사유의 범위에 한도 내에서만 효력이 발생하게 되고 공탁자 역시 그와 같다.
>
> 대상판결에서 공탁자가 채권양도로 인한 사실상 채권자 불확지 공탁

> 과 동시에 집행공탁 사유가 존재하였으나 법률전문가 즉 변호사의 실수로 집행공탁 관련 조문만 기재한 나머지 집행공탁으로서만 효력이 발생하고 해당 공탁금에 대해서는 변제공탁의 상대방에 대하여는 전혀 효과가 발생하지 못한 것이다.
>
> 이와 같은 점을 고려하여 공탁할 당시 신중을 기하여야 할 것이다.

### 법원판단

한편, 민법 제487조 후단의 '변제자가 과실 없이 채권자를 알 수 없는 경우'라 함은 객관적으로 채권자 또는 변제수령권자가 존재하고 있으나 채무자가 선량한 관리자의 주의를 다하여도 채권자가 누구인지 알 수 없는 경우를 말하므로, 채권이 양도되었다는 등의 사유로 제3채무자가 종전의 채권자와 새로운 채권자 중 누구에게 변제하여야 하는지 과실 없이 알 수 없는 경우 제3채무자로서는 민법 제487조 후단의 채권자 불확지를 원인으로 한 변제공탁사유가 생긴다고 할 것이고, 또한 종전의 채권자를 가압류채무자 또는 집행채무자로 한 다수의 채권가압류 또는 압류결정이 순차 내려짐으로써 그 채권이 종전 채권자에게 변제되어야 한다면 압류경합으로 인하여 구 민사소송법 제581조 제1항 소정의 집행공탁의 사유가 생기는 경우에, **채무자는 민법 제487조 후단 및 구 민사소송법 제581조 제1항을 근거로 채권자 불확지를 원인으로 하는 변제공탁과 압류경합 등을 이유로 하는 집행공탁을 하는 이른바 혼합공탁을 할 수 있고**, 이러한 공탁은 변제공탁에 관련된 새로운 채권자에 대하여는 변제공탁으로서의 효력이 있고 집행공탁에 관련된 압류채권자 등에 대하여는 집행공탁으로서의 효력이 있다고 할 것이나, 채권양도 등과 종전 채권자에 대한 압류가 경합되었다고 하여 항상 채권이 누구에게 변제되어야 하는지 과실 없이 알 수 없는 경우에 해당하는 것은 아니고, 설령 그렇게 볼 사정이 있다고 하더라도 공탁은 공탁자가 자기의 책임과 판단하에 하는 것으로서, **채권양도 등과 압류가 경합된 경우에 공탁자는 나름대로 누구에게 변제를 하여야 할 것인지를 판단하여 그에 따라 변제공탁이나 집행공탁 또는 혼합공탁을 선택하여 할 수 있는 것이다.**

그리고 집행공탁의 경우에는 배당절차에서 배당이 완결되어야 피공탁자가 비로소 확정되고, 공탁 당시에는 피공탁자의 개념이 관념적으로만 존재할 뿐이므로, 공탁 당시에 피공탁자를 지정하지 아니하였더라도 공탁이 무효라고 볼 수 없으나, **변제공탁은 집행법원의 집행절차를 거치지 아니하고 피공탁자의 동일성에 관한 공탁공무원의 형식적 심사에 의하여 공탁금이 출급되므로 피공탁자가 반드시 지정되어야 하며,** 또한 변제공탁이나 집행공탁은 공탁근거조문이나 공탁사유, 나아가 공탁사유신고의 유무에 있어서도 차이가 있으므로, 제3채무자가 채권양도 등과 압류경합 등을 이유로 공탁한 경우에 제3채무자가 변제공탁을 한 것인지, 집행공탁을 한 것인지, 아니면 혼합공탁을 한 것인지는 피공탁자의 지정 여부, 공탁의 근거조문, 공탁사유, 공탁사유신고 등을 종합적·합리적으로 고려하여 판단하는 수밖에 없다.

(2) 그런데 이 사건 공탁은 원고 본인이 아닌 법률전문가인 변호사가 한 것인데도, 공탁서에 피공탁자를 전혀 기재하지 아니하여 변제공탁일 수 있다는 취지를 짐작하게 하는 기재가 없고, 공탁근거조문으로 집행공탁 근거조문인 구 민사소송법 제581조만을 기재하였을 뿐, 채권자 불확지 변제공탁의 근거조문인 민법 제487조 후단을 전혀 기재하지 않았으며, 또한 공탁원인사실에도 채권자를 알 수 없어 공탁한다는 취지의 기재를 하지 아니하고, 오히려 피고가 채권양도에 따라 전세권설정등기를 요청할 때 공탁자는 하는 수 없이 임대차계약종료시를 조건으로 위 요청에 동의하였다고 기재(원고는 그 의미가 임대차종료시까지 다른 채권자들과 경합이 없을 것을 조건으로 한 것이라고 주장하고 있다.)함으로써, 마치 피고는 한종우에 대한 경합채권자들에 대하여 대항력이 없다는 취지로 기재하였고, 이 사건 공탁을 한 직후 제기한 이 사건 소에서는 제1심은 물론 원심에 이르기까지, "피고가 실제로 이 사건 주택을 이용하지 않고, 또한 전세보증금도 피고가 낸 것이 아니어서 피고의 전세권설정등기는 통정허위표시로서 무효일 뿐 아니라 피고와 한종우 간에 체결한 채권양수도 계약의 확정일자가 없어 타채권자들에게 대항력이 없었기에 원고로서는 피고에게 금전을 지급할 수 없어 구 민사소송법 제581조에 의한 집행공탁을 한 것"이라고 주장하였으며, 소송 내내 이 사건 집행공탁은 적법하다고 주장하였고, 한편 집행공탁 특유의 조치인 공탁사유신고를 하였다.

(3) 이상의 사정을 종합하여 보면, **이 사건 공탁은 이 사건 전세보증**

**금이 종전 임차보증금반환채권자인 위 한종우에게 반환되어야 함을 전제로 한종우의 채권을 압류 또는 가압류한 채권자들을 위한 집행공탁**이라고 봄이 상당하고, 이렇게 볼 경우 피고의 전세금반환채권에 대한 변제공탁으로서의 효과는 없는 것이라고 볼 수밖에 없어, 피고의 전세금반환채권 중 피고가 이 사건 배당절차를 통하여 일부 변제받았음을 자인하는 부분을 제외한 나머지는 이 사건 공탁과 무관하게 존속한다고 보아야 할 것이다.

변제공탁, 집행공탁, 혼합공탁 관련 판단 방법/ 혼합공탁의 경우 집행채권자의 구비서류 요건 (대법원 2012. 1. 12. 선고 2011다84076 판결 [공탁금출급청구권확인])

판례해설

변제공탁이나 집행공탁은 그 성격을 달리하는 것이고 채무자로서는 공탁할 당시 그 성격을 정확히 지적할 수 없다면 최소한 공탁 원인사실을 분명하게 작성하여야 하고 그 이후 법률적 판단은 법원에 맡기는 것이 안전하다.

그리고 집행공탁이라고 함은 여러 채권자들이 경합되어 있기 때문에 피공탁자만의 증빙 서류로 부족하고 집행공탁에 해당하는 집행채권자들에 대한 관계에서도 공탁물 출급청구권이 있음을 증빙할 수 있는 서면을 제출하여야 비로소 공탁물을 찾을 수 있는 것인바, 혼합공탁

> 중 집행공탁의 성질이 포함되어 있다면 이를 확인하기 위한 확인의 소는 그 이익이 존재한다.

### 법원판단

원고를 제외한 피공탁자인 에버텔 및 실로정보시스템, 그리고 신용보증기금에 대한 화해권고결정도 공탁금출급청구권이 있음을 증명하는 서면에 해당하여 원고로서는 위 화해권고결정을 가지고 공탁금출급청구를 할 수 있다. 따라서 피공탁자가 아닌 제3자에 해당하는 피고를 상대로 공탁물출급청구권의 확인을 구하는 것은 확인의 이익이 없다는 것이다.

공탁은 공탁자가 자기의 책임과 판단 아래 하는 것으로서, 공탁자는 자신의 의사에 좇아 변제공탁이나 집행공탁 또는 혼합공탁을 선택하여 할 수 있다. 그리고 공탁자가 그 중 어떠한 종류의 공탁을 하였는지는 피공탁자의 지정 여부, 공탁의 근거가 되는 법령조항, 공탁원인사실 등을 종합적·합리적으로 고려하여 판단되어야 한다(대법원 2008. 5. 15. 선고 2006다74693 판결 등 참조).

그리고 혼합공탁에 있어서 그 <u>집행공탁의 측면</u>에서 보면 공탁자는 피공탁자들에 대하여는 물론이고 가압류채권자를 포함하여 그 집행채권자에 대하여서도 채무로부터의 해방을 인정받고자 공탁하는 것이다. 이러한 취지에 비추어, 피공탁자가 공탁물의 출급을 청구함에 있어서 다른 피공탁자에 대한 관계에서만 공탁물출급청구권이 있음을 증명하는 서면을 갖추는 것으로는 부족하고, **위와 같은 집행채권자에 대한 관계에서도 공탁물출급청구권이 있음을 증명하는 서면을 구비·제출하여야 할 것이다.**

이상과 같은 법리에 비추어 살펴보면, 이 사건 공탁은 그 근거로 적시된 법령조항 및 공탁원인사실의 기재, 나아가 이 사건 공탁에 이른 경위 등을 종합적으로 고려할 때 변제공탁뿐만 아니라 집행공탁의 성질을 아울러 가지는 혼합공탁이라고 함이 상당하다. 그리고 **원고가 이 사건 공탁의 피공탁자인 에버텔 및 실로정보시스템 등에 대하여 가지는 위 화해권고결정만으로는 이 사건 공탁물의 출급을 청구하기에 부족하여, 원고는 압류채권자로서 원고의 권리를 다투는 피고를 상대로 하여 공탁물출급청구권의 확인을 구할 법률상 이익이 있다고 봄이 상당하다.**

집행공탁과 변제공탁이 혼합된 혼합공탁에서의 채권자의 우열관계 및 권리행사 방법 (대법원 2020. 10. 15. 선고 2019다235702 판결)

> **판례해설**
>
> 제3채무자의 공탁금 중 <u>압류의 효력이 미치는 금전 채권액</u>은 성질상 당연히 "집행공탁"으로 보아야 하나, <u>압류금액을 초과하는 부분</u>은 압

류의 효력이 미치지 않으므로 집행공탁이 아니라 "변제공탁"으로 보아야 한다. 그리고 압류 추심명령의 효력은 집행공탁에 한하여 미치게 되고 압류 추심명령 결정문이 공탁사유 신고 이후에 송달되었다면 배당가입차단효가 발생하지만 이는 집행공탁에 한하여 그 효력이 발생하는 것이므로 변제공탁금에 대하여는 재차 배당이의 등의 권리를 행사할 수 있다.

대상판결에서는 이에 더하여 압류추심채권자의 권리행사의 방법에 관하여 기술하였는바 **금전채권에 대하여 압류 및 추심명령이 있었다고 하더라도 이는 강제집행 절차에서 압류채권자에게 채무자의 제3채무자에 대한 채권을 추심 할 권능만을 부여하는 것일 뿐이고 전부 명령과 같이 채무자가 제3채무자에 대하여 가지는 채권이 압류채권자에게 이전되거나 귀속되는 것이 아니라고** 판시하였다.

### 법원판단

1) 민사집행법 제248조 제1항은 "제3채무자는 압류에 관련된 금전채권의 전액을 공탁할 수 있다"고 규정하여 채권자의 공탁청구, 추심청구, 경합 여부 등을 따질 필요 없이 당해 압류에 관련된 채권 전액을 공탁할 수 있도록 하고 있는바, **공탁금 중 <u>압류의 효력이 미치는 금전채권액</u>은 성질상 당연히 "집행공탁"으로 보아야 하나, <u>압류금액을 초과하는 부분은</u>** 압류의 효력이 미치지 않으므로 집행공탁이 아니라 "변제공탁"으로 보아야 한다. 이 경우 **민사집행법 제247조 제1항**에 의한 배당가입 차단효는 배당을 전제로 한 "집행공탁"에 대하여만 발생하므로, 변제공탁에 해당하는 부분에 대하여는 제3채무자의 공탁사유신고에 의한

배당가입차단효가 발생할 여지가 없다. 또한 제3채무자가 혼합공탁을 하고 그 공탁사유신고를 한 후에 채무자의 공탁금출급청구권에 대하여 압류 및 추심명령을 받은 채권자의 경우, 집행공탁에 해당하는 부분에 대하여는 배당가입차단효로 인하여 적법한 배당요구를 하였다고 볼 수 없지만, **변제공탁에 해당하는 부분에 대하여는 적법한 배당요구를 하였다고 보아야 한다**(대법원 2008. 5. 15. 선고 2006다74693 판결 참조).

2) 압류 및 추심명령 당시 피압류채권이 이미 대항요건을 갖추어 양도되어 그 명령이 효력이 없는 것이 되었다면, 그 후의 사해행위취소소송에서 채권양도계약이 취소되어 채권이 원채권자에게 복귀하였다고 하더라도 이미 무효로 된 압류 및 추심명령이 다시 유효로 되는 것은 아니다(대법원 2006. 8. 24. 선고 2004다23110 판결 참조).

한편 금전채권에 대하여 압류 및 추심명령이 있었다고 하더라도 이는 강제집행 절차에서 압류채권자에게 채무자의 제3채무자에 대한 채권을 추심할 권능만을 부여하는 것으로서 강제집행절차상의 환가처분의 실현행위에 지나지 아니한 것이며, 이로 인하여 채무자가 제3채무자에 대하여 가지는 채권이 압류채권자에게 이전되거나 귀속되는 것이 아니다(대법원 2019. 12. 12. 선고 2019다256471 판결 참조). 다만 공탁금에 대한 배당절차가 개시되면 채무자의 공탁금출급청구권은 소멸하고 그 공탁금은 배당재단이 되어 배당절차에 따른 지급위탁에 의해서만 출급이 이루어질 수 있으므로, **채무자의 공탁금출급청구권**

에 대하여 압류 및 추심명령을 받은 채권자는 더 이상 추심권능이 아닌 구체적으로 배당액을 수령할 권리를 가지게 된다(대법원 2019. 1. 31. 선고 2015다26009 판결 등 참조).

기업자의 토지수용 재결 이후 공탁금 회수 가능성/ 공탁이 수리된 후 공탁물수령자를 추가하는 공탁서 정정이 가능한지 여부(소극) (대법원 1998. 9. 22. 선고 98다12812 판결)

### 판례해설

이미 진행된 공탁절차는 다른 채권자가 진행한 것과는 달리 기업자가 자신이 공탁한 공탁물에 대하여 반환청구를 하는 것은 불가능하다. 즉 기업자가 진행한 공탁은 재결의 결과로서 진행한 것인바 재결 자체가 무효가 아닌 이상 공탁물 자체를 회수할 수는 없다. 더 나아가 공탁은 다수의 첨예한 이해관계가 존재하기 때문에 그 정정 또한 동일성을 유지하는 한도 내에서만 가능하다.

### 법원판단

토지수용법 제61조 제2항에 의한 수용보상금의 공탁에 있어서는 기업자가 공탁물을 회수하면 공탁이 없었던 것이 되어 재결이 효력을 상실하므로, 기업자가 토지수용의 재결이 있은 후 토지보상금을 공탁하였다면 그 수용재결이 당연무효이거나 소송 등에 의하여 취소되지 않는 한 기업자는 민법에 의한 공탁과는 달리 그 공탁금에 대한 회수청구를 할 수 없고, 한편 공탁이 수리된 후 공탁물수령자에 대한 사항에 착오가 있음이 발견된 경우라고 할지라도 그것이 표현상의 착오임이 명백하고 또한 공탁의 동일성에 영향을 미치지 아니하는 범위 내에서만 공탁서의 정정이 가능할 뿐이므로 공탁물수령자를 추가하는 공탁서정정은 공탁의 동일성을 해하는 것으로서 허용될 수 없다.

또한 물상대위의 대상이 되는 저당목적물의 변형물이 보상금에 대한 지급청구권으로부터 공탁금에 대한 출급청구권으로 변경된 후에 담보권자가 이미 소멸한 기왕의 변형물인 보상금지급청구권에 대하여 압류 및 전부명령을 받았다고 하더라도 그 효력이 새로운 변형물인 공탁금출급청구권에 미치지 아니하므로, 이 사건의 경우 부산지방국토관리청의 담당공무원이 이 사건 공탁물의 출급 전에 원고의 압류 및 전부명령의 통지를 받았다고 하여 즉시 이를 공탁법원에 통지할 아무런 실익이 없음은 물론, 앞서 본 법리에 비추어 볼 때 공탁서의 정정 또는 공탁물의 회수 등의 절차를 통하여 위 최원식에게 출급되지 못하도록 저지시킬 방도도 없었다고 할 것인바, 같은 취지로 보이는 원심 판단은 수긍이 가고, 거기에 소론과 같은 부산지방국토관리청 소속 공무원의 법령상 내지 조리상의 의무에 관한 법리오인의 위법이 있다고 할 수 없다. 논지는 이유 없다.

해방 공탁 후 집행공탁으로 변경 가능성(대법원 2019. 1. 31 선고 2015다26009 판결)

> **판례해설**
>
> 제3채무자가 공탁을 할 당시 해당 채무가 가압류 되어있기 때문에 부득이 변제공탁에 해당하는 공탁을 진행하여야 하는데 그 이후 채무자가 가지고 있는 공탁금 출급청구권에 대하여 또 다른 채권자가 압류 등의 조치를 한다면 그 공탁금의 성질은 집행공탁으로서의 성질을 갖게 되고 기존 가압류 채권자의 권리도 해당 출급청구권 위에 존재하게 된다. 그리고 이러한 과정에서 공탁관은 즉시 공탁신고를 하여 더 이상의 채권자가 발생하는 것을 방지하여야 한다.

**법원판단**

(1) 금전채권에 대한 압류·추심명령이 있더라도 압류채권자에게 채무자의 제3채무자에 대한 채권이 이전되거나 귀속되는 것이 아니라 채권을 추심할 권능만 부여될 뿐이고 이러한 추심권능은 압류의 대상이 될 수 없다( 대법원 1997. 3. 14. 선고 96다54300 판결 등 참조).

<u>금전채권에 대한 가압류를 원인으로 제3채무자가 민사집행법 제291조, 제248조 제1항에 따라 공탁을 하면 공탁에 따른 채무변제 효과로 당초의 피압류채권인 채무자의 제3채무자에 대한 금전채권은 소멸하고, 대신 채무자는 공탁금출급청구권을 취득하며, 가압류의 효력</u>

**은 그 청구채권액에 해당하는 공탁금액에 대한 채무자의 공탁금출급청구권에 대하여 존속**한다(민사집행법 제297조).

그 후 채무자의 공탁금출급청구권에 대한 압류가 이루어져 압류의 경합이 성립하거나 가압류를 본압류로 이전하는 압류명령이 국가(공탁관)에 송달되면, 민사집행법 제291조, 제248조 제1항에 따른 공탁은 민사집행법 제248조에 따른 집행공탁으로 바뀌어 공탁관은 즉시압류명령의 발령법원에 그 사유를 신고하여야 한다. 이로써 **가압류의 효력이 미치는 부분에 대한 채무자의 공탁금출급청구권은 소멸하고, 그 부분 공탁금은 배당재단이 되어 집행법원의 배당절차에 따른 지급위탁에 의해서만 출급이 이루어질 수 있게 된다**(대법원 2014. 12. 24. 선고 2012다118785 판결 참조).

**민사집행법 제248조에 따라 집행공탁이 이루어지면 피압류채권이 소멸하고, 압류명령은 그 목적을 달성하여 효력을 상실하며, 압류채권자의 지위는 집행공탁금에 대하여 배당받을 채권자의 지위로 전환**된다(대법원 2015. 4. 23. 선고 2013다207774 판결 참조). 이러한 법리는 민사집행법 제291조, 제248조 제1항에 따른 공탁이 위에서 본 법리에 따라 민사집행법 제248조에 따른 집행공탁으로 바뀌는 경우에도 마찬가지로 적용된다. 따라서 금전채권에 대한 가압류를 원인으로 한 제3채무자의 공탁에 의해 채무자가 취득한 공탁금출급청구권에 대하여 압류·추심명령을 받은 채권자는, 그러한 공탁이 위에서 본 법리에 따라 민사집행법 제248조에 따른 집행공탁으로 바뀌는 경우에는 더 이상 추심권능이 아닌 구체적으로 배당액을 수령할 권리, 즉 배당금채권을 가지게 된다.

혼합공탁금에 대한 배당/ 다른 채권자에 대한 배당이의 가능성 1 (대법원 2006. 2. 9. 선고 2005다28747 판결)

> **판례해설**
>
> 공탁된 금원이 변제공탁만으로 되어있는지 아니면 집행공탁의 성질까지 포함된 혼합공탁인지 여부는 공탁의 사유 등을 고려하여 판단하여야 하고 단순히 공탁자의 공탁서에 기재된 문구만을 두고 판단할 문제는 아니다. 물론 공탁자가 적용법조를 분명하게 기재하면 어쩔 수 없으나 사유자체가 변제공탁의 측면 그리고 집행공탁의 측면 모두 존재한다면 결국 혼합공탁으로 판단할 수 있다.
>
> 따라서 혼합공탁으로 판단되면 <u>채권자가 절차상의 문제로 집행공탁으로서 배당을 받지 못하게 되더라도 변제공탁 된 금원의 한도 내</u>에서 배당이의의 소를 제기할 여지가 있는 것이다.

**법원판단**

급료·연금·봉급·상여금·퇴직금·퇴직연금 그 밖에 이와 비슷한 성질을 가진 급여 채권의 2분의 1에 해당하는 금액은 압류가 금지되어 있으므로, 삼척의료원이 공탁한 11,268,960원 중 6,068,000원이 2002년 11월, 12월, 2003년 3월, 5월 등 4개월간 체불한 임금의 전액이라면 그 중 제세공과금을 공제한 잔액의 2분의 1을 초과하는 부분에 대한 압류는 무효라고 할 것인바, 원고가 일관되게 삼척의료원의 공탁금에 압류금지 채권이 포함되어 있다는 취지의 주장을 하고 있음에도, 삼척의료원에 대한 사실조회 등을 통하여 삼척의료원의 공탁금에 압류금지채권이 포함되어 있는지 여부를 심리하지도 않은 채, 공탁금 전액이 압류대상임을 전제로 이 사건 배당이 적법하다고 한 원심판결에는 심리를 미진하거나 압류가 금지되는 급여채권의 범위에 관한 법리를 오해한 위법이 있다고 할 것이다.

한편, **삼척의료원이 공탁한 11,268,960원 중 6,068,000원이 2002년 11월, 12월, 2003년 3월, 5월 등 4개월간 체불한 임금의 전액이라면, 삼척의료원의 공탁은 채무자인 원고에 대한 변제공탁**(체불 임금 중 제세공과금을 공제한 잔액의 2분의 1을 초과하는 부분)**과 집행채권자인 피고들에 대한 집행공탁**(나머지 부분)**의 성격을 함께 갖고 있는 것이고, 그 중 변제공탁의 성격을 갖는 부분까지 배당재단으로 보아 배당을 실시한 것은 위법하다고 할 것이나, 집행공탁과 민법의 규정에 의한 변제공탁이 혼합되어 공탁된 이른바 <u>혼합공탁의 경우에 어떤 사유로 배당이 실시되었고 그 배당표상의 지급 또는 변제받을 채권자와 금액에 관하여 다툼이 있으면 이를 배당이의의 소라는 단일한 절차에 의</u>**

하여 한꺼번에 확정하여 분쟁을 해결함이 상당하다고 할 것이고, 따라서 이 경우에도 공탁금에서 지급 또는 변제받을 권리가 있음에도 불구하고 지급 또는 변제를 받지 못하였음을 주장하는 자는 배당표에 배당을 받는 것으로 기재된 다른 채권자들을 상대로 배당이의의 소를 제기할 수 있다고 봄이 상당하므로(대법원 2006. 1. 26. 선고 2003다29456 판결 참조), 공탁금에서 적법하게 변제받을 지위에 있는 원고는 배당이의의 소를 통하여 피고들에 대한 배당액 중 변제공탁에 해당하는 부분으로서 배당재단이 될 수 없는 부분을 경정하여 이를 원고에게 배당할 것을 청구할 수 있다고 할 것이다.

혼합공탁금에 대한 배당/ 다른 채권자에 대한 배당이의 가능성 2 (대법원 2006. 1. 26. 선고 2003다29456 판결)

## 법원판단

배당이의의 소는 배당표에 배당을 받는 것으로 기재된 자의 배당액을 줄여 자신에게 배당이 되도록 하기 위하여 배당표의 변경 또는 새로운 배당표의 작성을 구하는 것으로서, 여기서 배당이란 원래 집행채무자에 대한 적법한 배당요구채권자들의 총 배당요구액보다 배당할 금액이 적어서 배당에 참가한 모든 채권자를 만족하게 할 수 없는 때에 배당요구채권자들에게 민법, 상법 그 밖의 법률이 정한 우선순위에 따라 변제하는 집행법상의 절차를 의미함은 물론이지만, **집행공탁과 민법의 규정에 의한 변제공탁이 혼합되어 공탁된 이른바 혼합공탁의 경우에** 어떤 사유로 배당이 실시되었고 그 배당표상의 지급 또는 변제받을 채권자와 금액에 관하여 다툼이 있으면, 이를 배당이의의 소라는 단일의 절차에 의하여 한꺼번에 확정하여 분쟁을 해결함이 상당하다고 할 것이고, 따라서 이 경우에도 공탁금에서 지급 또는 변제받을 권리가 있음에도 불구하고 지급 또는 변제를 받지 못하였음을 주장하는 자는 배당표에 배당을 받는 것으로 기재된 다른 채권자들을 상대로 배당이의의 소를 제기할 수 있다고 봄이 상당하다고 할 것이다.

토지수용금의 원칙적인 공탁방법/ 보상금지급청구권이 중복압류된 경우의 공탁방법(대법원 1998. 9. 22. 선고 98다12812 판결 [손해배상(기)] )

판례해설

토지수용으로 인하여 수용금이 확정되는 경우 토지 위에 존재하는 모든 권리는 소멸하고 대신 담보물권자들은 물상대위에 의한 압류 및 추심 또는 전부 명령을 하여야 비로소 그 권리를 유지할 수 있으며 그렇지 않고 단순 압류만으로는 불가능하다.

다만 **채권자는 기본적으로 채무자의 채권에 대하여 압류 및 추심 또는 전부명령을 할 수 있는바**, 기업자가 공탁을 할 때 물상대위의 문제가 아니라 공탁금출급청구권에 대한 중복 압류로 인한 공탁일 경우라면 이 또한 공탁의 사유에 해당하므로, 집행공탁의 사유로서 부적정한 공탁이라는 이유로 책임을 묻지는 못한다고 할 것이다.

### 법원판단

　민법 제370조, 제342조 단서가 저당권자는 물상대위권을 행사하기 위하여 저당권설정자가 받을 금전 기타 물건의 지급 또는 인도 전에 압류하여야 한다고 규정한 것은 물상대위의 목적인 채권의 특정성을 유지하여 그 효력을 보전함과 동시에 제3자에게 불측의 손해를 입히지 않으려는 데 있는 것이므로, **저당목적물의 변형물인 금전 기타 물건에 대하여 이미 제3자가 압류하여 그 금전 또는 물건이 특정된 이상 저당권자가 스스로 이를 압류하지 않고서도 물상대위권을 행사하여 일반채권자보다 우선변제를 받을 수 있으나**(대법원 1996. 7. 12. 선고 96다21058 판결 참조), 그 행사방법으로는 민사소송법 제733조에 의하여 담보권의 존재를 증명하는 서류를 집행법원에 제출하여 채권압류 및 전부명령을 신청하는 것이거나 민사소송법 제580조 제1항에 의하여 배당요구를 하는 것이므로, 이러한 물상대위권의 행사에 나아가지 아니한 채 단지 수용대상토지에 대하여 담보물권의 등기가 된 것만으로는 그 보상금으로부터 우선변제를 받을 수 없을 뿐만 아니라 기업자가 그 보상금을 공탁함에 있어서 담보권자를 피공탁자로 기재할 수 없음은 물론 공탁서상의 어느 난에도 이를 기재할 필요가 없다. 다만 토지수용법 제61조 제2항 제4호의 규정에 따라 압류 또는 가압류에 의하여 보상금의 지급이 금지되었음을 이유로 공탁하는 경우에는 공탁원인사실에 압류 또는 가압류의 내용을 구체적으로 명시하여야 하고, 이 경우 공탁을 수리한 공탁공무원은 원표에 공탁금출급청구권에 대한 압류·가압류사실을 기재하고 공탁금출급청구권에 대한 압류·가압류가 있는 경우에 준하여 처리하여야 하며{1990. 12. 19. 대법원 예규집(행정편) 법정업무분야 예규 제73호 참조}, 보상금지급청구권에 대한 중복압류(가압류를 포함한다)에 의하여 채권자가 경합된 경우에는 토지수용법 제61조 제2항 제4호 및 민사소송법 제581조에 의하여 기업자는 그 보상금을 집행공탁을 함으로써 면책될 수 있는 것이다.

토지수용법상의 보상금청구권에 대한 압류의 경합 존재/ 수용보상금 공탁의 성격/ 집행공탁 (대법원 1999. 5. 14. 선고 98다62688 판결)

### 법원판단

민법 제370조, 제342조에 의한 저당권자의 물상대위권의 행사는 민사소송법 제733조에 의하여 담보권의 존재를 증명하는 서류를 집행법원에 제출하여 채권압류 및 전부명령을 신청하거나, 민사소송법 제580조에 의하여 배당요구를 하는 방법에 의하여 하는 것인데, 이는 늦어도 민사소송법 제580조 제1항에서 규정하고 있는 배당요구의 종기까지 하여야 하는 것이고(대법원 1994. 11. 22. 선고 94다25728 판결, 1998. 9. 22. 선고 98다12812 판결 등 참조), 이 물상대위권의 행사를 채권 및 다른 재산권에 대한 담보권실행절차에 준하여 강제집행절차에 의하여 하도록 규정하고 있는 민사소송법 제733조 제2항의 규정 취지와 배당요구를 채권의 원인과 수액을 기재한 서면을 법원에 제출하는 방식으로 하도록 규정하고 있는 민사소송법 제580조, 제553조, 민사소송규칙 제139조의2, 제121조의3의 각 규정 취지에 비추어 보면, **저당권자의 물상대위권은 어디까지나 그 권리실행의사를 저당권자 스스로 법원에 명확하게 표시하는 방법으로 저당권자 자신에 의하여 행사**되어야 하는 것이지, 저당권자 아닌 다른 채권자나 제3채무자의 태도나 인식만으로 저당권자의 권리행사를 의제할 수는 없음이 분명하다.

따라서 저당권자 아닌 다른 채권자나 제3채무자가 저당권의 존재와 피담보채무액을 인정하고 있고, 나아가 제3채무자가 채무액을 공탁하고 공탁사유를 신고하면서 저당권자를 피공탁자로 기재하는 한편 저당권의 존재를 증명하는 서류까지 제출하고 있다 하더라도 그것을 저당권자 자신의 권리행사와 같이 보아 저당권자가 그 배당절차에서 다른 채권자들에 우선하여 배당 받을 수 있는 것으로 볼 수 없으며, **저당권자로서는 제3채무자가 공탁사유신고를 하기 이전에 스스로 담보권의 존재를 증명하는 서류를 제출하여 물상대위권의 목적채권을 압류하거나 법원에 배당요구를 한 경우에 한하여 공탁금으로부터 우선배당을 받을 수 있을 뿐이다.**

그리고 <u>이 사건과 같이 토지수용법상의 보상금청구권에 대하여 압류의 경합이 있는 때에는 기업자는 보상금을 공탁함으로써 면책될 수 있는바, 그 경우에 기업자가 하는 공탁의 성격은 변제공탁이 아니라 집행공탁</u>이고(대법원 1998. 9. 22. 선고 98다12812 판결 참조), 집행공탁에 있어서는 배당절차에서 배당이 완결되어야 피공탁자가 비로소 확정되고, 공탁 당시에는 피공탁자의 개념이 관념적으로만 존재할 뿐이므로, 공탁 당시에 기업자가 특정 채권자를 피공탁자에 포함시켜 공탁하였다 하더라도 그 피공탁자의 기재는 법원을 구속하는 효력이 없다고 할 것이다.

중복된 압류 및 전부명령/ 공탁금을 위한 전부금 부존재확인의소 가능성 (대법원 2004. 3. 12. 선고 2003다49092 판결)

판례해설

채무자는 채권의 우열을 알 수 없는 경우 공탁하고, 채권자들은 자신이 채권자라는 이유로 확인의 소를 제기할 수 있다. 문제는 **상대방이 진정한 채권자가 아니라는 이유로 부존재 확인을 구할 법률상의 이익 있는지 여부**이다.

확인의 소는 기본적으로 확인의 이익이 있어야 하고 이와 같은 확인의 이익은 분쟁을 해결하기 위한 가장 유효 적절한 권리구제 수단이어야 하는바, 자신이 채권자라고 주장하는 확인의 이익은 그와 같은 확인의 소에서 승소하면 자신이 진정한 채권자라는 이유로 공탁된 금원을 찾을 수 있는 것이다. 그러나 상대방의 채권이 부존재라고 주장하는 부존재확인의 소는 상대방의 채권이 부존재임을 구하는 것일 뿐이고 정작 자신에게 채권이 존재하는지에 대하여는 또 다른 법적 판단을 받아야 하므로 상대방 채권의 부존재를 구할 확인의 이익은 존재하지 않는다.

### 법원판단

1. 확인의 소의 대상은 구체적인 권리 또는 법률관계의 존부에 대한 것이어야 하는바, 원심이 압류 및 전부명령 무효확인청구의 소 부분에 대하여, **원고가 구하는 확인청구의 대상은 압류 및 전부명령 자체에 대한 것으로서 그 자체가 현재의 다툼 있는 권리 또는 법률관계라고 할 수 없어 부적법하다고 판단한 것은 위 법리에 따른 것으로서 정당하다**고 수긍이 되고, 거기에 상고이유에서 주장하는 바와 같이 확인의 소에 있어서 확인의 이익에 관한 법리를 오해한 위법이 있다고 볼 수 없다.

2. 일반적으로 채권은 채무자로부터 급부를 받는 권능이기 때문에 소송상으로도 채권자는 통상 채무자에 대하여 채권의 존재를 주장하고 그 급부를 구하면 되는 것이지만, 만약 <u>하나의 채권에 관하여 2인 이상이 서로 채권자라고 주장하고 있는 경우에 있어서는 그 채권의 귀속에 관한 분쟁</u>은 채무자와의 사이에 생기는 것이 아니라 스스로 채권자라고 주장하는 사람들 사이에 발생하는 것으로서 참칭채권자가 채무자로부터 변제를 받아버리게 되면 진정한 채권자는 그 때문에 자기의

권리가 침해될 우려가 있어 그 참칭채권자와의 사이에서 그 채권의 귀속에 관하여 즉시 확정을 받을 필요가 있고, 또 그들 사이의 분쟁을 해결하기 위하여는 그 채권의 귀속에 관한 확인판결을 받는 것이 가장 유효 적절한 권리구제 수단으로 용인되어야 할 것이므로 스스로 채권자라고 주장하는 어느 한쪽이 상대방에 대하여 그 채권이 자기에게 속한다는 채권의 귀속에 관한 확인을 구하는 청구는 그 확인의 이익이 있으나(대법원 1988. 9. 27. 선고 87다카2269 판결 참조), **자기의 권리 또는 법률상의 지위를 부인하는 상대방이 자기 주장과는 양립할 수 없는 제3자에 대한 권리 또는 법률관계를 주장한다고 하여 상대방 주장의 그 제3자에 대한 권리 또는 법률관계가 부존재한다는 것만의 확인을 구하는 것은, 설령 그 확인의 소에서 승소판결을 받는다고 하더라도 그 판결로 인하여 상대방에 대한 관계에서 자기의 권리가 확정되는 것도 아니고 그 판결의 효력이 제3자에게 미치는 것도 아니어서 그와 같은 부존재확인의 소는 자기의 권리 또는 법률적 지위에 현존하는 불안·위험을 해소시키기 위한 유효 적절한 수단이 될 수 없으므로 확인의 이익이 없다** 할 것이다(대법원 1995. 10. 12. 선고 95다26131 판결 참조).

위 법리에 비추어 보면, 원·피고가 서로 자신이 받은 압류·전부명령에 기하여 주식회사 조은공영(이하 '조은공영'이라 한다)의 양우건설 주식회사(이하 '양우건설'이라 한다)에 대한 이 사건 공사대금채권이 자신에게 전부되었다고 주장하고 있는 이 사건에 있어서, **적극적으로 이 사건**

공사대금채권이 원고에게 귀속되었음의 확인을 구하는 것이 아니라 소극적으로 이 사건 공사대금채권이 피고에게 귀속되지 아니하였음의 확인을 구하고 있는 원고의 이 부분 소는, 설령 원고가 승소판결을 받는다고 하더라도 그 판결로 인하여 피고에 대한 관계에서 자기의 권리가 확정되는 것도 아니고 그 판결의 효력이 양우건설에게 미치는 것도 아니어서, 이러한 부존재확인의 소는 원고의 권리 또는 법률적 지위에 현존하는 불안·위험을 해소시키기 위한 유효적절한 수단이 될 수 없으므로 확인의 이익이 없어 부적법하다고 할 것이다.

이 부분 원심의 이유 설시는 다소 미흡하나, 양우건설의 피고에 대한 전부금채무의 부존재확인을 구하는 이 부분 소가 확인의 이익이 없어 부적법하다고 본 결론에 있어서는 정당하므로, 결국 거기에 상고이유에서 주장하는 바와 같이 확인의 소에 있어서 확인의 이익에 관한 법리를 오해한 위법이 있다고 볼 수 없다.

중복된 채권자/ 주장하는 채권자에 대한 채권 존재 확인의 소 (대법원 1988. 9. 27. 선고 87다카2269 판결)

> **판례해설**
>
> 하나의 채권에 관하여 수명의 채권자가 자신이 채권자라고 주장하는 경우에는 스스로 채권자임을 주장하는 채권자는 자신이 진정한 채권자

라는 확인을 구할 이익이 있다. 이는 수명의 채권자 사이의 분쟁이 아니라 한 명의 채권자가 그 채권을 부인하는 채무자에게 채권의 확인을 구하는 경우와 다른 상황이다. 즉 대상판결은 채무자에 대한 채권 존재 확인의 소는 확인의 이익이 없다는 다른 판결과 구별하여야 한다.

### 법원판단

그러나 기록에 의하여 이에 관한 원고의 주장을 보면 위 토지는 원래 원고들의 피상속인인 소외 망 조헌구가 피고 등 김종설, 김종석, 소외 김성배등 3인에게 명의신탁한 것이어서 그 토지가 하천부지로 된데 따른 보상청구권이 위 망인에게 귀속되었다가 그의 사망으로 원고들에게 상속된 것인데도 위 보상청구권 발생 당시에 위 3인 앞으로 등기되어 있음을 들어 피고들이 위 보상청구권이 자기들에게 귀속된 것이라고 주장하면서 원고들의 권리를 다투고 있어 그 확인을 구한다는 것이므로 그렇게 주장하는 취지는 결국 피고들을 상대로 국가에 대한 보상청구권의 존부확인을 구하는 것이 아니라 국가에 대한 보상청구권의 존재를 전제로 하여 그 보상청구권의 귀속에 관한 확인을 구하는 것으로 보아야 할 것이다.

그런데 일반적으로 채권은 채무자로부터 급부를 받는 권능이기 때문에 소송상으로도 채권자는 통상 채무자에 대하여 채권의 존재를 주장하고 그 급부를 구하면 되는 것이지만 <u>만약 하나의 채권에 관하여 2인 이상이 서로 채권자라고 주장하고 있는 경우에 있어서는 그 채</u>

권의 귀속에 관한 분쟁은 채무자와의 사이에 생기는 것이 아니라 스스로 채권자라고 주장하는 사람들 사이에 발생하는 것으로서 참칭채권자가 채무자로부터 변제를 받아버리게 되면 진정한 채권자는 그 때문에 자기의 권리가 침해될 우려가 있어 그 참칭채권자와의 사이에서 그 채권의 귀속에 관하여 즉시 확정을 받을 필요가 있고 또 그들 사이의 분쟁을 해결하기 위하여는 그 채권의 귀속에 관한 확인판결을 받는 것이 가장 유효적절한 권리구제수단으로 용인되어야 할 것이므로 스스로 채권자라고 주장하는 어느 한쪽이 상대방에 대하여 그 채권이 자기에게 속한다는 채권의 귀속에 관한 확인을 구하는 청구는 그 확인의 이익이 있는 것**이라고 하여야 할 것이다.

그런데도 원심이 원고들의 위 청구를 제3자인 국가에 대한 보상청구권의 존부에 관하여 피고들을 상대로 확인을 구하는 것으로 잘못 보고 판시와 같은 이유로 원고들에게 이 사건 확인의 이익이 없다고 한 것은 당사자의 주장을 오해하고 확인의 이익에 관한 법리를 오해함으로써 판결결과에 영향을 미쳤다고 하지 않을 수 없다.

부동산, 동산(채권),
그리고 토지수용금 배당 관련
## 배당이의 소송 사례

소반 발행  2021년 05월 07일

| | |
|---|---|
| 지 은 이 | 권형필 |
| 디 자 인 | 이나영 |
| 발 행 처 | 주식회사 필통북스 |
| 출판등록 | 제2019-000085호 |
| 주　　소 | 서울특별시 관악구 신림로59길 23, 1201호(신림동) |
| 전　　화 | 1544-1967 |
| 팩　　스 | 02-6499-0839 |
| homepage | http://www.feeltongbooks.com/ |
| ISBN | 979-11-90755-88-7 [03360] |

ⓒ 권형필, 2021

정가 **25,000**

지혜와지식은 교육미디어그룹
도서기획 필통북스의 인문서적 임프린트입니다.

┃이 책은 저자와의 협의 하에 인지를 생략합니다.
┃이 책은 저작권법에 의해 보호를 받는 저작물이므로
　주식회사 필통북스의 허락 없는 무단전제 및 복제를 금합니다.
┃잘못된 책은 바꾸어 드립니다.